“美丽乡村 魅力畲寨”系列丛书

编　委　会

中南民族大学
“民族学优势学科”
资助出版

敕木山中的畲族红寨

——大张坑村社会调查

『美丽乡村 魅力畲寨』系列丛书

方清云 等◎著

華中科技大學出版社
http://www.hustp.com
中国·武汉

图书在版编目(CIP)数据

敕木山中的畲族红寨:大张坑村社会调查/方清云等著. —武汉:华中科技大学出版社,2018.1
("美丽乡村　魅力畲寨"系列丛书)
ISBN 978-7-5680-3591-0

Ⅰ. ①敕…　Ⅱ. ①方…　Ⅲ. ①村史-景宁畲族自治县　Ⅳ. ①K295.55

中国版本图书馆 CIP 数据核字(2017)第 323788 号

敕木山中的畲族红寨——大张坑村社会调查　　方清云　等著
Chimushan zhong de Shezu Hongzhai——Dazhangkengcun Shehui Diaocha

策划编辑:牧　心
责任编辑:苏克超
封面设计:饶　益
责任校对:张会军
责任监印:周治超
出版发行:华中科技大学出版社(中国·武汉)　电话:(027)81321913
武汉市东湖新技术开发区华工科技园　邮编:430223
录　　排:华中科技大学惠友文印中心
印　　刷:武汉市金港彩印有限公司
开　　本:710mm×1000mm　1/16
印　　张:15.5
字　　数:282 千字
版　　次:2018 年 1 月第 1 版第 1 次印刷
定　　价:78.00 元

大张坑村全景图（来自网络）

大张坑村夜景图（来自网络）

2017 年 6 月，浙江省丽水市市委书记史济锡到大张坑村指导调研

2017 年 6 月，浙江省景宁畲族自治县县委副书记潘伟冒雨到大张坑村与调研组成员交流座谈

2017 年 6 月，丽水市民政局蓝小明副局长与景宁县民宗局雷魏芬局长到大张坑村与调研组交流座谈

2017 年 6 月，景宁县民宗局雷依林科长带领调研组成员参观中国畲族博物馆

2017 年 6 月，丽水学院民族学学院彭兵院长、黄元姗教授、李岩博士等与调研组交流座谈

调研组与大张坑村现任村支书、村主任等成员合影

调研组在大张坑村村口的标志性建筑“红寨大张坑”处合影

调研组在大张坑村村口的“中南民族大学－丽水学院民族学教学研究基地”牌匾处合影

2017 年 6 月，调研组帮助六十岁以上村民填写身份信息登记表

2017 年 6 月，调研组成员访谈工作中的村民

目　　录

第一章　概　　况

第一节　地理位置及交通

一、地理位置

大张坑村（畲语“兰考村”），位于浙江省丽水市景宁畲族自治县（简称“景宁县”）东南，东坑镇的北部。景宁县是我国唯一的畲族自治县，位于浙江南端，瓯江上游，东邻青田、文成县，南衔泰顺、寿宁（福建省）县，西枕庆元、龙泉县，北连云和、丽水县。景宁县东坑镇为市级中心镇，县级特色小镇，地处浙、闽两省四县交界处，距离县城 32 公里，辖 18 个行政村 50 个自然村，属重点民族乡镇。大张坑村距景宁县城 23 公里，离北溪村 1.7 公里，距 54 省道公路 4 公里，有乡道 Y810 绕经，新修建的环敕木山旅游公路穿行而过，交通便利。大张坑村是经县人民政府批准的革命老区村，现为县级文明村。大张坑村北邻敕木山村，西连草鱼塘省级森林公园，东部及东南部接汤北村。

图 1-1 为大张坑村在丽水市的区位图。

图 1-2 为大张坑村在景宁县的区位图。

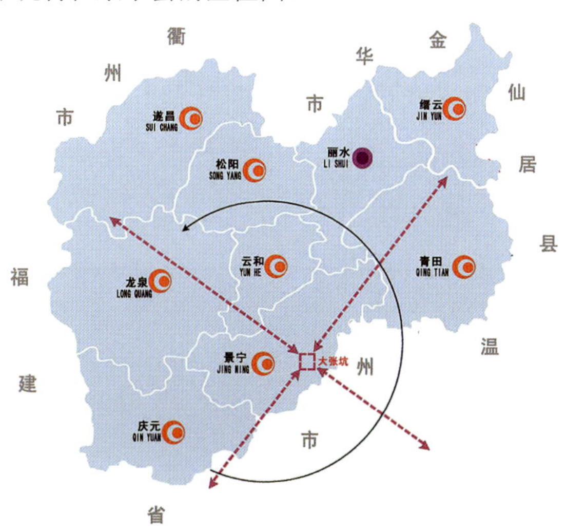

图1-1　大张坑村在丽水市的区位图（摘自景宁东坑镇大张坑村村庄设计图）

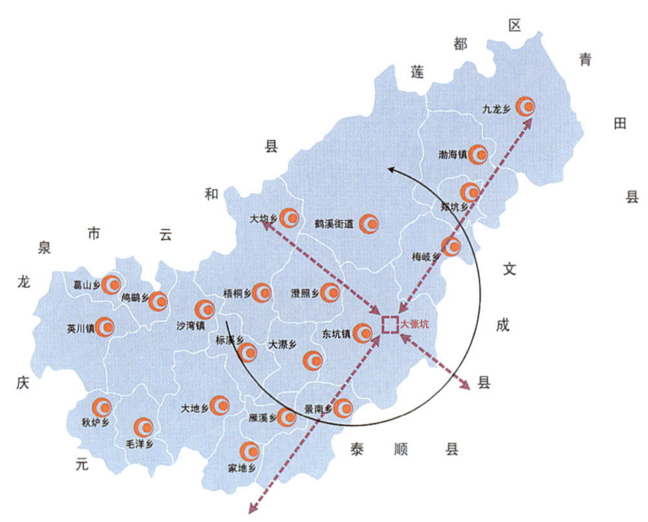

图1-2　大张坑村在景宁县的区位图（摘自景宁东坑镇大张坑村村庄设计图）

二、交通

村内道路按照功能主要分为主要道路、次要道路、宅间路三类。大张坑村主要道路托乡道 Y810，道路宽度为 3.5 米，与 S228 省道连接，也是主要的对外道路，可通往泰顺方向。次要道路与乡道连接通往村庄中心，宽度大约为 3.5 米，路面基本已经硬化。大张坑村宅间路由错综复杂、四通八达的石阶路组成。每家每户院前都有山路通过，道路宽度为 1 米至 1.5 米。正在修建的张山岙至张村联网公路，起点位于 228 省道云寿线张山岙隧道出口处（东坑镇境内），途经大张坑、草鱼塘、汤夫人殿、九重、敕木山、惠明寺、周湖，终点与 808 乡道景梅线相接（鹤溪街道张村路段），路线全长 29.916 公里，施工图所示造价为 1.91 亿元。预计环敕木山公路将于 2017 年 12 月底前正式通车，届时将与环敕木山的特色畲寨相连通，从而疏通大张坑村的交通动脉。

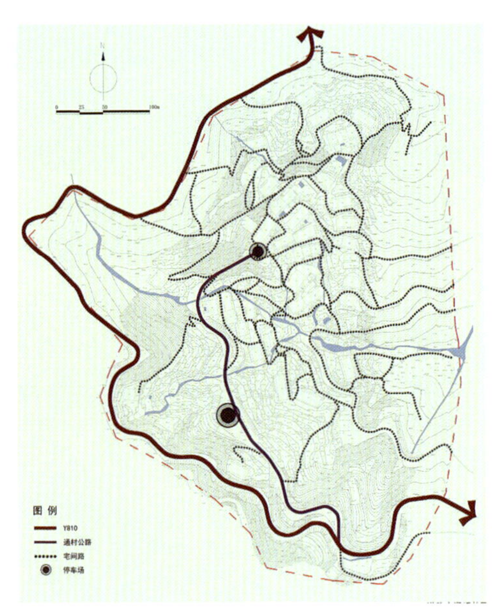

图1-3　大张坑村道路交通图

（摘自景宁东坑镇大张坑村村庄设计图）

图 1-3 为大张坑村道路交通图。

第二节　村落分布及生态

一、村落分布概述

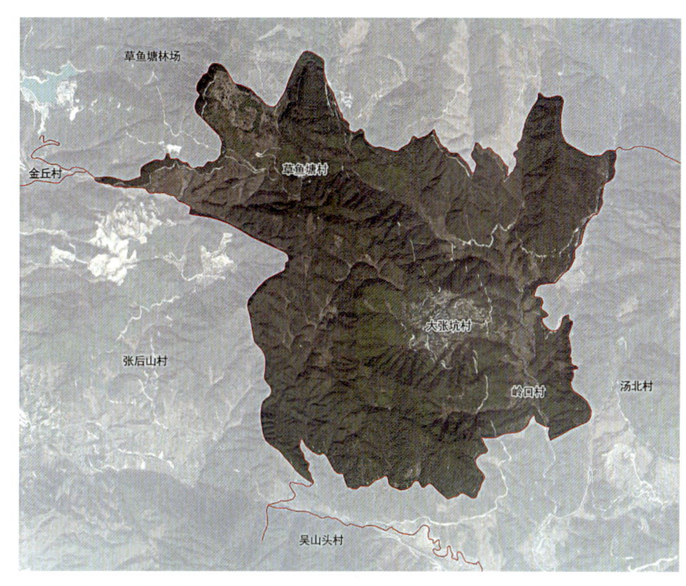

图1-4　大张坑村村域范围图（摘自景宁东坑镇大张坑村村庄设计图）

大张坑村行政村原属北溪乡，于1992年并入东坑镇，辖大张坑、岭口、草鱼塘3个自然村。全村共有农户67户，其中草鱼塘自然村2户，岭口自然村6户，大张坑村59户。畲族人口除1户在岭口自然村外，其余58户在大张坑自然村。大张坑自然村是大张坑行政村的中心，是一个典型的畲族村落。

大张坑村地处敕木山南麓，属于山区，四周山峦叠起，云雾缭绕，有三条自西向东的山间小溪，以明流暗渠的形式穿过村庄，在村中心汇聚合流。溪流沿岸风景秀丽，生态环境良好，水质清澈。大张坑村地势北高南低，西高东低，平均海拔920米，属亚热带季风气候区，常年温和湿润，雨量充沛，四季分明。因村庄分布在700米至1100米的山腰，海拔高差较大，气候的垂直差异较大，使得该村气候景观丰富，夏季雾海弥漫，最高温为30摄氏度，冬季经月积雪，最低温度为7～8摄氏度。气候资源条件良好。

图1-4为大张坑村村域范围图。

图1-5为大张坑村村落布局图。

二、生态类型

大张坑村自然资源十分丰富，为当地居民的生产生活提供了优越的森林、水力资源，森林覆盖率高达82.8%，林地面积8000多亩（其中竹林1248亩），耕地面积249亩，旱地面积100多亩。植被类型有针叶林（以马尾松、杉木居多）、阔叶林、毛竹林、经济特产林等；村庄现存古树（百年以上）23株，包括柳杉、黄山松、南方红豆杉、硬质长毛松、枫香等。空气质量优良天数达100%，负氧离子可达15000个／厘米^3。

图1-5　大张坑村村落布局图（摘自景宁东坑镇大张坑村村庄设计图）

第三节　畲族溯源

在畲民从惠明寺村搬迁到大张坑村之前，大张坑村仅有几户张姓汉族人在草鱼塘林场和山脚的河谷这里开基，因此得名大张坑村。坑是指地形低洼的意思。问及村民本村畲族源于何处，起于何时，村民大多语焉不详。

访谈一：村民，男，46岁

唐朝时畲民能征善战，后来不幸打了败仗后，只好回到广东，但是不知道去哪居住，当地的知府就告诉他们去潮州凤凰山定居下来。随后又被当地政权赶到福建罗元、古田、莆田等地居住。在福建生活的那段时间里，畲民们通过种田、狩猎发了财，后又被赶到浙江衢州，然后迁徙到云和，再到丽水，再到松阳，再到景宁惠明寺村，最后迁到大张坑村。迁徙的具体年代已记不清，太多太复杂了。

访谈二：村民，男，45 岁

龙麒以前是在广东，是高辛王的女婿，因为汉族造反，被灭族之后就四处逃亡，这些都是传说，现在基本上没人知道了。知道在潮州的凤凰山有畲族的祖坟，详细的内容不清楚，上一代的可能了解，现在是基本上没人知道这些事。具体迁徙路线为：凤凰山到浙江云和，再到景宁，再到惠明寺村，最后来到大张坑村。

访谈三：原景宁民宗局局长，男，65 岁

族源的说法争论很大，因为畲族没有文字，只有语言。主要有三种说法：第一，从广州凤凰山迁徙而来；第二，畲族就是浙江福建交界处的原居民；第三，从中原过来。以上说法都有待继续挖掘资料，进一步考证。大张坑村的畲族应该是从景宁包凤村迁到惠民寺村，最后到大张坑村的。到大张坑村的时间，应该是两百多年前吧，两个太公来到大张坑村开基，烧山种地，用灌木的叶子当肥料，定居下来。以前畲族被汉族称为“山哈”，畲族把汉族称为“下佬”，因为畲民住在山地。

上述访谈尽管表述上有较大差异，但有以下几点是共同的。

第一，访谈者均认为大张坑畲族源自潮州凤凰山。今天当你走进闽、浙、赣、粤、湘、皖、黔七省区的任何一个畲族聚居区，只要问及畲族的发源地，老人们都会说“来自凤凰山”。如果去翻阅族谱，也会发现众多的族谱也将畲族发源地指向凤凰山。已有的研究表明，广东潮州“凤凰山”只是畲族发展历史上一个非常重要的聚居地，并非畲族的发源地。至于畲族到底源于何时，起于何地，根据《畲族简史》[①]，有“古代越族后裔说”、“南蛮说”、“闽族后裔说”等，众说纷纭，未有定论。至于为何将畲族的发源地统一指向潮州凤凰山，有学者[②]认为是源于畲族对“东夷故地”的深刻怀念，因为东夷部落以凤鸟为图腾，而凤凰山的山名则暗合了这一寓意。

第二，访谈者均认为大张坑村的畲族是两百多年前从景宁惠明寺村迁来的。

① 《畲族简史》编写组，《畲族简史》修订本编写组．畲族简史 [M]. 北京：民族出版社，2008：18.

② 吕立汉，雷阵鸣．“凤凰山”的历史地位与民间传说的差异 [J]. 丽水学院学报，2011（6）.

根据已经出版的畲族历史典籍，畲族离开广东潮州迁入浙江应是在明朝万历年间，中间经历了 400 多年，其大致迁移的路线为：从广东潮州出发，经过福建省的云霄、南靖、漳州、同安、安溪、莆田、福州、古田等地，进入江西省的铅山县，再迁入福建省罗源县、青田县等地，到达景宁。[①] 惠明寺村和敕木山村各存一本《唐朝元皇南泉山迁居建造惠明寺报税开垦》，该簿载：唐广德元年（763 年），僧昌森住江西广信府铅山县。唐永泰二年（766 年），来到福建福州府罗源县十八都苏坑境南坑居住，遇着雷太祖名进裕。进裕公与子清华等五名家人与僧昌森一同来到浙江道处州府青田县鹤溪村大赤寺，僧昌森居住大赤寺，雷太祖居住叶山头。雷太祖后来到南泉山居住。雷太祖砍伐山林，开垦田园。根据这段记载，景宁雷进裕支族于唐永泰二年（766 年）由福建罗源十八都苏坑境南坑迁入青田县鹤溪村大赤寺（属景宁县），意即雷姓畲族在唐朝已经迁入浙江省。之后，学者根据惠明寺村民雷石堂所保存的《雷氏宗祠》所载的雷姓排行，从“进”字辈到“开”字辈共 11 代，如每代按 30 年计算，那么景宁雷氏的祖辈迁到景宁至今已 400 年左右，因此证明雷姓畲族进入景宁应有四百多年。

图 1-6 为雷氏家谱。

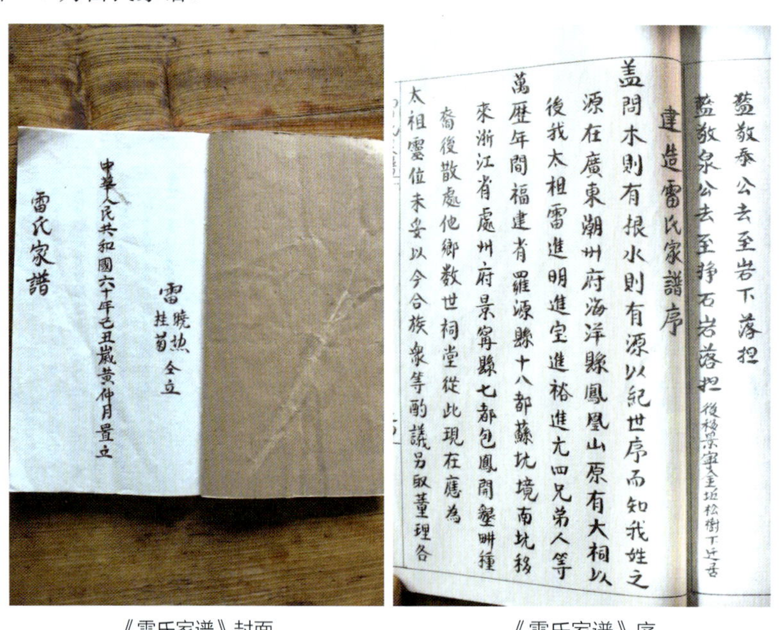
雷曉熱
桂苗 仝立
中華人民共和國六十年己丑歲黄仲月置立
雷氏家譜

藍敬参公去至岩下落担
藍敬泉公去至諍石岩落担 後移景寧金垟松樹下近居
建造雷氏家譜序
蓋問木則有根水則有源以紀世序而知我姓之
源在廣東潮州府海洋縣鳳凰山原有大祠以
後我太祖雷進明進宝進裕進元四兄弟人等
萬歷年間福建省羅源縣十八都蘇坑境南坑移
來浙江省處州府景寧縣七都包鳳開墾耕種
裔後散處他鄉数世祠堂從此現在應為
太祖靈位未妥以今合族衆等酌議另取董理各

《雷氏家谱》封面　　《雷氏家谱》序

图1-6 《雷氏家谱》

大张坑村公社惠明寺大队社员雷石童保存的《雷氏宗祠序》（手抄本）记载：“我

① 《畲族简史》编写组，《畲族简史》修订本编写组．畲族简史 [M]．北京：民族出版社，2008：36.

姓之源广东潮州府海阳县凤凰山，原有大祠。以后我太祖名雷进明、进良、进裕、进元四兄弟等人，万历年间移来浙江处州府景宁县七都包封（凤）开垦耕种田，后世散处州他乡多世久远……”“万历年间移过淤山头居住，一房分去平洋（阳），二房分去三都居住，四房雷明玉太祖居住在大漈不知己（几）年，到清朝顺治七年（1650）年，应惠明寺僧清华之邀，迁居于此。[①] 根据族谱资料的记载，景宁雷氏祖先雷进明、雷进宝兄弟在明朝万历三十四年从福建罗源县迁移到包凤村，清朝顺治年间雷进明三子明玉公应惠明寺和尚邀请来到惠明寺村，明玉公的儿子亚六公又在清朝康熙年间翻过敕木山到另一侧的大张坑村开山置业，生子应隆公，应隆公又生承发、承养等三子及一女，留女儿在家招女婿改名为承兴。自此才慢慢地发展成一个畲族村落，现在大张坑村人基本是这四脉的后人。现在建村已有近三百年的历史，新中国成立初期有两百人左右，人口至今没有大幅增加。

笔者在LGJ家发现了《雷氏家谱》，据说是他的伯父LZQ老先生在2000年至2004年通过翻阅包凤村的雷氏族谱资料，并结合村中流传下来的家谱残本，于2009年撰写的。此家谱追溯了雷氏先祖定居大张坑村之后的世系（见图1-7），但只记载了LZQ自己家一支的谱系，没有对全村雷氏家谱做整理。且笔者到达大张坑村时，LZQ老先生已经过世。

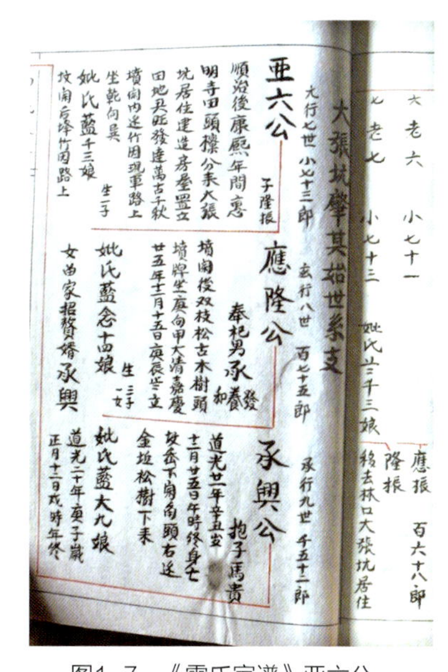

图1-7 《雷氏家谱》亚六公、应隆公、承兴颂

综上可见，大张坑村畲族来源有以下几点可以肯定：第一，大张坑村畲族来自景宁惠明寺村；第二，大张坑村由两兄弟迁来此地繁衍而成，因此大张坑村有“上太公墓”和“下太公墓”；第三，大张坑村自开基至今有近三百年历史了。

第四节 大张坑村历史

新中国成立前，大张坑村由于地处山区，位置较为偏远，交通十分不便。在大张坑村附近的岭口有一户吴姓人家，家里有九兄弟，被大张坑村的人视为九老

① 《中国少数民族社会历史调查资料丛刊》福建省编辑组，《中国少数民族社会历史调查资料丛刊》修订编辑委员会．畲族社会历史调查[M]．北京：民族出版社，2009.

虎，平时去大张坑村劫掠财物，无恶不作。由于他们会武功，村民们都不敢反抗，后来村里有人去学了武功，九兄弟就不敢再来欺负村民。

1942 年冬，中共浙南特委机关派地下党领导人朱德章、钟周堂到大张坑村开展地下工作，以大张坑村作为根据地，宣讲革命道理、秘密召开会议。为了安全，秘密会议都在岙下雷宝成家举行。1943 年后成立了党支部，雷景三成为中共大张坑村党支部书记。

1947 年深秋的一个夜晚，在雷景三、民兵连连长雷马兰的带领下，村民宗庆、春水、可芳、日连、风庚等 10 余人来到梨树岙，捣毁了国民党政府的通信电话杆，切断了景宁通往泰顺的电话线路。

1949 年 2 月 10 日，大张坑村、吴山头村民兵在青景丽中心县委的统一领导下，开展攻克国民党梅岐碉堡秘密行动，后因指挥上的失误，未攻下碉堡，牺牲了吴山头村 2 名民兵战士，但此次征战锻炼了民兵队伍，震慑了敌守军，带头形成了各地民兵对碉堡合围攻势。一段时间后，守军仓皇而逃，梅岐碉堡不攻自破。大张坑村村民就此次会战编了一曲畲族山歌：“朝贵带兵做得对，带落梅岐打炮台；正月十一进去打，正月十三转回来。”

1949 年，在大张坑民兵攻打梅岐碉堡之后，国民党军多次杀害汤坑等村民兵，扬言要杀光、烧光、踏平大张坑。1949 年 4 月 4 日，敌军 60 余人全副武装出兵大张坑，民兵蓝启成率先发现并及时通知村民疏散。敌军到村内后，嚣张地嚎叫要“踏平大张坑，活捉雷景三”，在敌军对大张坑洗劫一空打算大摇大摆地回城时，被雷景三、雷日连、雷马兰带领的民兵在五叶莲花岙伏击成功，落荒而逃。

1949 年 5 月 12 日，为响应上级号召，大张坑民兵在雷景三带领下配合游击队攻打景宁县城。国民党军听闻后，前一天就逃窜到龙泉、云和方向，解放队伍没放一枪一炮就占领了国民党景宁县政府，景宁宣告解放。在回来的路上，民兵雷仁生、雷来水两人抬着土炮，掉离了大部队，在梨树岙休息时碰到一群国民党败军，有二三十人。二人急中生智，只露出土炮头，大喊“缴枪不杀”，国民党败兵如惊弓之鸟，缴械逃窜。上级因此嘉奖给大张坑民兵连 5 支步枪。

1950 年，国民党反动政府被推翻后，反动势力及残余分子不甘心灭亡，上山为匪，抢劫钱财、杀害群众，刘志昌股匪为其中危害最大的土匪。5 月 15 日，大张坑民兵雷世高在被土匪关押期间，得知土匪计划进攻大张坑村。雷世高设法越窗逃脱后向民兵连连长雷日连通风报信，雷景三、雷日连立即通知群众进山隐蔽。5 月 16 日上午 8 时，土匪果然向大张坑村扑来，疯狂打砸抢烧后抓住了吴福传、雷妙才、LZY 三个孩子。民兵连迅速围攻匪军，解救了孩子，打得土匪落荒而逃。大张坑村民兵连因此被授予 “模范民兵连”称号，成为景宁县第一个“模范民兵连”。

1951 年，新中国成立不久，美帝国主义侵略朝鲜的战火已烧到鸭绿江边，东坑镇北溪片（当时大张坑村隶属北溪乡）村民积极响应国家号召，年青男女纷纷应征入伍，其中大张坑村雷二宝、雷余庚、雷妙才、雷松庆 4 名青年通过选拔入伍，成为中国人民志愿军 93 团战士。1952 年 11 月 15 日，雷二宝、雷余庚、雷妙才在残酷的上甘岭战役中壮烈牺牲。

1964 年，雷日连带领群众创办大张坑电站，使大张坑村村民在 1965 年就用上了电。后来，雷日连带领村民开荒种茶近 500 亩，通了电话，办起竹木加工厂，建起大张坑村“人民大会堂”，使大张坑村的发展远远走在了东坑镇其他村子的前面。

1984 年，随着景宁畲族自治县的成立，原属于云和县的大张坑村划归景宁。

1992 年，原隶属北溪乡的大张坑村并入东坑镇。

2014 年之后，在浙江省各级政府的支持下，大张坑村开始发展乡村旅游，成为“环敕木山旅游区”中的十个畲族村寨之一。

大张坑村大事记如表 1-1 所示。

表 1-1　大张坑村大事记

时间	事件
1650 年前	张姓人家来此开基，因此得名大张坑村
顺治后（1650 年后）至康熙年间	亚六公从惠明寺迁徙至大张坑村
新中国成立前（具体年代不可考）	村民反抗岭口九兄弟
1942 年冬	点燃革命烈火：朱德章、钟周堂到大张坑村开展地下工作
1947 年深秋	大张坑村十余人来到梨树岙捣毁了国民党的通信电话杆
1949 年 2 月 10 日	开展攻克国民党梅崎碉堡秘密行动
1949 年	反镇压之战，解放景宁，村民参加全国政协
1950 年	剿匪之战，民兵连获嘉奖
1951 年	大张坑村村民参加抗美援朝
1964 年	创办大张坑电站，开荒种茶，办竹木加工厂
1984 年	大张坑村划归景宁畲族自治县
1992 年	大张坑村从北溪乡划出，并入东坑镇
2014 年	开始加大基础设施建设，积极发展乡村旅游

第二章　经　　济

第一节　经济资源概况

“枕山、环水、面屏”是传统畲族聚落选址与营建的理想模式，一般可分为“山腰坡谷”和“山脚河谷”两种模式，大张坑村属于典型的“山腰坡谷”模式，地势北高南低，西高东低，平均海拔 920 米。村庄属亚热带季风气候，雨量充沛，四季分明，因处于地形多变的山中，海拔高差较大，气候的垂直差异使得该村的气候景观丰富，夏季雾海弥漫，冬季经月积雪，气候资源条件良好。村庄有三条自西向东的山间小溪，以明流暗渠的形式穿过村庄，在村中心汇聚合流。溪流沿岸风景秀丽，生态环境良好，水体清澈。村庄植被覆盖较好，植被类型有针叶林（以马尾松、杉木居多）、阔叶林、毛竹林、经济特产林等。村庄现存古树 23 株，包括柳杉、黄山松、南方红豆杉、硬质长毛松、枫香等。大张坑村有耕地 249 亩，林地 8800 多亩，其中竹林 1248 亩，森林覆盖率达 82.8%，空气质量优良天数达到 100%。村内生态种植业和养殖业发展态势良好，是其支柱性产业，2015 年人均收入 11582 元。大张坑村景观格局剖面示意图如图 2-1 所示。

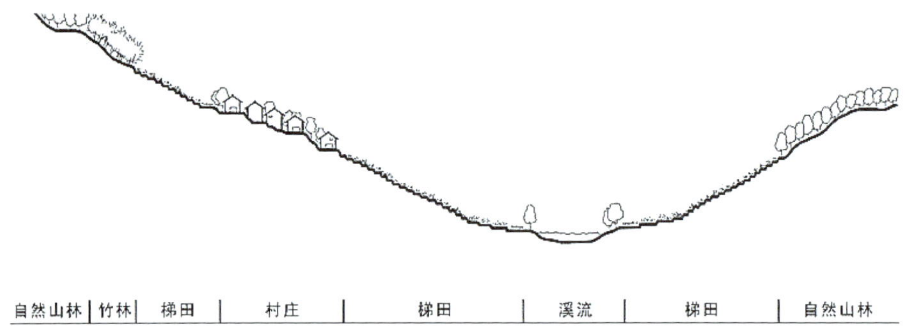

图2-1　大张坑村景观格局剖面示意图[①]

① 任伟，张雪葳，等．浙西南少数民族地区乡土景观研究——以景宁县环敕木山地区传统畲族聚落景观为例 [J]．浙江农业学报，2016，28（5）：806.

第二节　集体经济形式

集体经济是归属于劳动群众集体所有、实行共同劳动、在分配方式上以按劳分配为主体的社会主义经济组织。在我国，集体经济是公有制经济的重要组成部分，分为农村集体经济与城镇集体经济。农村集体经济实行乡镇、行政村、村民小组三级所有，土地、林木、水利设施等为集体所有，农民盖房的宅基地为无偿划拨。大张坑村的集体经济主要有茶园经济和林地，均归村里集体所有。

一、茶园经济

大张坑村当前共有茶园总面积 28.24 亩，由村委会统一管理。村委会以经济合作社的形式征收村民土地用于种茶，村民可选择土地入股或者出租土地收取土地租金两种形式参与到茶园经济中。但村民大都选择了租地并收取租金的方式，平均每亩地每年收取 200 元租金，村民认为这种方式看得见、有保障且获益快。

当前大张坑茶园中白玉仙茶属嫁接茶，由于技术不到位、气候不合适，茶园产量不大，每年收入除去成本开支，所剩部分基本都投入再生产，所以茶园目前还没有盈余。茶园没发展好的主要原因，是因为村委会未能充分发挥领导带头作用，动员全体村民进入茶园，积极发展茶叶生产。

二、林地产业

大张坑村的林业资源很丰富，外地需要木材、竹子的都会来他们这里采购。如今，大张坑村的林地中有 3000 多亩林地是由村里共同所有和保护管理，需要砍伐林木或出售林木时，要征得村里所有人的同意，获得的收入也由村里人共同所有与分配。此外，村里还有 23 棵超过百年的古树，被认为是“风水树”。“风水树”在传统社会中是种植在村子周围用来保护村子与村民的，在村规民约中规定禁止砍伐，今天更是被列入保护树木之列。

第三节　家庭主要经济方式及收入来源

家庭经济是指以家庭为单元，以血缘、亲缘关系为纽带，以市场为导向，依靠自身力量来从事生产加工、服务经营等活动的经济实体和经济形态。大张坑村的家庭经济方式主要包括传统农林业、外出务工，但其家庭收入来源除了上述两类外，还包括村地赔偿和部分基层干部的工资收入等。

（一）传统农业生产

大张坑村的传统农业主要包括农作物种植、特色林种植和家庭养殖业。

1. 农作物种植业

大张坑村的传统农作物主要包括粮食、蔬菜、水果、茶叶等，生产产品主要用以满足日常生活必需。1958 年，全国农村开展了人民公社化运动，大张坑村村民集体种植水稻，平均分配劳动产品。1961 年后，中共中央提出《农村人民公社工作条例（草案）》供各地试行；同年秋，又决定将基本核算单位基本下放到生产队。1962 年 9 月，《农村人民公社工作条例修正草案》正式颁布，明确规定人民公社的基本核算单位是生产队，实行“三级所有，队为基础”，即生产资料分别归公社、生产大队和生产队三级所有，而以生产队所有制为基础。除公社和生产大队不同程度地拥有一些大型农业机械和水利设施、举办一些集体企业外，土地、耕畜和农具归生产队所有。生产队实行独立核算、自负盈亏，直接组织生产和收益的分配。按劳动工分计酬，恢复社员自留地。那一时期，大张坑村作为一个生产大队，村民大面积种植水稻、番薯、黄豆、红豆和其他蔬菜等农作物，村民通过劳动赚取工分，根据所获得的工分换取粮票来实现分配。

1982 年 1 月 1 日，《全国农村工作会议纪要》主张在农村实行各种责任制，包括小段包工定额计酬，专业承包联产计酬，联产到劳，包产到户、到组，包干到户、到组等。此后，政府不断稳固和完善家庭联产承包责任制，鼓励农民发展多种经营，使广大农村地区迅速摘掉贫困落后的帽子，逐步走上富裕的道路。大张坑村自 1982 年实行了家庭联产承包责任制之后，村民的生产积极性得到了极大的提高。他们结合本村独特自然禀赋和地理条件，对传统农作物种植种类进行了革新。一方面，村民继续种植番薯、土豆、黄豆、玉米、茄子、豇豆、生姜、丝瓜等蔬菜供自己食用外，另一方面，大幅减少水稻等粮食种植面积，同时大幅增加茶叶种植面积。

村民大幅减少水稻等粮食种植面积的原因为：大张坑村分布于敕木山南麓的中部地区，海拔 750 米至 1100 米，高寒的山地地形使得梯田的粮食种植产量大大低于平地农田。村民 LLC 说，她家每年五月份开始插秧，到十月份才能收割，只能种一季稻。村民觉得相较于自己耕种梯田来获取口粮，打工挣钱买粮食吃更经济。因此，除了少数村民还自己种植水稻食用外，大多数村民宁可选择外出打工挣钱，购买粮食以满足生活必需。村民指着入村口梯田里的稻谷秧苗说，这些秧苗根本不可能在十月份收获，只是种出来“欣赏”的，目的是为了配合本村旅游活动的开展，用以吸引游客。如今，大张坑村村民一般只在自家田地里种植生鲜蔬菜，以供日常食用。因为大张坑村地势偏远、交通不便，村民出一次村子很不容易，不可能天天到集市上买新鲜蔬菜。虽然每天早晨有商贩从县城贩运一些新鲜蔬菜、肉类、水果等到村头出售，但价格贵且不新鲜，本村村民一般较少购买。

村民种茶面积大大增加的原因为：传统社会中，村民种茶主要供自己饮用，所以一般种在房前屋后或菜园地头的空地，采茶后在自家大锅中进行手工炒制，然后放入竹制的火盆烘干即成。而如今，随着景宁惠明茶的知名度越来越高，茶叶种植已经成为村民增收的重要途径，因此他们大面积种茶用以出售。随着茶产业的逐步发展，传统手工炒制茶叶的方式已经无法满足生产需要，大张坑村开始用专业的制茶机器炒制茶叶。但相较于邻近的惠明寺村和敕木山村，大张坑村的茶叶种植加工规模还较小，销售范围主要是县城，价格一般每斤只卖 60 元左右。

此外，大张坑村几乎每家都有几棵杨梅树，种在土地、小路旁，多供自己食用，我们调研的时节正赶上杨梅成熟，因此家家户户均以杨梅款待我们。

2. 特色林种植业

大张坑村林地面积广，共有 8000 多亩林地，主要包括树林种植和竹林种植，种植和出售竹木曾是大张坑村村民重要的经济收入之一。如今除保留 3000 多亩林地为村里共同所有外，剩下的林地都分给了村民。竹林按人口分，每人分两亩左右。

2000 年之前，村民家庭主要收入来源是卖木材。20 世纪 90 年代，每方树木出售价格为 800 元，每方板材出售价格为 1000 元，毛竹每 100 斤出售价格为 31 元左右。那时，村里的毛竹主要出售给村子附近的毛竹加工厂，村里的毛竹大多卖给这个工厂了，后由于污染严重被关闭，导致大张坑村的毛竹滞销，毛竹价格下跌，每 100 斤只卖 20 元左右，村民毛竹收入项锐减了三分之一。如今实施森林保护政策，禁止随便砍伐树木，即使是分产到户的林木也只能用作修缮房屋之用。

3. 家庭养殖业

大张坑村有养猪、牛、羊、鸡、鸭等畜禽的传统。大张坑村一般每户畲族至少会养两头及两头以上的猪，一头猪用以过年自己食用，其余的出售换钱。按照市场行情，2016 年毛猪每斤 11 元，一般两百多斤的一头猪可以卖 2000 元左右。村民介绍，几年前，有村民在洞口（进出大张坑村的必经之地）建了个猪场，当时政府为了支持其建猪场补贴了 27 万元，不料该猪场年底亏了 60 多万便停产了。大张坑村村民有养牛的传统，颁布“禁养令”之前，一般每户养殖一头至十多头牛不等。牛主要用来耕田或宰杀食用，或出售，牛肉每斤卖 50 元，一头牛可卖一万多元。据村民介绍，2001 年，大张坑村散养了 80 多头牛，仅 LWH 一家就养了 15 头牛。养牛户们采取集体轮流放养的方式，两户为一个小组，每天派出一组步行五六里至林场，负责看管和放牧。牛漫山遍野地奔走和排泄粪便，导致牛粪遍地、滋生蚊蝇，严重污染了环境。大张坑村也有养羊的传统，养羊超过 50 头形成养殖专业户的，政府还给予一定补助。羊一般每只 30 来斤，每斤羊肉卖 30 多元，一只羊可卖 900 元左右。可见，传统畜牧业是大张坑村家庭经济收入的重要来源，村民 LWH 说，他家 2017 年共养了三头牛、六只羊，仅养殖业就进账约 34800 元。

自 2013 年开始，为了整治环境，全国各地陆续开始禁养生猪。2016 年 5 月 18 日，环保部发布了《关于征求〈畜禽养殖禁养区划定技术指南（征求意见稿）〉意见的函》，这一函件成为后期全国各地划定禁养区的依据。2016 年 8 月 2 日浙江省农业厅发布“浙江省畜牧业‘十三五’规划”提出“整治生猪，拓展兔、羊稳定家禽，扩大蜜蜂，强化种业”的思路，积极发展“适度规模养殖，进一步调优畜牧产业结构”。浙江省环保厅于 2017 年 5 月 31 日发布《关于印发〈浙江省畜禽养殖污染防治规划（2016—2020 年）〉的通知》，其中，“重点工程项目表”中对景宁县的工作安排是“继续推进畜禽养殖排泄物污染深度治理”。在此政策下，浙江省委省政府一方面推进畜牧业转型升级，实现规模化养殖和环保化管理；另一方面，对散养住户大力推进废弃物的资源化利用。大张坑村传统的畜禽饲养模式以散养为主，牛羊漫山遍野地游走和排放粪便，不但容易对农作物造成损害，引发村民之间的纠纷，而且导致对山林环境的污染。随着日渐严格的环保政策出台，大张坑村村民势必要改变传统的散养方式，实现对畜禽的“圈养”，并按环保要求处置畜禽的排泄物。由于这一要求较高，致使村民家庭不再饲养猪与牛，导致村民收入锐减。2017 年我们到达大张坑村时，大张坑村村民已经不再养猪，村民要吃猪肉，就到市场上去购买。

如今，大张坑村村民开始养鱼，村民说养鱼成本低（鱼苗几毛钱一条），此举既能响应政府号召，服务于乡村旅游，也能供自己食用。此外，还有部分村民养兔和鸡鸭，但按照政府的要求严格实行圈养。

综上可知，大张坑村随着时代的发展，经济水平的提高，村民的传统生产方式已经发生了变化。

第一，水稻种植已经大量减少，家庭种植以新鲜蔬菜为主。随着外出打工成为村民家庭经济收入的主要来源，大张坑村村民对传统种植业，尤其是水稻种植的依赖性渐渐减弱，家庭食用的米、面主要是到县城购买，新鲜种植种类增加。

第二，畜禽养殖从“散养”走向“圈养”，并逐渐向养鱼和养兔转变。由于大张坑村传统散养畜禽的方式与政府的环保政策相违背，因此畜禽养殖业的种类和方式都发生了变化。大部分村民觉得“圈养”畜禽太麻烦而放弃，少数家庭还会养鸡和鸭，多数家庭养 3 ～ 5 只兔子或几条鱼等，显然传统的畜牧业在家庭经济收入中所占的比重已经越来越低。

第三，茶叶产业得到初步发展，但村民尚未从中获利。大张坑村每家的自留地上都会种上几株茶树，但村民一般不会特别去打理，每年收获十几斤干茶，主要用于自己饮用，有剩余的还可卖掉。村里共有茶园 28.24 亩，由大张坑村村委会所有，但由于村委会对其管理不到位，每年除开种植成本，基本处于收支平衡的状态，村民基本难以从中获利。

第四，林地资源得到有效保护与合理利用。近年来随着政府提出“建设美丽乡村”等政策后，大张坑村的林木和竹林被有效地管理起来，因此出售林木和毛竹获得的经济收入锐减。

（二）大张坑村传统农业生产工具

生产工具又称劳动工具，是人们在生产过程中用来直接对劳动对象进行加工的物件，它被用于劳动者和劳动对象之间，起传导劳动的作用，是劳动资料的基本的和主要的部分。生产工具在生产资料中起主导作用，能够反映一个时代的经济生活水平。传统农业社会的生产工具主要依靠劳动者自身的体力操作，主要包括石木工具和简单的金属工具。大张坑村如今仍然保留着众多的传统生产工具，常用的主要有锄头、镰刀、茶叶竹席、粪箕、田圈、漏斗、耙子、铲子、风车、石磨等等，也开始使用简单的电动农具，如碾米机、抛光机等等，如图 2-2 至图 2-29 所示。

图2-2　茶叶竹席（用于烘干茶叶）

图2-3　粪箕（用于挑番薯、杂草、粪肥等）

图2-4　自制竹席（用于晒番薯条等）

图2-5　漏斗

图2-6　鸡笼子（用于装小鸡）

图2-7　竹筐（用于装稻谷，米糠等）

图2-8　斗笠

图2-9　蓑衣

图2-10　筛子

图2-11　豆腐箱

图2-12

图2-13

图2-14

图2-15

图2-12　火盖

图2-13　风车

图2-14　烤火盆

图2-15　石磨

图2-16　畚箕（用于装沙、装灰）

图2-17　锄头（用于除草，挖地）

图2-18　镰刀（用于割草、割谷、砍柴）

图2-19　田圈（稻谷插秧时用于田地里薅草）

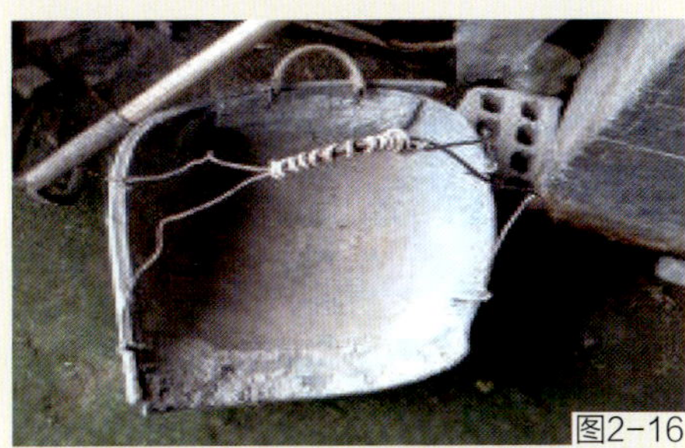
图2-16

图2-17

图2-18

图2-19

图2-20

图2-21

图2-22

图2-23

图2-20　耙子

图2-21　铲子（用于铲沙、铲泥）

图2-22　锯子、锤子、钻子

图2-23　斗车（用于运送泥沙等重物）

图2-24　铁夹

图2-25　茶叶剪刀

图2-26　碾米机

图2-27　抛光机（用于对粗糙木头进行打磨抛光）

图2-24

图2-25

图2-26

图2-27

图2-28　喷雾器（用于打农药等）

图2-29　电动三轮车

可见，大张坑村的农林产业的发展，仍处于以人力为主的阶段，其传统农具仍以木质、石质为主，夹杂一些简单的铁质农具。

（三）外出务工

除了传统农林牧业之外，大张坑村如今主要的收入来源是打工。根据外出打工的距离远近，主要分为县城及县城外打工和村庄附近打工，前者主要包括进城打零工、开店或在工厂上班，后者主要包括在村里或附近打零工或半农半工的方式。调研发现，在县城与县城外打工的村民，一般有一技之长且头脑灵活，收入也较高；而在村里及附近打零工或半农半工的村民，则一般比较安于现状，收入也较不稳定。对于外出到县及县外区域的村民，无法进行直接调研，主要通过对其家人的访谈来了解相关情况。

1. 在景宁县及县外打工

这部分村民主要从事的行业有：开小超市（LAX，青岛；LAQ，青岛；两兄弟。LCH 夫妻俩；LML；LLM）、电工（台州，LCH；景宁，LXH）、承包食堂（LQM）、经营门业店（LBL，上海；LBB，景宁；两兄弟）、工厂打工（LJG，冰箱零件）、理发店（LJG 的妻子，杭州）、开公交（LLY，景宁）、清洁工（LWH 的妻子）、小饭店（LWX）等职业。

该村外出打工人员主要有以下几个特点：第一，外出打工的村民的行业具有亲缘性特点，即同一家族的兄弟常常从事相同的职业，比如 LAX 与 LAQ 兄弟从事相同的小超市行业；同为兄弟的 LBL 和 LBB 从事门业经营；第二，外出打工村民流动方式以夫妻或核心家庭为主，而传统的外出打工则以家庭男性成员外出为主，女性成员留守在村子里。有的外出流动夫妻共同从事同一职业，比如 LCH 夫妻俩共同从事开小超市的行业。有的夫妻在同一城市，从事不同的行业，比如 LJG 在杭州某冰箱零件厂工作，而妻子则在杭州开理发店。

2. 在村子及村庄附近打工

主要从事的职业有开货车（LYJ，村里）、家居装修（LFY）、开挖掘机（LZC的儿子）、盖房子（LZC、LWH）、杀猪（LSY）、采石、修墓、采茶等。

在村里打工具有以下几个特点：第一，所从事的很多行业都与大张坑村当前正在进行的基础设施建设密切相关，如修路、开挖掘机、开货车等，因此具有阶段性与不可持续性；第二，大部分属于技术含量较低的重体力活，从事者一般年龄在四五十岁及以上。

（四）村地补偿

村地补偿，如今也成为大张坑村家庭经济的来源之一。大张坑村有多种项目活动，按照不同的标准会对不同的家庭进行补偿；根据每家被占土地面积不同，补偿金额也不尽相同。近几年主要的林地补偿主要有："2015 年土地征收地上附着物补偿"（见表 2-1）、"2016 年 12 月 22 日大张坑文化广场及景观配套工程建设土地征收补偿"（见表 2-2）、"2016 年大张坑新建卫生厕所农户补助"（见表 2-3)、2017 年 3 月 16 日张山岙至张村联网公路工程（零星补征）土地征收补偿（见表 2-4）、"景宁县 2017 年张山岙至张村联网公路工程土地征收地上青苗、附着物"（见表 2-5）、"2017 年景宁县大张坑村美丽庭院评选"补贴（见表 2-6）等。

表 2-1　2015 年土地征收地上附着物补偿

姓名	名称	数量 / 平方米	补偿标准 /（元 / 平方米）	补偿金额 / 元
LXZ	灰棚	39.26	50	1963.00
LFL	灰棚	21.38	50	1069.00
LSB	灰棚	19.66	50	983.00
LLF	灰棚	14.31	50	715.50
合计	灰棚	94.61	50	4730.50

表 2-2　2016 年 12 月 22 日大张坑文化广场及景观配套工程建设土地征收补偿

序号	姓名	地类名称	土地面积 / 平方米	土地补偿金额小计 / 元	青苗补偿金额小计 / 元	合计补偿金额小计 / 元
1	LQC	园地	55.94	3356.40	279.70	3636.10
2	LSL	园地	62.22	3733.20	311.10	4044.30
3	LLY	园地	64.00	3840.00	320.00	4160.00
4	LFQ	园地	36.22	2173.20	181.10	2354.30

续表

序号	姓名	地类名称	土地面积/平方米	土地补偿金额小计/元	青苗补偿金额小计/元	合计补偿金额小计/元
5	LMG	园地	95.83	5749.80	479.15	6228.95
6	LQL	园地	58.70	3522.00	293.50	3815.50
7	LFQ	园地	19.54	1172.40	97.70	1270.10
8	LJM	园地	46.70	2802.00	233.50	3035.50
9	ZBL	园地	171.43	10285.80	857.15	11142.95
10	LXZ	园地	22.40	1344.00	112.00	1456.00
11	LFQ	园地	13.70	822.00	68.50	890.50
12	LYC	园地	11.40	684.00	57.00	741.00
13	LQL	园地	18.02	1081.20	90.10	1171.30
14	LZL	园地	44.58	2674.80	222.90	2897.70
15	LQL	园地	8.94	536.40	44.70	581.10
16	LJG	园地	113.47	6808.20	567.35	7375.55
17	LFQ	园地	36.52	2191.20	182.60	2373.80
18	LQC	园地	196.90	11814.00	984.50	12798.50
19	LFQ	园地	25.88	1552.80	129.40	1682.20
20	LSB	园地	23.59	1415.40	117.95	1533.35
21	LQZ	园地	124.09	7445.40	620.45	8065.85
22	LLG	园地	8.14	488.40	40.70	529.10
23	LRS	园地	40.97	2458.20	204.85	2663.05
24	LJM	园地	63.00	3780.00	315.00	4095.00
25	LYG	园地	22.38	1342.80	111.90	1454.70
26	LYG	园地	7.29	437.40	36.45	473.85
27	LYZ	园地	24.65	1479.00	123.25	1602.25
28	LYZ	园地	16.60	996.00	83.00	1079.00
29	LSY	园地	20.99	1259.40	104.95	1364.35
30	LQY	园地	65.95	3957.00	329.75	4286.75
31	LYZ	园地	26.13	1567.80	130.65	1698.45
32	LQY	园地	5.77	346.20	28.85	375.05
33	LYG	园地	17.55	1053.00	87.75	1140.75

续表

序号	姓名	地类名称	土地面积/平方米	土地补偿金额小计/元	青苗补偿金额小计/元	合计补偿金额小计/元
34	LFL	园地	29.73	1783.80	148.65	1932.45
35	LYF	园地	58.06	3483.60	290.30	3773.90
36	LYC	园地	10.11	606.60	50.55	657.15
37	LML	园地	3.89	233.40	19.45	252.85
38	LXZ	园地	232.65	13959.00	966.95	14925.95
39	LCH	园地	83.70	5022.00	418.50	5440.50
40	LSL	园地	208.88	12532.80	1044.40	13577.20
41	LJM	园地	163.72	9823.20	818.60	10641.80
42	LFL	园地	59.49	3569.40	297.45	3866.85
43	LFL	园地	147.03	8821.80	628.25	9450.05
44	LMZ	园地	114.56	6873.60	572.80	7446.40
45	LSB	园地	99.81	5988.60	400.75	6389.35
46	LLF	园地	68.03	4081.80	268.60	4350.40
47	LCH	园地	109.46	6567.60	547.30	7114.90
48	LMZ	园地	75.65	4539.00	378.25	4917.25
49	LFL	园地	85.64	5138.40	428.20	5566.60
50	LFL	园地	11.30	678.00	56.50	734.50
51	LJM	园地	150.16	9009.60	750.80	9760.40
52	LFL	园地	38.98	2338.80	194.90	2533.70
53	LCH	园地	28.35	1701.00	141.75	1842.75
54	LXY	园地	51.53	3091.80	257.65	3349.45
55	LYG	园地	19.75	1185.00	98.75	1283.75
56	LFL	园地	94.95	5697.00	474.75	6171.75
57	LLF	园地	5.00	300.00	25.00	325.00
58	LYG	园地	26.31	1578.60	131.55	1710.15
59	LSB	园地	2.24	134.40	11.20	145.60
60	LYG	园地	24.96	1497.60	124.80	1622.40
61	LLF	园地	42.14	2528.40	210.70	2739.10

续表

序号	姓名	地类名称	土地面积 / 平方米	土地补偿金额小计 / 元	青苗补偿金额小计 / 元	合计补偿金额小计 / 元
62	LLF	园地	418.98	25138.80	2094.90	27233.70
63	LJM	园地	20.00	1200.00	100.00	1300.00
64	LLZ	园地	10.00	600.00	50.00	650.00
65	LSL	园地	23.01	1380.60	115.05	1495.65
66	LQX	园地	16.16	969.60	80.80	1050.40
67	LQZ	园地	9.30	558.00	46.50	604.50
68	LXZ	园地	9.45	567.00	47.25	614.25
69	LXX	园地	7.79	467.40	38.95	506.35
70	LJG	园地	15.74	944.40	78.70	1023.10
	合计		4146.00	248760.00	20256.95	269016.95

表 2–3　2016 年大张坑新建卫生厕所农户补助

单位：元

序号	姓名	补助金额	序号	姓名	补助金额
1	LLY	1500	15	LYC	1500
2	LJM	1500	16	LLG	1500
3	LLZ	1500	17	LYG	1500
4	LWF	1500	18	LMZ	1500
5	LLS	1500	19	LJR	1500
6	LQC	1500	20	LFQ	1500
7	LYG	1500	21	LXQ	1500
8	LXH	1500	22	LRX	1500
9	LRQ	1500	23	LXZ	1500
10	LMK	1500	24	LML	1500
11	LWB	1500	25	LQW	1500
12	LQZ	1500	26	LLF	1500
13	LAX	1500	27	LLW	1500
14	LYJ	1500			
合计	40500				

表 2-4　2017 年 3 月 16 日张山岙至张村联网公路工程（零星补征）土地征收补偿

单位：元

序号	姓名	金额	地块 1	地块 2	地块 3	地块 4	地块 5	地块 6	地块 7	地块 8
1	LQC	16434.60	3636.1	12798.5						
2	LSL	19117.15	4044.3	13577.2	1495.6					
3	LCH	14398.15	5440.5	7114.9	1842.7					
4	LFL	31324.90	1932.4	3866.85	9450.0	5566.6	734.5	2533.	6171.7	1069
5	LFQ	8570.900	2354.3	1270.1	890.5	2373.8	1682.2			
6	LJG	8398.650	7375.5	1023.1						
7	LJM	24737.70	3035.5	10641.8	9760.4	1300				
8	LLY	4160.000								
9	LLZ	650.000								
10	LLF	35363.70	4350.4	325	2739.1	27233	715.5			
11	LLW	1050.400								
12	LMZ	12363.65	7446.4	4917.25						
13	LMG	6228.95								
14	LML	252.85								
15	LQL	5567.90	3815.5	1171.3	581.1					
16	LQZ	604.50								
17	LQY	4661.80	4286.7	375.05						
18	LQZ	8065.85								
19	LRQ	2663.05								
20	LSY	1364.35								
21	LSB	9051.30	1533.35	6389.35	145.6	983				
22	LXZ	18959.20	1456	14925.9	614.25	1963				
23	LXX	506.350								
24	LXY	3349.450								
25	LYC	1398.150	741	657.15						
26	LYG	7685.600	1454.7	473.85	1140.7	1283.7	1710.1	1622.4		
27	LYZ	4379.700	1602.25	1079	1698.45					
28	LYZ	529.10								
29	LYF	3773.90								
30	LZL	2897.70								
31	ZBL	11142.95								
合计		269652.45								

表 2–5　景宁县 2017 年张山岙至张村联网公路工程土地征收地上青苗、附着物

单位：元

景宁县张山岙至张村联网公路工程土地征收地上青苗、附着物补偿发放花名册 2017.6.12						
序号	姓名	金额	地块 1	地块 2	地块 3	地块 4
1	LGQ	33847.70	33507.50	340.20		
2	LLY	12039.24	2850.37	9188.87		
3	LLZ	5025.75	5025.76			
4	LLF	602.48	602.49			
5	LLW	7295.95	2935.27	4360.68		
6	LMZ	8891.35	8891.35			
7	LML	39882.62	37443.6	2439.02		
8	LQL	986.70	986.70			
9	LQY	3562.55	2413.43	1149.12		
10	LQZ	22564.80	22564.80			
11	LSM	20103.12	13701.24	6401.88		
12	LWP	10336.91	5105.75	5231.16		
13	LXZ	4139.08	2673.19	1465.89		
14	LXM	5735.75	3454.79	2280.96		
15	LXX	1865.88	1865.88			
16	LXD	7128.36	7128.36			
17	LXY	42423.12	36399.96	6023.16		
18	LYG	47561.50	41597.4	1035.15	3830.45	1098.5
19	LYZ	3069.42	3069.42			
20	LZC	4806.75	4806.75			
21	LDQ	24920.350	24920.35			
22	集体	57543.48	57543.48			
合计		364332.90				

表 2-6　2017 年景宁县大张坑村美丽庭院评选补贴

单位：元

序号	姓名	获奖等级	金额	序号	姓名	获奖等级	金额
1	LYG	一等奖	800	12	LQX	三等奖	300
2	LJG	一等奖	800	13	LWL	三等奖	300
3	LJM	二等奖	500	14	LGJ	三等奖	300
4	LYC	二等奖	500	15	LSB	三等奖	300
5	WWL	二等奖	500	16	LGW	三等奖	300
6	LFQ	三等奖	300	17	LGQ	三等奖	300
7	LMG	三等奖	300	18	LZL	三等奖	300
8	LLS	三等奖	300	19	LYG	三等奖	300
9	LQC	三等奖	300	20	LLP	三等奖	300
10	LLZ	三等奖	300	21	LXZ	三等奖	300
11	LYZ	三等奖	300				
合计	7900						

图 2-30 为庭院盆栽。

图2-30　庭院盆栽

由表 2-1 至表 2-6 可知，从 2015 年至今，随着政府对大张坑村基础设施建设的投入越来越多，大张坑村村民通过补偿和奖励获得的收入越来越多，成为家庭收入的重要来源之一。由以上表格统计得出，所有项目补偿总额为 956132.8 元，获得补偿总人数为 64 人，人均补偿达 14939.575 元。其中获得补偿额累计最多的是 LLF（72829.88 元），最低的是 LGW（300 元）、LGJ（300 元）、LLP（300 元）、LWL（300 元）。由此可见，不同家庭获得的补偿收入不同，且存在较大差距。

（五）部分基层工作人员及退休干部的工资收入

在大张坑村能获得工资收入的人员分为两部分，一部分为现仍在职的村委会成员，如村委会主任、村支书、妇女主任、会计等，村委会主任每年工资有三万多元，村会计每年工资有六千多元。根据任职年限长短，这些基层工作人员退休后，还能拿到数额不一的退休补贴。另一部分能获得工资收入的人员是早年离开大张坑村在外任公务员、退休后回到村庄安享晚年的离退休工作人员。如现年 83 岁的LZY，退休前是景宁县民宗局局长，1992 年退休，现在每月退休金有六千多元。当然，能够获得工资收入的人员，在大张坑村实属少数，大部分家庭的收入主要靠传统农林业和打工为主，当畜禽养殖业从经济收入中退出后，近几年政府征地补偿款成为家庭收入的一项重要来源。

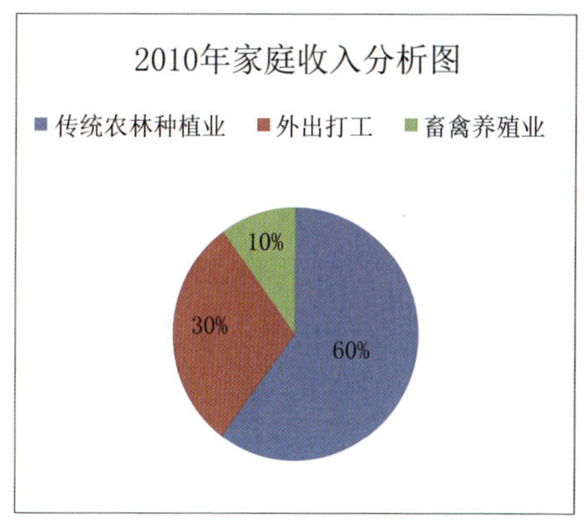

图2-31　村民LLZ家2010年家庭收入分析饼状图

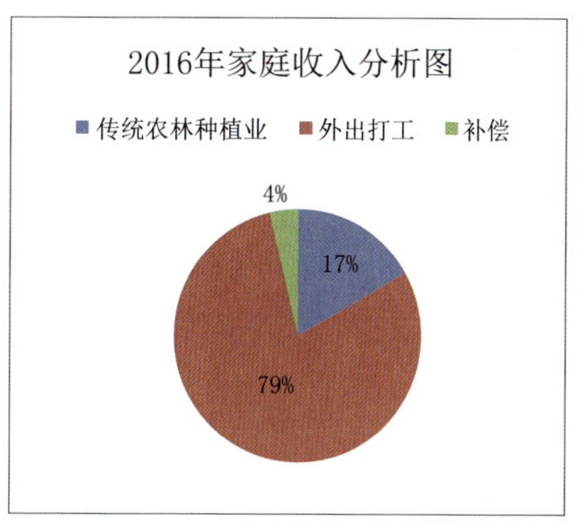

图2-32　村民LLZ家2016年家庭收入分析饼状图

分析村民 LLZ2010 年与 2016 年家庭收入（见图 2-31、图 2-32），我们发现，短短 6 年时间后，大张坑村村民的经济发展模式发生了显著变化。2010 年时，依赖自然气候和环境的传统农林种植业与畜禽养殖业占家庭收入的 70% 左右，打工收入只占家庭收入总量的 30%。到 2016 年，普通村民的家庭经济收入的主要来源则是以外出打工为主，其收入来源占家庭总收入的 79%，传统社会中占主体地位的农林种植业所占比重迅速降低。出现这种变化的原因为：一方面，政府环保政策的调节，强调加强森林养护和畜禽养殖业的规模化发展，使得大张坑村不再走传统的环境破坏型和掠夺型发展道路；另一方面，随着基础设施建设的发展，大张坑村村民与外界交流日渐增多，从传统的封闭型经济发展模式向开放的市场经济模式转变。

第四节　旅游经济发展

大张坑村北邻敕木山北峰，西连草鱼塘省级森林公园，具有得天独厚的自然风光；东部可达汤北汤夫人庙，道家文化氛围浓郁；同时拥有悠久的红色革命传统，红色资源厚重而独特。近年来，当地政府正致力于大力发展大张坑村红色文化旅游，将其作为浙江畲族风情旅游度假区中的一部分，着力打造其“红寨”特色。

（一）大张坑村旅游业发展的资源禀赋与优势

1. 大张坑村发展旅游业的区位优势

大张坑村位于景宁中部畲族风情旅游区，是环敕木山风情旅游度假区内十个畲族村寨之一。周边有中华畲族园、云中大漈、天人湖、草鱼塘森林公园等旅游资源，很容易实现旅游规模经济效应。草鱼塘森林公园位于敕木山东麓，距离大张坑村约2公里，是国家2A级森林公园，园内有全省面积最大的柏树林区，并有汤夫人庙、敕峦霁雪、敕峰日出、草塘曲柳、青岭秋色等40多个景点，是避暑休闲、度假、召开会议的极佳之处。汤北村距离大张坑村2.8公里，村内有三公庙、三重洞、神仙洞、葛薄湖等景点，道家文化浓郁。环敕木山区内自然资源丰富，文化资源多样，畲族特色明显，且十个村寨都各具特色，通过打造不同主题的旅游产品，实现村寨差异化、互动化发展。作为环敕木山风情旅游度假区的十个畲寨之一，大张坑村犹如一颗镶嵌在旅游链上的珍珠，成为环敕木山风情旅游的重要一站。

2. 大张坑村内的旅游资源丰富

村子依山而建、群山环绕、层峦叠嶂、树深林密、植被丰富、泉水叮咚，是典型的浙西南山居景观。空气中的负氧离子含量高达15000个/厘米^3，非常适合养老养生。村内种植有几十种中草药材，形成了独具特色的畲族医药文化。村里保存着许多原生态畲族古民居，砌石为墙，极富特色。因此村内旅游资源十分丰富，既有文化底蕴深厚的历史人文景观，如大张坑村“人民大会堂”、雷景三故居、保存完好的山哈民居，也有风景优美的自然景观，如古红豆杉、层次分明的景观梯田、与敕木山遥遥相望的山峰等，二者有机融合，营造出和谐宜居的世外桃源之境。

3. 大张坑村独特的红色文化

大张坑村是景宁县最早建立党支部的村之一，也是我党较早建立的革命根据地之一。一百多年来，在这个云雾缭绕的山坳上，畲民们祖祖辈辈在这里繁衍生息，形成了机智勇敢的民族性格。在中国共产党的领导下，他们同全国各族人民一道，积极投入到推翻“三座大山”的革命斗争洪流之中，并在新中国成立初期参加剿匪、镇压反革命和抗美援朝等一系列革命斗争中，踊跃参军参战、勇于牺牲奉献，用殷红的热血谱写了可歌可泣的历史篇章。至今，村里仍保存着一批极具革命教育意义的红色文化遗址，如雷景三同志故居、党支部秘密开会地点、民兵连训练场、被国民党打砸抢烧时损毁的木门等，仍然流传着革命烈士不畏牺牲、反抗压迫的感人故事。这一独特的红色文化既是我们传承革命历史的载体，也是大张坑村发展旅游经济的独特魅力所在。

图 2-33 为红寨大张坑。

4. 各级政府的大力支持与规划

图2-33　红寨大张坑

浙江省委贯彻“建设美丽浙江，创造美好生活”的精神，积极推进建设美丽中国在浙江的实践，加快生态文明制度建设。浙江省委做出关于建设“美丽浙江，创造美好生活”的决定，决定将丽水市建成美丽浙江的生态屏障。在此背景下，丽水市提出要坚定不移地走“绿水青山就是金山银山”的绿色生态发展之路，将“望得见山，看得见水，记得住乡愁”的新型城镇化发展思路作为本市进一步发展的指导战略。景宁县在此指导下，立足本县实际，注重挖掘村落文化底蕴，实施“一村一品”乡村旅游发展策略。这一切为大张坑村的旅游经济发展提供了思路支撑、资金支持和路径指导。

（二）大张坑村乡村旅游经济发展现状及特点

大张坑村近年以打造“畲家红寨农家乐综合体”为抓手，依托浙江畲族风情旅游度假区发展势头，打造了“红寨人家”等农家乐品牌。当前大张坑村的旅游经济发展有以下几个特点。

1. 政府支持力度大，基础设施建设已经基本完成

为了推动景宁县民族文化旅游的发展，浙江省各级人民政府出台了众多的扶持政策，从人力、物力、财力、智力上对大张坑村进行了全面支持。2017 年获批和正在投入兴建的项目有：大张坑文化广场及景观配套工程项目、美丽宜居项目、

农家乐综合体基础设施工程项目、草鱼塘森林公园管理保护用房项目等，民族特色村寨旅游正在成为大张坑村经济发展的新的增长点。

张山岙至张村联网公路项目起点位于228省道云寿县张山岙隧道出口处（东坑镇境内），途经大张坑村、草鱼塘、汤夫人庙、九重漈、敕木山、惠明寺、周湖，终点与808乡道景梅线相接（鹤溪街道张村路段），路线全长29.916公里，施工图所示造价为1.91亿元，预计环敕木山公路将于2017年12月底前正式通车。届时可将环敕木山的特色畲寨相互连通，为大张坑村旅游经济发展创造了良好的交通条件。

大张坑村停车场项目现已完工，共计投入45万元，新修建的停车场设30个车位；大张坑美丽宜居项目共计投资达178万元，建设内容包括文化广场及景观配套工程、特色门楼、农户瓦片翻修、村内绿化及场地平整等，预计2017年12月底前完工；2017年政府投入15万元，以奖代补提高村民主动美化村庄环境的积极性。

草鱼塘森林公园管理保护用房项目投资190万元，2017年11月完成；草鱼塘森林公园道卡项目，预计投入50万元，已完成前期准备工作。

2. 扶持政策到位，为乡村旅游经济发展助力

当地政府通过各种政策鼓励乡村经济发展。此外，还针对大张坑村地势偏远、发展刚起步的特点，出台了一系列扶持政策，为大张坑村的旅游经济发展助力。如景宁县政府通过农办、财政、旅游等部门考核验收的集聚区民宿和单体民宿新建项目按照每个标准间合格、优良等级分别给予8000元、10000元，单人间分别给予6000元、8000元以奖代补资金的专项补助。单体民宿提升项目按照每个标准间合格给予6000元补助，单人间给予4000元补助。又如政府与大张坑村的农家乐与民宿经营者签订合同，在其经营的头3年实施免租与低租金的优惠政策，为其发展提供信心。如果民宿经营者想自己装修，提高接待能力或提升民宿档次，政府还会有不同程度的补贴。

3. 旅游经济规划起点高

景宁县的旅游规划，采取共同规划、协调发展的策略。在推动乡村旅游的过程中，为避免同质化竞争、取得差异化优势，各个村镇实行诸如“一村一品”、“一户一业态”的差异化发展策略，深挖潜力，精心设计，打造精品，使乡村旅游呈现出特色化、精品化的特点。大张坑村的“红寨”特色，是在充分调研的基础上，避免将其泯灭于畲族文化风情旅游的区域文化中而做出的旅游经济发展定位。当前大张坑村正围绕“红色文化”主题，挖掘红色文化的历史底蕴，致力于将大张

坑村的红色文化和畲族的革命献身精神，融入乡村民宿旅游的设计中。他们拟通过“红色革命怀旧体验”项目的设计，恢复大生产时代的“人民公社化”生存生活体验，服务于具有怀旧需求的特殊时代人群。在发展生态种植及养殖产业的过程中，采用“人民公社制”时期的集体劳动方式，开展生产生活体验，恢复大集体劳动的乐趣，创造特殊度假模式，将大张坑村打造成红色度假村和人民公社体验地。

图 2-34 为东坑镇环敕木山旅游区规划。

4. 旅游经济发展观念新

在大张坑村的旅游规划中，已不再简单地将旅游经济的发展视为单纯的景观欣赏式旅游，而是主张将旅游转变为长时间生活和居住的参与式深度旅游，在此过程中亲近自然、享受有机生态食品、参与传统生活仪式等。这种观念与源于英国，后在日本等地迅速发展的民宿观念不谋而合。当日本等地民宿向精致化、豪华化、高价化、高服务化演进时，我国的乡村民宿更强调回归乡野的舒适、宁静与心灵体验及休憩。当前，大张坑村正在策划的民宿旅游项目有以下几类：第一类为红色旅游体验项目，如听老人讲红色故事、观看红色电影纪录片等；第二类为传统的畲族体验项目，如畲族婚礼体验、参观原生态畲家建筑、制作乌米饭等；第三类为传统农村体验项目，如观星活动、菜园摘菜、上山挖笋、登山攀竹、篝火晚会等；第四类为风景观赏旅游项目，如逛草鱼塘森林公园、拜汤夫人庙、观敕木山日出云海及在此基础上衍生出的摄影及写生体验项目等；第五类为养生体验项目，如听百岁老人讲养生之道，请畲族民间医生讲解村中的中草药材知识，品尝养生药材炖汤等。

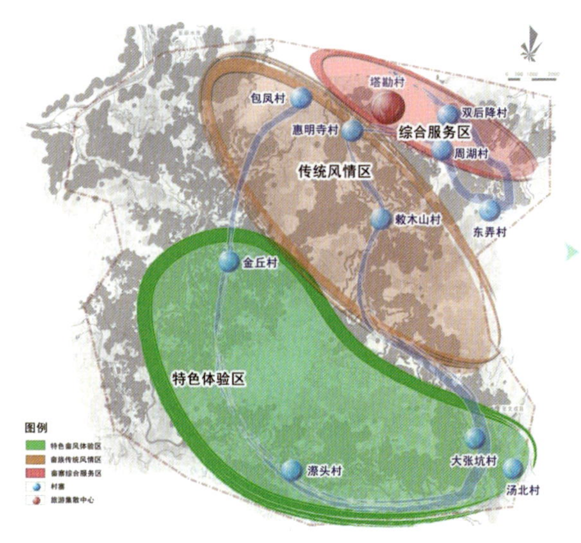

图2-34　东坑镇环敕木山旅游区规划

5. 旅游发展已经初具规模

截至 2017 年 6 月，该村现有红畲公社、畲歌远、畲家妹、畲酒烈、草鱼塘等农家乐 5 家，共有餐位 300 个，床位 93 张，设施齐全。其中，草鱼塘农家乐地处草鱼塘森林公园，建筑面积达 1500 余平方米，有 60 余个房间，12 个包厢，可同时容纳 180 人就餐，并且有两个分别容纳 30 人和 60 人的会议室，棋牌室 7 个，以及简易的歌舞厅、图书馆等。

表 2-7 为大张坑村（自然村）农家乐的基本情况。

表 2-7 大张坑村（自然村）农家乐的基本情况

序号	农家乐名称	床位数	餐位数	星级
1	红畲公社	—	50	—
2	畲歌远	13	—	—
3	畲家妹	8	—	—
4	畲酒烈	12	—	—
5	草鱼塘	—	—	—

表 2-8 为大张坑村（自然村）公共设施规划。

表 2-8 大张坑村（自然村）公共设施规划

<table>
<tr><th>编号</th><th colspan="2">项目</th><th>名称</th><th>占地面积/平方米</th><th>备注</th></tr>
<tr><td>1</td><td colspan="2">村委会</td><td>大张坑村委会</td><td>241</td><td>1 个</td></tr>
<tr><td>2</td><td colspan="2">卫生服务站</td><td>—</td><td>—</td><td>—</td></tr>
<tr><td>3</td><td colspan="2">农贸市场</td><td>—</td><td>—</td><td>—</td></tr>
<tr><td rowspan="3">4</td><td rowspan="3">教育设施</td><td>幼儿园</td><td>东坑镇中心幼儿园</td><td></td><td>位于东坑镇</td></tr>
<tr><td>小学</td><td>东坑镇小学</td><td>—</td><td>位于东坑镇</td></tr>
<tr><td>中学</td><td>东坑中学</td><td>—</td><td>位于东坑镇</td></tr>
<tr><td>5</td><td>老年活动室</td><td>—</td><td>—</td><td>—</td><td>—</td></tr>
<tr><td>6</td><td colspan="2">文化活动中心</td><td>大张坑村“人民大会堂”二楼</td><td>200</td><td>1 个，集表演、娱乐、会议等为一体</td></tr>
<tr><td>7</td><td colspan="2">商业设施</td><td>农家乐</td><td>1203</td><td>4 个</td></tr>
<tr><td rowspan="3">8</td><td rowspan="3">环卫设施</td><td>公厕</td><td>—</td><td>—</td><td>—</td></tr>
<tr><td rowspan="2">生活垃圾</td><td>垃圾收集站</td><td>0.8</td><td>2 个</td></tr>
<tr><td>垃圾箱</td><td>—</td><td>11 个</td></tr>
<tr><td rowspan="2">9</td><td rowspan="2">给排水设施</td><td>给水</td><td>水头水库</td><td>—</td><td>1 个</td></tr>
<tr><td>排水</td><td>污水处理站</td><td>36</td><td>2 个</td></tr>
</table>

（三）大张坑村旅游经济发展的不足

尽管大张坑村的旅游经济发展势头良好，但其现状并不容乐观，主要有以下几点不足。

1. 当前旅游配套设施还较缺乏

村庄存在出行交通不便、日常购物不便、公共活动场所较少、给水设施容量不足、公厕较少、垃圾箱与村庄风貌不符、部分铺装过于城市化、民宿建筑有待升级等问题。

2. 旅游品类较少，旅游产业季节性强

当前大张坑村的体验型旅游经济还处在规划阶段，尚未付诸实践。已有的旅游项目品类单一，仍然以观光旅游为主。且由于地处山区，气候高寒，最佳的旅游季节集中在6月至9月，因此受季节限制的特点突出，2017年接待游客仅0.01万人次。

3. 旅游业发展人力不足

大量村民外出打工或定居城市，致使大张坑村劳动力流失严重，常年居住于村中的人口只有60多人，且平均年龄在60岁以上，多为年老体衰的老年人或退休后回到村子定居的离退休人员，村庄“空巢化”特色突出。这一现象不仅使传统农林产业日衰，畲族传统风俗逐渐流失，并且导致乡村旅游业发展人力不足，这是制约当前大张坑村全面发展的瓶颈。

（四）经济发展带来的变革

相比传统经济发展模式，如今大张坑村的经济水平有了较大提高，给村民生活带来了全面的变革。

1. 生活水平大大提高

经济生产模式的变革，使大张坑村的经济走向开放化、多元化、市场化，不仅使村庄的经济结构发生转变，同时拓展了家庭经济收入来源，提高了经济收入水平，使村民的生活水平得到了极大的提高。

2. 出行更加便利

大张坑村原来没有公路，到东坑镇只有一条狭窄的土路，村民步行至东坑镇单趟需大半天。若遇到大雨冲毁路面，则可能导致交通中断。近年来政府投资修建公路，使得大张坑村能与周围的村庄相通，汽车、摩托车得以进入百姓生活，如今村民去东坑镇只需要一个小时左右。待正在修建的“张张段公路”（大张坑村至张村）贯通，不仅方便大张坑村与张村的交通，并且通往景宁县城的时间也将缩短至20分钟。

3. 餐桌上的食物丰盛了

饮食观念从追求“吃饱”到 讲究“美味营养”转变。传统畲族有“辣椒当油炒”

的俗语，意即处于高寒地区的畲族百姓蔬菜品种单一且产量少，因此将辣椒腌制起来以供食用是常见的现象。辣椒腌制后，食用时间长，且能去除山中居住产生的湿气，是畲民餐桌的保留菜式。如今，大张坑村交通方便了，村民口袋里的钱也变多了，外出买菜成为生活常态，因此餐桌上菜的种类增加了，而且开始关注各种菜式的营养搭配，饮食质量大大提高。

4. 着装观念从“求穿暖”向“讲究漂亮时尚”转变

传统畲族有“火笼当棉袄”的俗语，意即村民缺少衣物御寒，只能将火笼点燃取暖。如今大张坑村的村民不但四季衣裳齐备，并且开始根据流行时尚穿西装、打领带，戴戒指耳环等首饰，年轻人结婚也开始穿着西式婚纱。

5. 家居环境开始迈向现代化

尽管大张坑村的民居仍然保留了传统的建筑格局，但其内部陈设发生了很大的变化，开始使用煤气灶（见图 2-35）、电饭煲、洗衣机、电冰箱、空调、电视机等电器，与县城的差距正在一步步缩小。据调查统计，全村 50 多户中，大部分家庭都拥有电视机，村民可以选择收看有线电视节目。洗衣机、电冰箱等进入农家，大大丰富了他们的生活内容。

图2-35　家用煤气灶

6. 受教育水平大大提高

由调研得知，大张坑村在新中国成立前只有一名小学毕业生，其他均为文盲。如今大张坑村已全面普及九年制义务教育，扫除了文盲，现全村共有初中文化程度 76 人，高中与中专文化程度 23 人，大专毕业 8 人。如今村里重视教育已经蔚然成风，每个家庭都会竭尽所能地为孩子上学创造条件。如 LLZ 夫妻的两个儿子，大儿子雷洋洋今年 25 岁，毕业于绍兴文理学院服装设计专业，现在绍兴工作；小儿子雷洋锋在景宁县职业高级中学学习厨师专业。到目前为止，大张坑村共培养了 35 名国家干部。

（五）经济发展面临的困境

当前大张坑村的经济收入与传统相比，更加多样化了。尽管部分村民的经济观念仍停留在“温饱即安”的阶段，但有部分村民已经具有较积极的进取精神，认为："如果有机会赚钱，就应该去做，而不是嫌累嫌苦就不做。"

个案访谈：

LLZ，男，52 岁；LLC，女，48 岁

两人没有去县里打工，以前是因为家里有老人需要照顾，所以没出去。目前在村子里打一些零工，砸石头、修墓地等一天三四百元，挣得比去县城里多，成本低，不用租房子，收入高。修墓地，形式是承包活，盖一个墓地工钱五千多元，一两个星期左右可以做完，挣得比县城多。

种的有茶叶，茶园在出村子山洞口对面，夫妻俩一起去采茶，三、四、五月份开始采茶，有的人家可以通过采茶赚一两万元。采茶手工按斤算，一斤五六十元，一天可以采五六斤，挣两三百元。去年种有茶叶二十多斤，今年少种了一些，十几斤，有些县城里的人回来买茶叶，卖 60 元 / 斤。采完茶回来放锅里炒，有一个晒茶叶的竹篓，下面放火盆烘干茶叶，便于保存。

以前有一大片田，大家一起耕作，现在都荒废了，大家已不怎么种田。现在就是村里零散地自己种一些水稻、土豆、黄豆等。平时下雨没事情，就会闲聊、看电视，村子里的人不打牌、不打麻将。

LLZ 的叔叔会编织竹子，通常在家编织挑粪机，其他家卖一百多，他们家卖六七十元一挑，一个晚上可以做两三挑。斗笠一般卖 6 ～ 8 元一个，三个晚上一个，做工很细。如果以后发展旅游业，会编织一些小东西拿来卖，每件卖 6 ～ 8 元，此外还会编烘茶叶、采茶叶的篓子，以及烤衣服的竹笼（火盖），等等。

总体而言，当前大张坑村的经济有了较大发展，但也面临一些问题。

1. 耕地抛荒现象严重，山林管理失控

大张坑村传统社会以农林业为主，1982 年山林分到户后，由各户自主管理，于是便出现了无计划砍伐的现象。当自留山、责任山的林木砍光之后，村民就向集体山林进攻。尤其自 1998 年以来，3000 余亩的集体山林（景宁县山林责任制后村级最大的一片）遭到了严重蚕食。村干部未及时出面干涉，也没有采取有力管理措施，致使集体经济蒙受严重损失，也使大张坑村的生态环境遭到了较大破坏。另外，随着外出打工人数的增加，耕地也出现了严重的抛荒现象。据调查统计，大张坑村因山洪冲毁无法垦复和因人为不耕而抛荒的责任田总计达到 30 余亩。目前，大张坑村人均耕地已不到一亩，且在继续减少。村民 LQR 说："我的

田里已经十几年没有种水稻了，主要是种些菜和茶，供自己用。”雷氏夫妇（夫，LLZ，52 岁；妻，LLC，48 岁）也谈道：“以前有一大片田，大家一起耕作，现在都荒废了，大家都不怎么种田。现在就是村里零散地自己种一些水稻、土豆、黄豆等。”作为地处山腰的畲族村寨，大张坑村可耕地面积较之平原地区本来就少，且农作物产量又低，如今再面对大规模抛荒，其发展前景不容乐观。

2. 旅游业刚起步，增收效果不明显

大张坑村的旅游业还处在起步阶段，村里各项目建设尚未完工，文化广场及景观配套工程、特色门楼、农户瓦片翻修、村内绿化及场地平整等项目都还处在初步阶段，因此，对于村民而言，旅游经济尚未成为家庭收入的重要来源。

当前推动大张坑村旅游业发展的，主要是政府行政力量的推进和政策上的扶持，尚未形成以旅游市场推动经济发展的盈利模式。例如，大张坑村的民宿旅游项目仍处于政府扶持阶段，未能有效带动村落特色农林业和服务业的发展，且参与大张坑村民宿旅游发展的经营者，并非大张坑村本村居民，而是来自景宁县鹤溪镇的居民，因而民宿旅游的发展对大张坑村村民经济收入的增加效果尚未显现。

3. 农村人口“空心化”，动力不足

首先，人口年龄结构不平衡。村子已经出现人口“空心化”现象，现村中人口基本以老人与小孩为主，劳动力数量不足，虽有部分年轻人，但他们劳动致富观念不强，安于现状，得过且过，使得目前大张坑村的劳动力缺乏。其次，劳动力素质不高。村民文化水平普遍较低，在一些发展项目上不能满足项目负责人的工作要求，失去一些收入较高的工作机会，在收入上没有稳定、可观的经济来源。最后是资金外流。年轻劳动力的大量外流，导致劳动力收入也随之外流。在大张坑村，收入稳定且在外务工时间较长的村民都选择在务工地区或景宁县城买房，平时也只是给家里汇一些生活费用，购买生活必需品，对村子建设基本持不关心态度。

4. 基层领导班子不得力

一个村子发展既需要村民积极主动配合，也需要村干部发挥积极引领作用，全身心投入村子建设，为村子发展谋出路，打开村民保守、封闭的思想，把新型经济发展模式和市场经济观念注入村寨，引领村寨持续稳定发展。大张坑村干部的“领头羊”作用尚未充分发挥。

个案访谈：

LQR（女，从景宁嫁到大张坑村）：“现在种些菜，十几年没有种水稻了，现在也已经没有大面积的水稻种植。自己家种绿茶，但种得不多。茶园由村委会负责，但没有人管。村民自己摘、自己卖、自己得钱。他们一般不去采，没有人带头去一起采，自己愿意去就去，不去也没有什么。白茶是嫁接的，以前是老茶，嫁接的钱由政府给，租地给村民，每亩200多元。茶园没弄好，主要是因为没有领头干的人，对于村委会主任这些职务，也是少数人去当，基本上是没有人当的。年轻人都去外面打工不愿意当，而村里其他职务的人又很少在村子里，对村子里的事很少有作为。书记在景宁，虽然有能力，不过还是带不动村民。茶园是柳书记带头起来的，村民这方面的意识比较淡薄。会计只是执行申请资金，村委会主任和书记签字后申请，但具体资金怎么用是不清楚的。村里现在基本都是自己过自己的，没有集体观念。修公路占地会给补贴，草鱼塘上面的田地没有分，属于大家的，需要用是要统一用的，放着就当存在政府，拥有所有权。”

LXH：“前十年都是在搞内耗，重心都不是在搞发展上，所以附近具有和大张坑村同样资源优势的村子都发展起来了，而大张坑村还是比较落后。”

LZC：“干部带头作用不强，LXH能力是不错的。年轻人不愿意管村子里的事，村子里村民间不是特别和谐；另外村民不积极，村子政策也有问题，修道路，占村民的地，没有补偿。村里合作社不准补偿，上面不同意，村委会也没办法，导致村民有意见。干部不一定是不公平的，而是上面的政策不公平从而导致村民有意见，村委会难做。”

LZY（退休民宗局局长）：“村子的发展，由于村委会主任和村支书水平不一，导致村子发展不起来。LXH还是有能力的，说话交流不错，高中水平，跟县里机关单位熟悉，在村里比较有威信，能够做到公平公正，为村民排忧解难。村子目前的状况令人担忧，村干部的作用没有完全发挥，同时村民的主观能动性也没有被激发，安于现状，导致村子发展停滞不前。”

LQX（退休老局长）：“那个年代（50年以前），大张坑村很有名。1964年就通上了电话，轰轰烈烈地发展，发展得很好。近些年发展得不好，主要原因是村干部不作为，政策机遇抓不住，‘村两委’没能成为推动经济发展的领导者，再加上‘村两委’的当家人一直不和，一直闹分裂，所以没有一个强有力的领导系统。政治上的不和谐导致经济发展的滞后，反过来经济的落后会挫败政治上的活力，政治不作为，形成恶性循环。”

5. 村民的思想脱贫尚未完成

大张坑村的脱贫，不仅需要经济上的脱贫，更需要思想层面的脱贫。对于经济的发展，大张坑村村民还没有深刻意识到其重要性，在生活方式上自我满足的人占了大多数。通过调查了解到，大张坑村的发展条件其实很好，是有很大发展空间的，但是村里的精神风气欠佳，没有积极向上的发展意识。例如，有很多年轻人都不愿意外出打工，也没有在自家发展经济来增加收入，而是满足于现有的自给自足的生活方式。

对于村里经济发展不起来、村民收入得不到提高的原因分析，LXH 书记说道：“这和大张坑村村民的生活方式以及思想观念有关，没有那种迫切致富的欲望；文化水平低，见识少，思想观念比较落后；还有就是村里的年轻人不多，事情做不起来，生活观念很散漫，觉得聚在一起，聊聊天做点事情，钱多钱少没多大关系。我也想尽责尽心，努力给村民们找点事情来做，希望村民赚到钱，钱包鼓起来。现在在村子里修公路的项目负责人住在自己家里，希望把活给村民干，这样能增加一点收入。但是一方面项目负责人要考虑工作进度，村子里的人工作比较散漫，劳动素质不能满足项目的要求；另一方面村民也不愿意干，村民生活比较自由散漫，有团伙意识，也不愿意去从事要求很高的修路工作，所以这样双方都达不成协议。”

总体而言，经济发展不仅依靠资源、环境、文化等客观因素，同时还需要当地人参与进来，发挥其主观能动性。而大张坑村人口“空心化”和留守老人等问题带来的影响，正阻碍着畲族村寨经济的持续稳定发展。

第三章　人口与流动

大张坑村是一个传统的畲族村寨，据 2017 年的统计数据，全村辖 4 个村民小组，共有农户 67 户，234 人，其中畲族人口 58 户，211 人，畲族人口比例高达 90%。该村有党员 19 人，其中预备党员 2 名。总体而言，大张坑村人口现状有以下几个特点。第一，文化素质偏低。村民大都是小学或者初中毕业，甚至文盲。近几年村民开始重视教育，纷纷送小孩外出读书，但迄今为止村里只出了一个大学本科生。第二，人口"空心化"现象严重。社会经济落后、交通不便等导致村里的劳动力大量外流，人口不断减少。第三，人口流动性强，迁入与迁出趋势都十分明显。近年，在村民不断外出打工的同时，政府加大对村子旅游业的扶植，以及对村子基础设施的建设，一些外地农民工逐渐流入村里。

第一节　人口与男女比例

大张坑村男多女少，比例失衡，2017 年，男性为 129 人，占总人口比例的 55%；女性为 105 人，占总人口比例的 45%（见图 3-1）。分析大张坑村不同年龄段人口比例（见表 3-1），我们发现，在 10 至 30 岁年龄段，男女比例基本持平；而在 30 至 50 岁年龄段，男女比例严重失衡，分别达到 22∶15（30 至 40 岁）和 29∶17（40 至 50 岁）。此变化表明，大张坑村男女出生比例基本平衡，造成 30 至 50 岁男女比例严重失衡的原因，可能与外嫁及外出务工导致的人口外流密切相关。

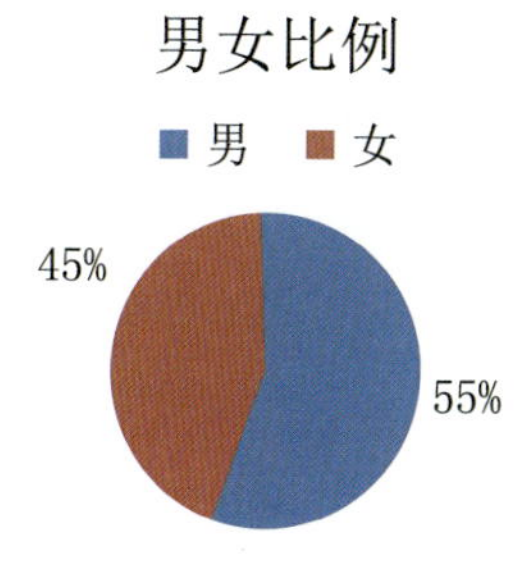

图3-1　2017年大张坑村男女比例图

表 3-1 2017 年大张坑村男女年龄分布统计（方韦波制）

单位：人

年龄	性别		合计
	男	女	
10 岁以下	8	9	17
10 ～ 20 岁	10	11	21
20 ～ 30 岁	9	10	19
30 ～ 40 岁	22	15	37
40 ～ 50 岁	29	17	46
50 ～ 60 岁	19	17	36
60 ～ 70 岁	11	15	26
70 ～ 80 岁	12	6	18
80 ～ 90 岁	7	3	10
90 岁以上	2	2	4
合计	129	105	234

第二节 人口与老龄化

国际上通常的看法是，当一个国家或地区 60 岁以上老年人口占人口总数的 10%，或 65 岁以上老年人口占人口总数的 7%，即意味着这个国家或地区的人口处于老龄化状态。将大张坑村人口年龄按照 10 岁一个段分为十个年龄段，我们发现 40 至 50 岁人口共有 46 人，占总人口的 19.7%，排名第一；60 岁以上的人口有 58 人，占总人口的 24.8%；70 岁以上的人口有 32 人，占总人口的 13.7%。由此可见，大张坑村人口老龄化情况十分严重，且老龄化人口中男性多于女性。图 3-2 为 2017 年大张坑村人口年龄分布图。

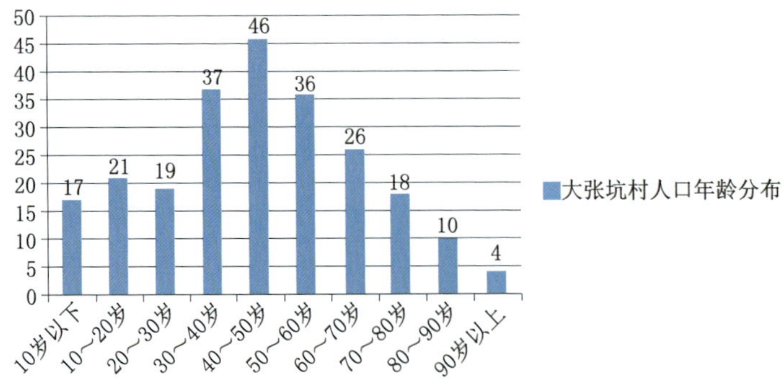

图3-2 2017年大张坑村人口年龄分布图

造成大张坑村人口老龄化的原因很多，其中一个重要的原因是村民大多身体健康且长寿。调研发现，村子里面 70 岁以上的老人有 32 人，80 岁以上的老人有 14 人，90 岁以上的老人有 4 人，并且所有 70 岁以上的老人均头脑清楚、生活能够完全自理。

村民保持健康长寿的主要原因如下。

1. 独特的自然生态

大张坑村耕地 249 亩，林地 8000 多亩，其中竹林 1248 亩，森林覆盖率达 82.8%，空气质量优良天数达 100%，负氧离子含量达 15000 个 / 厘米^3。良好的气候和自然环境使得大张坑村的村民远离污染，呼吸新鲜空气，加上饮用山泉水，食用自种的有机蔬菜，因此拥有健康的身体与良好的身体素质。尤其值得一提的是，本村的山泉水流经的地区均无污染，山泉在流动过程中从自然山体中渗透、层层滤净，同时融入了对人体有益的矿物质。

2. 健康的饮食

村民有良好的饮食习惯，尚清淡，不喜辛辣油腻，喜欢喝茶，茶叶均取自自家房前屋后种植的茶树，且采摘后自己烘炒，全程无污染。此外，大张坑村竹子众多，竹笋是家里必不可少的一道菜，竹笋里含有丰富的人体所需的维生素和氨基酸等微量元素，而且竹笋经食用后能促进胃肠蠕动，防止便秘，是难得的健康食品。最后，畲族人民特别善于酿制本民族的“红酒”①，几乎每户畲民家中都有浸泡各种毒蛇以及中草药的药酒，这些药酒可治风湿等病痛，是畲族传统的治疗和保健佳品。

访谈对象：LYY，女，97 岁（由于不会普通话，由其 66 岁的儿子 LQZ 代答）

问：奶奶平时都吃些什么？喜欢吃什么？

答：平时就是跟我吃一样的啊，没什么特别的，就是饭菜要煮得很烂，她吃起来比较方便，她牙齿都没有了，吃不动硬的咯。

问：平时吃什么蔬菜呢？

答：蔬菜现在就是四季豆、黄瓜、豇豆，什么季节吃什么菜咯。

问：会吃肉吗，猪肉、兔肉、牛羊肉之类的？

答：猪肉每天都会吃啊，兔肉偶尔会吃的。每天都要菜和肉，比较喜欢吃鸡蛋和鱼。

问：那奶奶每顿饭一般吃多少啊？

答：能吃多少吃多少，一般是这么大（用手比画大小，大概是三号

① 这里的红酒指的是大张坑村畲民用中草药泡制成的药酒，呈红色，所以当地村民称之为红酒。

碗大小——笔者注）一碗。年轻时经常喝草药“红酒”（里面大概有十几种中草药），现在老了不喝了。喜欢喝茶，经常喝茶，每天喝三四杯，饭前都要喝一杯的。

3. 良好的生活和劳动习惯

村子里并没有任何娱乐措施，村民过着“日出而作，日落而息”的生活，这种生活方式很好地契合了中医倡导的养生理论。村民们从十几岁开始，就开始上山或下地干活，年轻时的劳动为他们良好的身体素质打下了基础。这种劳动习惯一直保持到六七十岁，直到今天，村里六七十岁的老人仍然保持着劳动的习惯，有的还会阶段性地外出做工。下雨或农闲的时候，村民则会在村子里闲逛、与邻居聊天等。良好的作息习惯和劳逸结合的劳作方式，使村民得以保持健康的身体状况。

访谈对象：LYY，女，97 岁（由于不会普通话，由其 66 岁的儿子 LQZ 代答）

问：奶奶的生活习惯怎么样？每天什么时候起床，什么时候吃饭睡觉呢？

答：早上六点起床吃饭，十一点左右吃午饭，下午六点左右吃晚饭。有时候会跟人聊天，不看电视，看不懂，听不见声音，喜欢晒太阳，经常睡觉呢，她想睡就睡。你们跟她说话她也听不懂，她会说畲语和景宁话，以前也会唱我们的山歌，但是不会说普通话。

（通过对奶奶的观察和与叔叔的聊天，我们发现 LYY 老人视力很好，神志清醒，表达清晰，语速很快。）

4. 乐观的心态

大张坑村位于敕木山山腰处，受汉族程朱理学影响较少，而且独特的地理环境也造成这里的人达观洒脱的民族性格。这样一种良好的性格使得大张坑村畲民以一种坦然的心态对待生活，对于金钱和成功的渴望并不像城市人那么强烈，能够顺应生活的变化，保持身心健康。在入户访谈的过程中，我们与 97 岁的 LYY 老人交谈，发现她虽然想念在县城居住的子辈和孙辈，但仍然开心地跟我们讲述自己家里的故事，让小儿子拿出家里的“红酒”招待我们。

5. 和睦的家庭氛围

大张坑村的家庭关系一般比较和睦，子孙孝顺敬老，父子、夫妻、婆媳关系相处融洽，和睦的家庭氛围有利于老人的身心健康。例如，LQX 是民宗局老局长，他退休后将妈妈 ZQH 接到县城养老，但每个夏季又带妈妈返回大张坑村避暑，因此

ZQH 老人虽已 98 岁高龄，但身体很好，不但生活可以自理，还能唱畲族的传统山歌。

6. 政府组织医院给老年人定期检查

镇医院每年会安排给 60 岁以上老人做定期检查，县政府也会安排医院定期到少数民族村进行免费体检。

访谈对象：LZL，男，74 岁

问：昨天看你们体检，他们多久来给你们体检一次？

昨天是镇医院给我们做体检，两三个月一次，体检免费，没有体检其他东西，就是量量血糖，量量血压。验血脂的一般一年一次差不多，一般这个检查都是六十岁以上的，不到六十岁你去他也会帮你量一下。上海那个医院三年来一次，他们来的起码有十四五个人，全身检查，那是到少数民族村的，他们都会把仪器用车拖过来，这个是不限制年龄的。

村里 2016 年有 6 名 90 岁以上的老人，2017 年 7 月 1 日前有 4 名 90 岁以上老人。2017 年 60 岁以上老人有 58 人，占该村总人口的 24.8%。大张坑村长寿老人信息统计表如表 3-2 所示。

表 3-2　大张坑村长寿老人信息统计表

姓名	ZQH	LYY	LMG	LTG
性别	女	女	男	女
民族	畲	畲	畲	畲
年龄（虚岁）	98	97	92	91
健康状况	自理	半自理	半自理	半失能

图 3-3 为大张坑村 60 岁以上老人信息采集表（示例）。

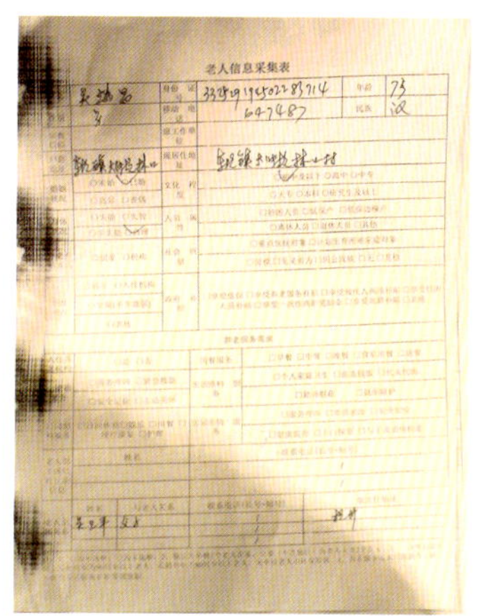
老人信息采集表

图3-3　大张坑村60岁以上老人信息采集表（示例）

第三节　人口与流动

根据镇政府提供的《大张坑村户口工作表》，以及对大张坑村 2017 年相关人口信息的普查得知，大张坑村常住人口为 90 人，占总人口的 38.5%。常住人口较少，外出务工人员较多，大张坑村出现了严重的人口“空心化”现象，人口流动十分频繁。

人口流动是指人口在短期离开后又返回原居住地的现象，一般指离家外出工作、读书、旅游、探亲和从军一段时间，未改变定居地的人口移动。人口流动比人口迁移更为普遍和经常，为周期流动和往返流动。大张坑村的人口流动分为两个阶段：第一个阶段是改革开放至 2010 年，这一时期大张坑村的人口流动是单向的，主要是本村村民纷纷到县城及省外各地务工；第二个阶段是 2010 年之后，由于大张坑村基础建设的发展，大量施工队和经商者进入大张坑村从事基础设施建设和商业经营，并长时间留住村子，大张坑村出现了流入和流出同样频繁的双向流动局面。

表 3-3 为 2017 年大张坑村流动人口分类统计表。

表 3-3　2017 年大张坑村流动人口分类统计表

2017 年流动人口	
流入：28 人	流出：144 人
工程队：26 人 经商：2 人 其他（娶、入赘）：0 人	外出求学：33 人 外出工作：88 人 其他：5 人（工程移民，一年以上，住房项目在建，因此暂时流动）、7 人（陪读）、11 人（养老）

一、大张坑村流动人口分析

相对于传统社会而言，人口流动已经成为大张坑村的一个突出特点。相对于中西部内陆省区的乡村而言，大张坑村当前人口流动呈现出流入和流出并存的状况。

（一）流入人口

大张坑村现正在修建张山岙至张村联网公路项目，建设环敕木山畲寨景区旅游环线，修路工程队的进入是其迁入人口的重要部分，占流动人口的主体部分。

1. 流入人口的基本情况

我们调查开展的时间是 6 月份，正值雨季，工人无法连续开工，已有部分工人辞工返乡，所以 3 个工程队共有 26 个人，其中女性 5 人，占 19%，男性 21 人，占 81%。5 位女性中的 3 位，专门负责为工程队的人做饭，另有 1 人负责采购食材，还有 1 人负责做小工打杂。迁入人口的民族成分主要为土家族和汉族，汉族有 22 人，占 85%，土家族有 4 人，占 15%。相关情况如图 3-4 和图 3-5 所示。

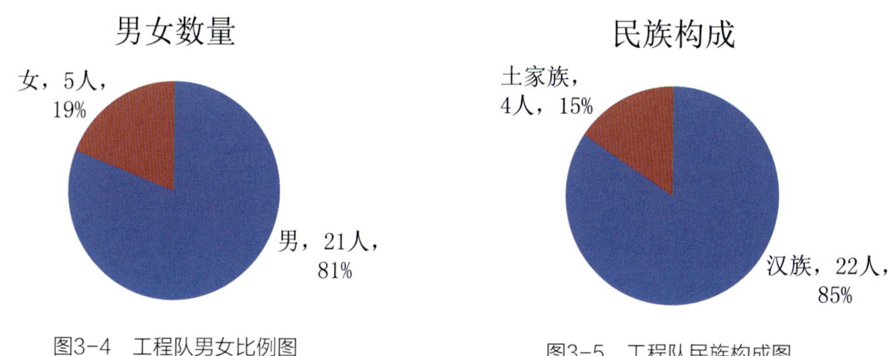

图3-4　工程队男女比例图

图3-5　工程队民族构成图

流入人口的婚姻状况：25 人已婚，1 人未婚（见图 3-6）。他们都承担着很大的生活压力，需要赡养老人，已婚者还要供小孩读书。

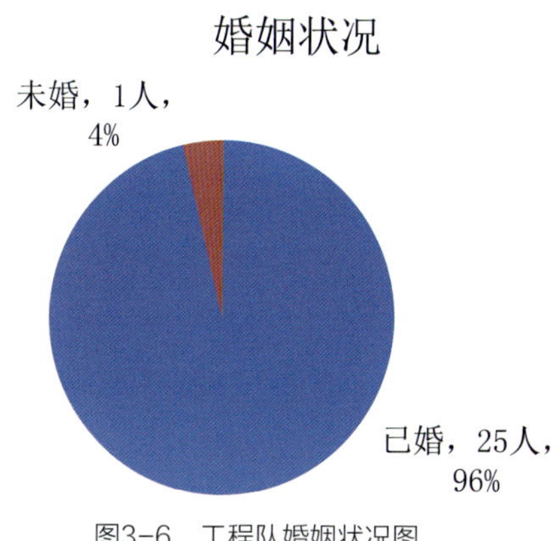

图3-6　工程队婚姻状况图

流入人口的原居地主要集中在长江流域的 7 个省区：四川最多，有 6 人，其中有 3 人是亲戚，一起来务工；其次是福建和浙江，各有 5 人；再次是重庆，有 4 人；再接下来分别是湖北、江西、河南，分别有 3 人、2 人、1 人。相关情况见图 3-7。

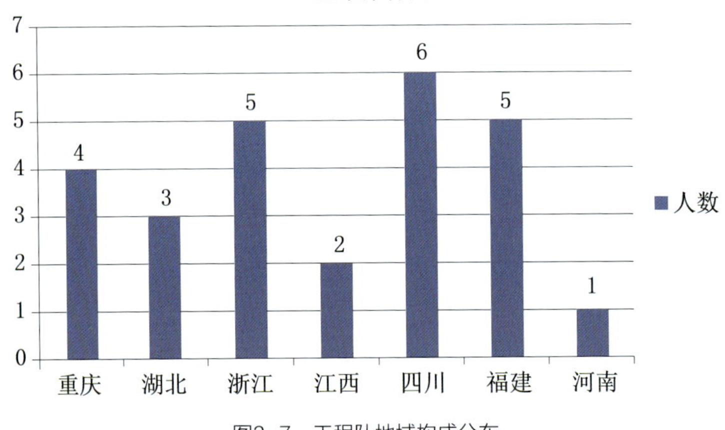

图3-7 工程队地域构成分布

2017 年整个工程由项目组承包给赵姓老板，下面分为三个工程小组。

第一工程小组是开山打路基小组，共 4 人，拥有铲车和挖掘机各一台。工头姓林，丽水市人，负责本小组的日常管理，其妻子负责一日三餐的食材采购和做饭。二人在大张坑村已经待了两年。小组成员的年龄在 27 至 50 岁之间，全是汉族，三男一女，主要来自河南与浙江。全都已婚，且都购买了工伤及医疗保险。

第二工程小组是水泥路面小组，一共 16 人，拥有两台铲车。工头姓吴，初中毕业，江西抚州人，两个多月前经人介绍辗转来到本村。小组成员年龄为 29 至 63 岁，大多在 40 岁左右。主要是汉族和土家族，有十四男两女（两女主要负责一日三餐的食材采购和做饭），主要来自四川（6 人）、福建（5 人）、湖北（2 人）、江西（2 人）、重庆（1 人），除一人未婚外，其余均为已婚。

第三工程小组是挡墙小组，共有 6 人。工头有 2 人，分别姓秦和姓朱，来到村里已经一个多月。小组成员年龄为 35 至 60 岁，有土家族和汉族，主要来自重庆（3 人）、浙江（2 人）、湖北（1 人），均为已婚状态。

2. 流入人口的文化适应

总体而言，流入人口能够较好地适应当地的气候环境与饮食习惯，也能较好地与当地人相处，关系较为融洽，当然也有极个别人例外。

（1）流入人口大都能习惯本村的饮食和气候，但认为交通不便。

访谈对象：ZH，27 岁，河南南阳人，开挖掘机

问：习惯这里的饮食吗？

答：这里的食物还不错，挺喜欢吃这里的食物，我之前回家的时候就曾带很多笋干给家里人吃。

访谈对象：吴姓工头，男，43 岁，修水泥路面

问：你们平常都是吃什么？觉得这里的食物怎么样？

答：我们平常是以猪肉为主，配有不同的青菜，比如茄子、白菜、野菜、西红柿、土豆等。可能我们工程队的人口味大部分都很清淡，所以总体上都很习惯这里的饮食。我个人很喜欢这里的各种酸菜，我们也经常吃。

问：你觉得这里怎么样？

答：这里比较穷，但是环境很好，空气清新，水又干净又好喝，这里的人身体很健康，不怎么生病。

访谈对象：RZZ，女，工程队厨师，重庆人

问：你觉得这里怎么样？

答：这里就气候好一点儿，其他方面不好，比如出行就很不方便，而且连个小卖部都没有，平时买个菜什么的都要到景宁县城去。

访谈对象：WWL，43 岁，澄照乡人，汉族，在景宁县有房子，2015 年来大张坑村经营农家乐

问：你觉得他们的交通怎么样？

他们要走到洞口外坐车，有三公里，要走四十分钟到一个小时，可以坐车到东坑镇或者景宁县城，有车还方便一些。像我有车，我觉得还好，他们没有车还是很不方便。

问：买东西一般都去哪里买？

我一般都去县城买，县城里的东西齐全一点，也会比镇上便宜一点。因为镇上交通不好，东西还要从县里运过来，就会贵一些。

（2）流入人口与本村人有联系，但并不深入和频繁。流入人口一般都是与自己的工友聊天，不开工时打牌打发时间。值得注意的是，大张坑村村民热情好客，一般会主动与施工队的工人们聊天交往，特别是在下雨农闲的时候还会到施工队住所一起聊天喝茶。据 ZH 说，他自己很少和当地人聊天，只是在不工作的时候碰到了会聊一下。

访谈对象：吴姓工头，男，43 岁，修水泥路面

问：你们平常有跟本村的人聊天或者玩耍吗？

答：我们没有主动找过村里的人，我们主要跟几个工程队的人来往比较多。不过，村里的人会主动找我们聊天。

访谈对象：RZZ，女，工程队厨师，重庆人

问：你会跟他们聊天吗？

答：从来没有主动跟他们聊，都是他们自己过来，经常聊的都是做菜、工作方面的事，从来不聊家里的事。不过我都不想跟他们聊，他们讲话太啰唆，有时候讲自己的话（畲语），我听也听不懂。

访谈对象：WWL，43岁，澄照乡人，汉族，在景宁县有房子，2015年来大张坑村经营农家乐

问：你现在跟村里的人都很熟了吗？

答：附近的熟一点，那边的和外边的不是很熟，我们会经常一起打麻将。

问：你们会不会经常在一起聊天？

答：都有的，他们会过来玩，打麻将只有几个人，其他人都是过来聊天的。

（3）流入人员对村民评价褒贬参半。一方面，流入人员认为村民人品很好，热情友善、诚实守信；另一方面，流入人员认为村民较安于现状，没有进取心。

访谈对象：ZH，27岁，河南南阳人，开挖掘机

问：你们工程队有本村的人么？觉得本地人怎么样？

答：我觉得本村人技术不太好，而且比较懒惰；有时事情太多，容易请假，影响工程进度。

而且本地工人不太信任外地工头，不愿意到外地工头的项目中打工。曾有外地工头未付钱就逃跑了的，所以本村人去工作的工程队，从事的一般都是自己村里承包或本地人承包的工程。

访谈对象：吴姓工头，男，43岁，修水泥路面

问：你觉得这里的人怎么样？

答：这里的人人品很好，手脚干净，我们在这里放的东西从来没有丢过，不像之前的工地老是丢东西。村里的人对我们还可以，没有吵过架。

访谈对象：RZZ，女，工程队厨师，重庆人

问：你觉得这里的人怎么样？

答：县城菜市场的人欺负我们外地人，菜价要得很高。有时候村里的老人也会卖菜给我们，但是他们要价更离谱了，自己种的还要跟县城的一样要价。

访谈对象：WWL，43 岁，澄照乡人，汉族，在景宁县有房子，2015 年来大张坑村经营农家乐

问：你觉得这里的人怎么样？

答：他们比我们汉族勤劳一点，但这只是我的个人观点。

二、流出人口

（一）分类及概况

根据调查，大张坑村流出人口主要包括三类：外出求学、外出务工、移民搬迁。其中，外出务工是流出人口的主体。大张坑村流出人口的年龄特点如下：0 ～ 20 岁流出人口占总流出人口的 24%；21 ～ 40 岁流出人口占总流出人口的 33%；41 ～ 60 岁流出人口占总流出人口的 33%；61 ～ 80 岁流出人口占总流出人口的 7%；81 ～ 100 岁流出人口占总流出人口的 3%。可见，21 至 60 岁年龄段的流出人口最多，占总流出人口的 66%。

图 3-8 为大张坑村流出人口年龄段及人口分布饼状图。

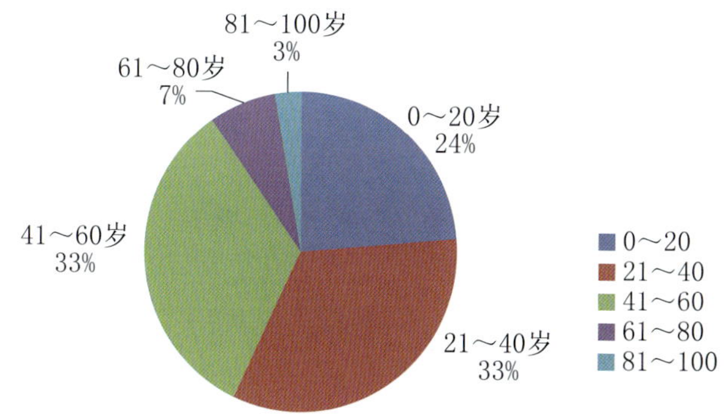

图 3-8　大张坑村流出人口年龄段及人口分布饼状图

1. 外出求学群体

大张坑村现正在读书学生求学地全部都在浙江省内，正在读书学生人数为 33 人，均为畲族。在景宁县内读书人数为 25 人，占 76%；在景宁县外读书人数为 8

人，占 24%（见图 3-9）。由于大张坑村没有学校，村民只能将孩子送到东坑镇或景宁县的小学和中学就读。在县城外读书的孩子，一般父母在县城外打工，父母工作的同时可以照顾孩子；在东坑镇和县城读书的孩子，部分由在当地打工的父母陪伴，部分由爷爷奶奶陪读照顾。

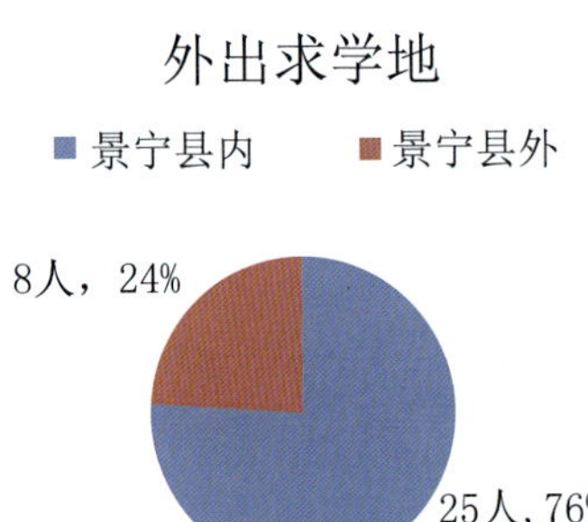

图3-9　外出求学地分布图

2. 外出务工群体

2017 年，大张坑村外出务工人员共 88 人。其中在景宁县内务工的 59 人，占总人数比例的 68%；在景宁县外浙江省内的有 22 人，占总人数的 25%；在浙江省外的只有 7 人，占总人数的 8%。总体而言，同等收入下，村民更愿意选择县内务工，这样他们就能自由地选择在县城和大张坑村轮流居住。

图 3-10 为外出务工地分布图。

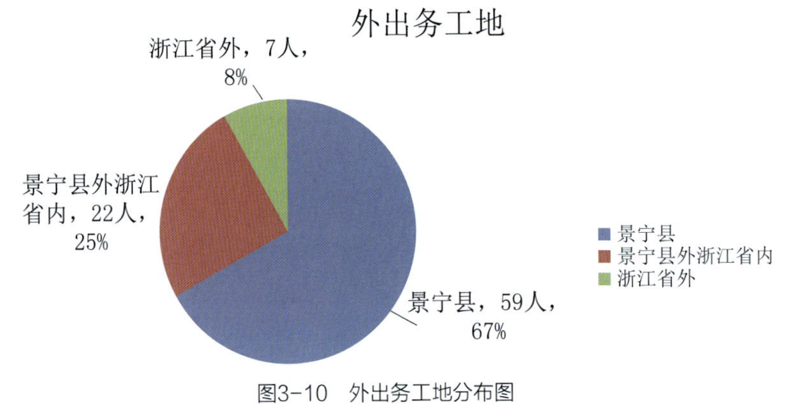

图3-10　外出务工地分布图

3. 工程移民群体

创业园[①]是工程移民村，2012 年开建，计划分三期建成，当前已完成第一期

① 创业园，指的是澄照农民创业园，它不仅是当前景宁自主投资最大的一个省级重点工程创富项目，也是低丘缓坡综合开发利用试点的一个子项目。试点总面积 347 公顷，计划分三期开发，2012 年开工。当前正在建设二期工程。按照建设计划，创业园将成为“万人下山转移安置小区”和产业集聚的新平台，成为集现代产业、现代物流、现代服务业和公共服务于一体，能集聚 3 万人口的“产业副城”。

项目建设，正在进行第二期项目建设。移民主要来自大张坑村及周围几个村子，移民原因是环敕木山带国家修路工程征用了农户的祖屋，政府补贴农户搬迁移民。目前村子里有5户人家确定要搬迁至创业园，国家补贴60多万元帮助其在创业园安居。根据《大张坑村户口工作表》得知，确定搬迁至创业园的5户人家为LQY家、LTM家、LYF家、LJJ家、TST家。由于创业园房子还没有完全修建好，所以他们的户口依然在大张坑村，目前暂时在外租房子住。

访谈对象：LZL，男，74岁

问：计划迁入创业园的村民是什么时候搬进去的？

答：还没搬进去，房子还没造好。他们现在不住在这里，在外面租房子住，政府给他们租房补贴。

（二）流出人口特点

大张坑村的流出人口具有“人户分离”和“周期性流动”的特点，透过这些特点，我们可以看到当前乡村治理有待完善之处，也看到乡村有一种超越了经济利益的引力，在牵引和召唤着村民不断地回归。

1. 以中青年人为主

根据对2017年流出人口的统计，我们发现流出人口以中青年为主。大张坑村的常住人口有90人，其中60岁以上的老人有45人，约占总人口的50%。年轻劳动力的大量外流，尤其是受过教育的乡村精英外流，使乡村失去了进一步发展的人力支持和智力支持，出现了“空心化”和“空巢化”并存的现象，这已成为乡村发展的一大阻碍。但在这些留守的老人中，大部分并非处于内心孤单、老无所养的状态，因为约有67%的外出务工人员在景宁县务工，每到周末或节假日都会回到村里陪伴老人。并且景宁县各级政府对这些老人十分重视，2017年6月我们调研时，当地政府正在对60岁以上老人进行信息收集，了解老人的身体状况与养老服务需求等，还为老人购买了医疗保险等。

2. 人户分离

在人口统计中，将人口户籍登记地与现居住地不一致且离开户籍登记地半年以上的现象统称为人户分离。人户分离按分离的空间是否跨越省级辖区可分省际人户分离和省（市）内部跨区（县）、街道、乡（镇）的人户分离。其中，前者所涉及的人口称为省际流动人口，是跨越省界的长距离流动；后者所涉及的人口称为省（市）内流动人口。

根据调查，村里面234人中，除了老人和小孩，至少有27人常年在外务工，一般只有过年才回来，这些人主要集中在温州、金华、杭州、丽水、青岛等地。他们大多数已经脱离了自己的土地，常年生活在城市，不在自己原有的居住地劳动或工作，但是由于中国特有的城乡分割户籍制度，他们的户籍依然在农村，因此这部分人大多是省内流动人口。

3. 周期性流动

周期性流动是有规律的人口流动，指定期外出旅行后在新地点居住一定长的时间后返回居住地，相比长时间的流动，周期性流动具有自由性。在大张坑村，有以下三类人的规律性往返表现得尤为突出。

第一，部分在县城打工并买房子定居的中青年人。他们每到周末会回到村里，照看家里的老人以及山林、农田等，甚至包括部分村干部。由于村子处于初步发展的阶段，村务中的常规性事务并不多，部分村干部在县城经营着门面或店铺，只在村里有相关工作需要推进时才返回村子。自从村子通往县城的水泥路修通后，村民们先后购买了汽车、摩托车等交通工具，便利的交通使得县城与村子的往返变得十分便利。如村委会主任LBB，在县城经营着一个防盗门店铺，并且买了商品房定居，当村里有公务时自己随时返回。

第二，中小学学生。由于村里没有学校，村子里的孩子，从幼儿园起一般都会去镇上或者县里读书，周末放假就会回到大张坑村。例如雷欣怡与雷俊涛姐弟俩，分别在景宁读初中二年级与小学一年级，他们周末就会回到村里，因此周末村子里孩子很多，会很热闹。

第三，陪读老人。外出务工的村民，为了照顾在县里读书的孩子，尤其是年龄较小的孩子，一般采用租房子的形式居住在县城，再将孩子的爷爷奶奶接到县城同住，以照顾孩子的饮食起居。这些陪读老人一般周末和寒暑假则返回大张坑村居住，到开学时间再返回景宁县城。例如LZL的妻子就在县城照顾孙子读书，到周末和假期则同孩子一起返回。

第四，离退休老人。大张坑村地理位置得天独厚，森林覆盖率达82.8%，空气质量优良天数达100%，负氧离子含量达15000个/厘米^3，尤其夏季气候凉爽，是理想的避暑胜地。因此，部分离退休老人，每逢夏季就从县城返回村子避暑，例如LQX老人，每年夏季就和老伴回到大张坑村避暑，养养花，种种菜。

第四章　教　　育

第一节　学校教育及历史变迁

畲族历史上受教育的人口较少，新中国成立前，大多数畲民处于文盲和半文盲状态，只有极少数家庭条件较好的畲民能够有机会进入官方创办的教育机构学习。

一、大张坑村学校教育的历史分期

（一）清代之前

早期的畲族聚居地由于受到客观条件的限制，没能力创办独立的学校，而主要利用口耳相传的方式对子弟进行教育，山歌、民谣、传统史诗和故事传说等成为进行初级教育和思想教化的重要教材。在大张坑村，现在仍有村民会唱畲族山歌。

1. 社学、义学

社学、义学一般为地方集资、以地域为单位建立的义务性教育机构。[①]清廷当时采取了相对比较开明变通的文化教育政策，在畲、瑶、苗等少数民族地区大力举办社学、义学，以教育其子弟。“社学，乡置一区，择文行优者充社师，免其差徭，量给廪饩。凡近乡子弟十二岁以上令入学。义学，初由京师五城各立一所，后各省府、州、县多设立，教孤寒生童，或苗、蛮、黎、瑶子弟秀异者。”[②]在官方的默认下，一些畲族聚居地和附近的汉族村落纷纷办起了社学、义学，选择一些俊秀子弟入学教化。

2. 私塾

私塾也称蒙馆、启蒙馆，是我国古代社会一种附设于家族、宗族或乡村内部的民间传统教育机构。私塾教育在畲区早已出现，在清代得到进一步发展，众多的畲区大的家族内部设立私塾，延请塾师开馆授课，有着浓厚的耕读传家风气，当然也有众多的畲民将子弟送入周边的汉人私塾就读。塾馆多设在众厅、祠堂、宫庙或塾师自己家中。教师称为塾师，多由落第的老秀才、老童生充任。学童入

① 张小椿．清代以来畲族教育研究[D]．福州：福建师范大学，2009：11.

② 参见《清史稿·选举一》。

学无须进行入学考试，但女孩子是不准入学的。私塾规模一般不大，学生多者二三十人，少则数人。私塾办学，一般以三四个月或半年为一期。教育内容主要以教识汉字、学习封建伦理道德为主，教材有《三字经》、《百家姓》、《千字文》、《童蒙须知》，程度较高的亦读《论语》、《孟子》等。由于畲区的社会经济发展程度不一，所以各地畲族私塾开设的时间、规模、成效也不尽相同。景宁是浙江畲族的发祥地，多为明代嘉靖、万历年间从福建迁入，到清代大多数畲民生活趋于安定，在不少畲村及畲、汉杂居地区也办起了私塾，畲族子弟有了入塾就读的机会。畲村办私塾的有包凤、东弄、惠明寺、金岱洋、吴山头、大张坑、金丘、四格、季庄、山前、驮戮、黄山头、石门楼等村。

访谈对象：雷其菊，女，69 岁，识字

问：您的爷爷是如何成为读书人的？

答：我的爷爷雷瑞彪是光绪年间大张坑村第一个读书人。当时爷爷的父亲为其请来了教书先生，一个月要给教书先生一篮子稻谷，大概 7～8 斤。当时爷爷的父亲被自己的继母欺骗过，因为不识字，在一个地契上画押，地契上本来应该写着“这一块”，却写成了“这一片”，最后因为不识字吃过亏。所以，下定决心让自己的孩子识字读书，专门请了教书先生教导雷瑞彪。

（二）民国时期

1902 年，清政府颁布《钦定学堂章程》，1904 年颁布《奏定学堂章程》，标志着近代学校制度的建立。1905 年，清政府在内外交困的情形下，被迫废止实行了一千余年的科举制度，旧式教育已难以适应社会发展的需要，全国各地新式学堂不断涌现，传统的、旧式的私塾教育被新式正规教育所逐步取代。但是，新式正规教育的推行，需要大量的人力、物力，要有较发达的经济作为基础，只有在一些沿海发达地区才有这些条件，在广大落后的农村山区，特别是畲区，私塾教育并没有废止，在很长时间内，它仍然是人们获取文化知识的重要途径，有些地方甚至到了新中国成立后还有私塾。①

浙南地区在清代曾因发生过汉族童生阻止畲族童生考试等事件而影响甚大。到了民国时期，这里的私塾教育虽偶有创办，但与闽东等地区相比，则更显破败。在个别地区，竟依然存在不许畲族学生入汉族人创办的学校入学之事，即使入校，

① 《景宁畲族自治县志》编纂委员会．景宁畲族自治县志 [M]．杭州：浙江人民出版社，1995.

也是受到百般欺辱。史图博、李化民在景宁县敕木山村调查时也发现，当地多数畲民是文盲，由于当地的汉族不准畲民进入汉族人所办的学校读书，所以在该村也办有一所简易的私塾。“这里有十个学童坐在一张长桌旁，有几个在上课时还不得不背着小弟弟或小妹妹。在旁边的桌子上坐着一位含着长烟袋正在抽烟的老师，身边放着一壶茶。教师 25 岁，他支取薪水不是货币，而是稻米和甘薯。他自己受过的教育也就是在一所汉人的小学里念过几年书。学童们赖以学习汉文的书本是魔术书的破旧断片，这种书是风水先生和赶鬼先生用的。”[①] 最早收集到的关于畲族历史叙事歌谣《高皇歌》，就是史图博和李化民从那所私塾中收集到的，它是当时私塾小学的教学课本之一。史图博、李化民详尽的描写，再现了当时教育的情景：校舍简陋，塾师腐朽昏庸，教材奇缺，有的孩子要背着弟弟妹妹来学堂……在民国时期，雷瑞彪在大张坑村设立私塾，教村子里的孩子读书。雷瑞彪的两个儿子也都是随着雷瑞彪读书，但他的两个女儿没有上过私塾。

（三）新中国成立后

新中国成立前，能够有机会进入私塾学习的畲族孩子不多，大部分孩子只能通过唱山歌逐渐学习认字和写字。村民 LLC 说：“我曾经抄歌本识字，我的公公就是抄歌本识字，学写字，用毛笔写歌本，先学会唱，再抄歌本，慢慢就认识很多字。我刚结婚的时候，因为和周边的人还不熟悉，就每天在家里抄歌本，不知道的字就查字典，用这种方法来识字。而且畲族的山歌中也有启蒙歌、识字歌、习字歌。”

新中国成立后，畲族人民获得了平等的受教育权，九年制义务教育的普及使大张坑村村民的受教育程度大大提高。

1. 小学教育

新中国成立初期，各地政府纷纷拨专款扶持小学教育发展。一部分是接收旧的国民党统治时期的学校，将其进行相应的改造，更主要的是在畲族居住集中的村落陆续兴办学校，以政府办学为主体，充分调动社队集体等方面的积极性，鼓励群众自筹经费办学，小学教育事业迅速发展。大张坑村在新中国成立后，曾经建立过一所小学，大张坑村小学的旧址就是现在的大张坑村村委会办公地。

2. 中高等教育

新中国成立后，在发展初等教育的基础上，党和政府亦注重发展畲族中高等

---

① 史图博，李化民．浙江景宁敕木山畲民调查记［M］．武汉：中南民族学院民族研究所，1984：126.

教育。创办高中班，设立农业中学，或者动工兴建新的民族中学，党和政府为此投入了大量的人力、物力。此外，还通过增加招生指标、降低录取分数线、减免学杂费等措施对畲族学生给予照顾。

浙江丽水地区为了进一步发展少数民族教育，培养适合畲乡建设的人才，积极发展民族中等教育，相继在畲族聚居县建立民族中学或民族高中班。从1986年起，相继成立了景宁民族中学、苍南民族中学、泰顺民族中学，并在丽水碧湖中学、云和中学、遂川大拓中学、松阳靖居中学设立民族班。根据笔者的调查，如今退休赋闲居住在大张坑村的两位原民宗局局长——雷启勋和雷振余先生，均毕业于浙江省少数民族师范学校。

3. 成人教育

除发展常规的学校教育外，党和政府还结合畲族地区实际情况，大力开展成人扫盲教育，畲区各地掀起扫盲热潮，以《农民速成识字课本》、《五言杂字》为教材，一时速成识字班、农民夜校、文化技术学校等在畲族乡村遍地开花。畲民们热情高涨，出现了“父子同堂，夫妻同窗，姑嫂同桌，田头地角学文化”的新气象，畲民在扫盲运动中学到了不少文化知识，文盲率大大降低。1981年，第三次全国民族教育会议指出：“要大力扫盲，逐步发展业余教育。”在这一指示下，成人教育更是得到迅速发展。如景宁大办农民夜校，先后开办农民夜校42所，4228人。1988年10月，省、地教育部门验收，12至40岁的非盲率达90.78%。大张坑村有数位老一辈的人曾经上过夜校。

4. 民族干部培养

1950年，政务院批准了《培养少数民族干部试行方案》，指出：“要普遍大量地培养少数民族干部。”培养干部的主要途径是具体的工作实践锻炼及短期培训。同时还注意选送有一定文化程度和思想觉悟较高的畲族青年到各类学院学习深造。中央及各省为此设立民族学院和民族干部学校，专区、县设立民族干部训练班。干部文化教育大大提升了畲族干部的文化素质，有力促进了畲区经济发展。

（四）“大跃进”时期和“文革”期间

1958年，在“大跃进”时期，国家办学与集体办学“两条腿走路”，在“初小不出村，高小不出队”的思想指导下，不顾实际情况，违背教育发展规律，各地掀起群众办学高潮，这是不正常的发展，超过当时的实际能力，必要的教学设施与师资力量都跟不上。有的学校违反循序渐进的教学规律，实行“高质量、超速度”的“双高课”。1960年，福安县大力兴办民办小学102所，只要有10个左右学龄儿童的畲族村就办小学，全县有公办小学103所，学生4013人。1960

年冬，由于农村饥荒，畲族村民办小学全部停办，公办小学学生锐减。欲速则不达，教学质量普遍低下。三年经济困难时期，畲族人民生活相当窘迫，大部分畲族学生无法继续上学，大部分畲村民办小学只好停办，大张坑村也不例外。

后来，党和政府根据畲族地区实际情况，进行了一定的政策调整，压缩学校数量，教学质量也有所提高。1966 年夏，“文革”开始，刚刚有所恢复的畲族教育亦受到冲击，学校的正常教学秩序被破坏，教育行政领导机构无法正常开展工作，教师大批下放农村插队劳动，“接受贫下中农再教育”，教育质量明显下降，整个教育陷入困顿。

大张坑村村民雷乾龙说：“我爷爷是教书先生，也是风水先生，能帮人看风水，选建房地址，选墓地，还经常教村中小孩识字读书，曾带出过多名大学生。‘文革’期间，我爷爷被认为宣传封建迷信而被打倒批斗，相关书籍也被全部烧毁。搞生产队的时候，小孩都在村子里的小学读书，后来孩子们又去东坑镇上学，最近几年都到景宁县上学了。”原村支书雷延宗说：“新中国成立后村里就有小学，就建在现在村委会的那个地方。村里小学停办的原因是，父母觉得村里小学教学质量太差了，很多父母都把孩子送到东坑镇上学，后来村小连老师也没有了，再后来村小就撤掉了。”

（五）改革开放后

1976 年粉碎“四人帮”后，教育系统拨乱反正。党的十一届三中全会后，畲族教育进入新的发展阶段。1980 年，教育部、国家民委发布《关于加强民族教育工作的意见》，指出“要逐步建立适合少数民族地区特点的民族教育体系”，中央要求全国在 20 世纪 80 年代基本普及小学教育。各省市区结合各自的实际情况，召开了民族教育工作会议，各级党政与教育主管部门解放思想、重视教育，畲族地区的教育工作稳步发展。

高等教育方面，新中国成立初期，畲族子弟有机会进高校学习的比较少，但 20 世纪 70 年代恢复高考后，国家民委委托畲区周边的高校办民族大专班或民族预科班。浙江省民委先后委托浙江农业大学、浙江师范大学、温州医学院、杭州大学、丽水学院等高校开办民族班、民族预科。此外，政府还给予畲族等少数民族以高招录取优惠政策，使畲族子弟有更多机会进入高等院校学习。例如：“少数民族聚居地区的少数民族乡、村的少数民族考生可加 10 分；散居在汉族地区的少数民族考生，在与汉族考生同等条件下，优先录取；民族院校在规定批次录取控制分数线上录取不满时，对少数民族考生，可降低 20 分从高分到低分投档，由学校审核录取；少数民族本、专科预科和民族班录取标准最低可在各有关高校本、专科和本科相应批次提档分数线下降低 80 分、60 分和 40 分录取。”①

二、当前大张坑村学校教育现状及特点

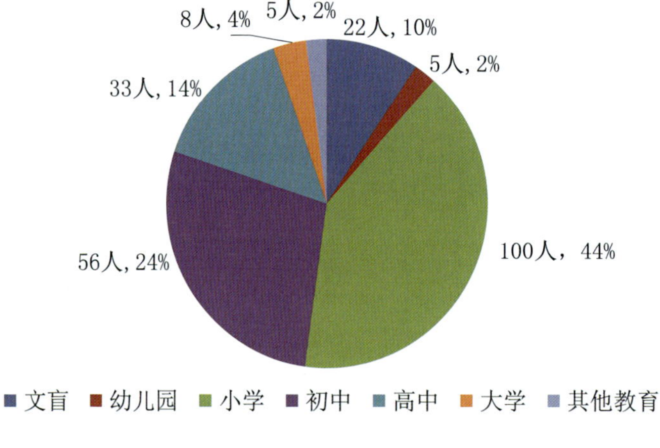

图4-1 大张坑村村民文化程度（包括在读、未毕业和已毕业）饼状图

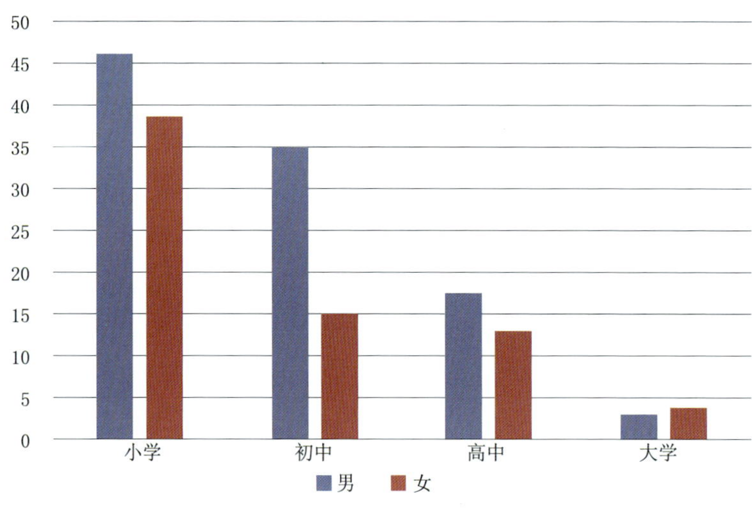

图4-2 大张坑村男女受教育比例图（不包含在读生）

（一）文化程度占比不协调

图 4-1 直观显示了各种不同文化程度的人群分类以及所占比例。其中，文化程度为幼儿园的人数所占比例为 2%，文化程度为小学的人数所占比例为 44%，文化程度为初中的人数所占比例为 24%，文化程度为高中的人数所占比例为 14%，文化程度为大学的人数所占比例为 4%。还有一些老人没有上过学，但是识

① 《景宁畲族自治县志》编纂委员会．景宁畲族自治县志 [M]. 杭州：浙江人民出版社，1995.

字的，我们推测他们可能接受过扫盲教育、上过私塾或者通过学唱山歌识字，我们将其归为其他，此类人群占比为2%。此外，还有未接受过任何教育的文盲，他们所占比例为10%。由此可知，大张坑村村民的教育程度大多处于基础教育阶段，中高等教育程度者较少，并且，村子里的文盲率也比较高。例如，文化程度为小学的人数所占比例接近一半，文化程度为初中的人数所占比例几近四分之一，甚至文盲也占有较大比例。这反映出村民的教育观念，对中高等教育的重视程度不够。同时也有经济滞后、交通不便、历史因素、社会变迁等大环境的影响。

（二）男女受教育比例不均衡

图4-2反映了男女文化对比（不包含在读生）。其中，随着文化程度的提高，男性小学文化程度、初中文化程度、高中文化程度以及大学文化程度人数依次减少，接受小学和初中教育的占大多数，读高中和大学的男性很少，男性接受教育的比例远远高于女性，60岁以上的女性文盲率远远高于60岁以上的男性文盲率。这说明畲族村民在新中国成立前还是比较看重男性的教育，忽视女性的教育。但是到了改革开放时期，女性接受教育逐年增加，大张坑村接受大学教育的女性人数比男性多，这表明后来国家推行男女平等，女性渐渐有了地位，畲族地区人民也开始打破传统重男轻女的观念，女性教育开始受到重视。

（三）教育支出给家庭经济带来较大压力

少数民族在幼儿园和小学期间学费全免，但这一政策只针对公办学校，部分民办学校的学费仍不低。要上公办学校必须要有景宁县的户口和和房子，或者父母在机关单位工作一年以上。之前村子里面有独生子女优惠补助，现在没有了，包括农村双女户的优惠也没有了。

访谈对象：村民ZX

问：孩子上幼儿园和小学在哪儿？有没有优惠政策？

答：大张坑村幼儿园在景宁县城，是针对少数民族的，少数民族学生收2200元，退1000元。私立比公办的贵，这里一般小孩都去公办上。公办的是全国统一的，少数民族幼儿园免费。公办幼儿园孩子必须满3岁才可以上，有小班、中班、大班、学前班，私立学校两岁就可以上，有托班。幼儿园一个班有60多个学生，只有三四个畲族孩子。畲族会有特殊照顾，开学交两千多元，放假会退还一千多元，上学费用合计七八百元。7周岁上小学，统一标准。我妹妹家有双胞胎女儿，上学一个学期补助600～800元，是少数民族优惠。小学孩子如果没有陪读的话，可以在一二年级时住在托教，托教一个月 1000 元（不确定）。

虽然现在小孩上学的学费有很多优惠政策，但是小孩上学都需要陪读，费用比较高。村里的孩子多在镇上和县里读书，小学开始就寄读，需要自己带好一个星期的米和炒好的菜。需要走到出村的洞口，再乘车。小学的课程有语文、英语、数学、科学，民族小学会有民族文化课程。县里的小学一般没有寄宿生，东坑镇的小学从三年级开始可以寄宿在学校，一二年级走读，或者住在托教。

问：孩子上中学大概花费多少？

答：中学一学期的住宿费和学杂费为 2000 多元，饭费每个月 300 元，每周零花钱 100 元。如果不下雨，每周会回家，从景宁来回的车费共 14 元。初中的学生可以寄宿在学校，省去了陪读的费用。但是，学杂费，住宿费，自己吃饭的费用也不低，并且来回交通也不方便。交通是孩子们上学最不利的方面，爷爷说村里的事没有做好，路没有修好。

课程设置：语文、数学、英语、科学（生物、化学、物理）、社会（初一学社会部分，初二学历史（包括地理）、思想品德）。畲语课是学生的课外兴趣课（选修课），在周三的第三节，可以上也可以不上。民族中学没有民族文化教育课，只有民族小学有民族文化教育课。民族中学设有民族体育课（民族小学不确定有没有），周三下午上民族体育课，一般体育课都按时上，没有抢课现象。在小学三年级就会开始学习电脑课和英语课，认为数学课最难。

问：大张坑村上高中和大学的孩子多吗？他们上学会给家人带来负担吗？

答：大张坑村上高中和大学的孩子不多，大张坑村的孩子比较早熟，我们了解到的这个年纪的学生，已经开始自己兼职挣学费，不再花家里的钱了。一般在县城做服务员或做销售。

问：为什么大张坑村的孩子大部分没有选择民族小学？小升初是怎么分配的？

答：公办的幼儿园和小学学费较低，但必须要有学区房和景宁县的户口，或者父母在机关单位工作满一年，才能上景宁县的公办幼儿园和小学。民族小学虽然对少数民族有优惠政策，但由于是公办学校，所以村里上民族小学的孩子并不多，大部分都选择红星小学（民办小学）或者东坑镇小学。小升初是以分配为主，小学生先报志愿，且成绩必须在报同一志愿的学生中排名前 300，才有可能考上，不过最终以分配结果为主。“全县各学校小学升初中，都原则上按招生比例不低于人口比例的方法确定名额降低分数照顾录取。”民族中学、民族小学现在教畲语（只有一到两节课），也有民族文化课，民族小学和民族中学的畲族孩子比较多。在其他普通的中学和小学，汉族人数较多，而且其中畲族与汉族的差别不大，畲族学生会倾向于缩小和汉族同学的差别。畲族考生中考和高考加30分，景宁县的学校优先招少数民族。

第二节　社会教育

社会教育是与学校教育相对的概念，指在正规教育制度以外所进行的教育。狭义的社会教育指利用学校教育以外的一切文化教育设施对青少年、儿童和成人进行的各种教育活动。广义的社会教育指一切社会生活影响于个人身心发展的教育。本节论述中取其广义的定义。

一、党政教育

新中国成立前广泛开展夜校和冬学教育。个别畲族山村利用冬季农闲之时开办冬学，时间以一两个月为限。所学内容，一般为《杂字》、《百家姓》和珠算等。亦有以《畲族山歌》、《功德书》等抄本为内容，学歌识字。20世纪20年代，沈作乾先生曾到括苍地区（大致相当于今丽水地区）做过畲族人类学调查，发现：“其与汉人接触较频者，间亦于农隙开冬学，以课儿童。其书曰《记账行用》、《七言杂字》、《五言杂字》及《家常应用》等，皆腐儒所撰之抄本也。他如《百家姓》、《六字经》等，亦参用之。所谓教育，仅此而已。”教育仅为农忙之余开办，学生参加家族劳动才是主要的，冬学仅是种附设，学习的目标也仅是能记账写名够敷常用即可。抗日战争时期，在景宁县东坑一带，朱德章同志曾在畲族村以办“冬学”为掩护，进行读书识字教育，讲抗日道理，发展革命组织，办得非常出色。据村民雷启勋先生介绍，1942年冬，中共浙南特委机关派地下党领导人朱德章、钟周堂，前往东坑地区，开展党的地下工作。钟周堂同志熟悉畲语和畲族风俗，他选择大张坑村作为根据地，以烧砖瓦师傅身份作掩护，向畲民宣讲革命道理。朱德章同志以教师的身份为掩护也来到大张坑村，与钟周堂一道工作。他俩以办冬学的形式宣传革命道理，公开的冬学班和秘密会议经常举行。一年多后，建立了党支部，发展了一批党员。他们白天下地干农活，上山狩猎，夜间上冬学班学习，站岗放哨。对敌斗争就要武装起来，这是大张坑村畲民在冬学班里学到的一条革命真理。为了安全，秘密会议都在岙下雷宝成家举行，因为他家就住在山脚下，如遇意外，容易撤离。一年后，发展了一批党员，建立了党支部，雷景三成为中共大张坑村党支部书记。

新中国成立后，党对少数民族干部的培养的一条主要途径就是选送到各类干部学校去培养。1950年，政务院批准了《培养少数民族干部试行方案》，指出："要普遍大量地培养少数民族干部。"培养干部的主要途径是具体的工作实践锻炼及短期培训。同时还注意选送有一定文化程度和思想觉悟较高的畲族青年到各类学院学习深造。中央及各省为此设立民族学院和民族干部学校，专区、县设立民族干部训练班。干部文化教育，大大提升了畲族干部的文化素质，有力地促进了畲区经济发展。20世纪50年代，景宁干部多数是到温州干校学习。像钟周堂就去那里学习过半年。后来是去中南民族学院干训部学习，如兰启成、兰增元、兰言根、兰明斋等都去那里学习过。1952年创办的浙江省少数民族师范学校培养了一大批少数民族教师、少数民族党政干部，并为中央民族学院和中南民族学院输送学生，并且有很多老师最后从政。20世纪80年代，雷喜庆去中央民族学院干训班学习过一年。兰盛花去中央团校学习了八个月。兰延花去中央民族管理学院学习了半年。兰新友、兰炳光、兰木宗、钟林芳、兰秀清去中南民族学院干训部学习了两年。另外还有几位同志去省党校、地委党校学习，以及到云和党校中专学习。

大张坑村近几年来，结合新时期教育的要求，将传统文化的传承与党的要求结合起来，通过遗址的瞻仰，红色文化路线的游览，革命文物的参观，民兵训练场的操练体验，与老红军的互动交流，党员自己的亲身体验，让到基地来的党员干部重温大张坑村革命历史，体味畲民的忠勇精神，受到一次全面的革命传统教育。让党员干部更加深刻地了解革命战争时期党如何发动群众，领导群众，从群众中来，到群众中去。更加直观、具体地学习革命先烈坚定的理想信念，保持对党的无比忠诚。

畲族的祖先盘瓠王，有"忠勇王"之称。忠，即忠诚，忠贞，忠义；勇，即勇敢，勇猛，勇毅。当前开展"忠勇"主题教育的活动主要有以下方式。

（1）讲座式。以党史专家讲授"特色理论和党性教育"、"大张坑村民兵连斗争与畲族忠勇精神"为主的教育，提高党员理论修养。

（2）现场教育式。瞻仰党支部秘密会议室、大张坑村"人民大会堂"、革命遗址，通过现场参观学习，增强对畲族忠勇精神的真实感受。

（3）访谈式。以抗美援朝老战士、民兵连老战士、烈士后代讲亲身经历故事为重点，与党员现场互动交流，增进对革命战争和党史的了解。

（4）体验式。以“穿军装、唱畲族山歌、走民兵路”、“入农户”、“体民情、接地气”为主要内容的体验式教学，让党员体验真实的民兵连革命历史，追忆革命时期的艰苦岁月。

二、生产劳动技能教育

在畲族传统社会中，读书识字只是极少数富裕家庭的教育内容，对于广大的劳动人民而言，生产劳动教育才是教育的主体部分。畲族的生产劳动教育主要是依靠在生产劳动过程中的口耳相传、语言相授、以身作则和实际模仿来实现，他们不断总结生产经验，经过长期的摸索，并一代代传承下来，形成本民族特有的劳动技能。

（1）挖竹笋。在大张坑村，家家户户都吃竹笋，孩子从小就认识竹笋，再大一点就会和父母一起去挖竹笋。我们看到，雷畅翔小小年纪，就可以自己挖出一个竹笋。有经验的老人，还会根据毛竹的根和“竹边”判断地下有没有竹笋。一般大年有竹笋，小年没有竹笋。而且，父母还会教导孩子们分清新竹子和老竹子，叶子更绿一点的是新长出的竹子。

（2）纺织。在过去，由于生活物资缺乏，大部分畲村都有绩麻、纺纱工艺，以纺土布补充布料供应的不足。畲民所穿的土布（包括土丝布、土棉布、苎麻布等），大多用自备的土织布机进行纺织。土织布机不仅可为畲民的生活纺织土布，还可纺织土布带、围裙之类的日用纺织品。人们将苎麻剖成麻丝，黏成麻线，织成麻布。织布的染色多在冬天进行。20 世纪 70 年代后，随着生产力的发展，已没有畲民用手摇纺纱机纺线，也没有人再穿着自纺土布。但用土织布机的工艺还在少数民族村落中流传下来。现时所织之布，是用机制白、青、黑色棉线为原料，所织之布主要是土制被面，俗称“居家被”，布料厚且耐磨，朴素大方。相关资料见图 4-3 和图 4-4。

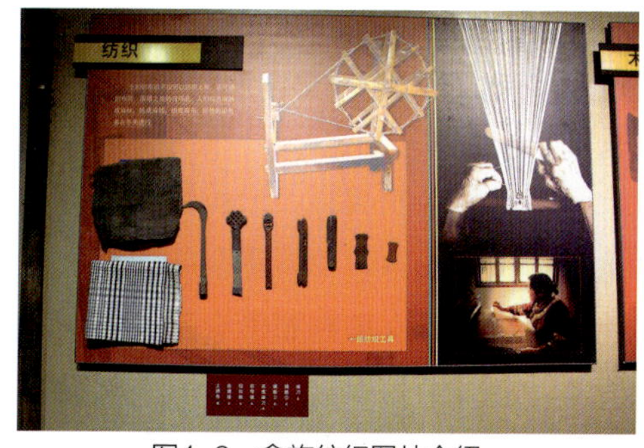

图4-3　畲族纺织图片介绍

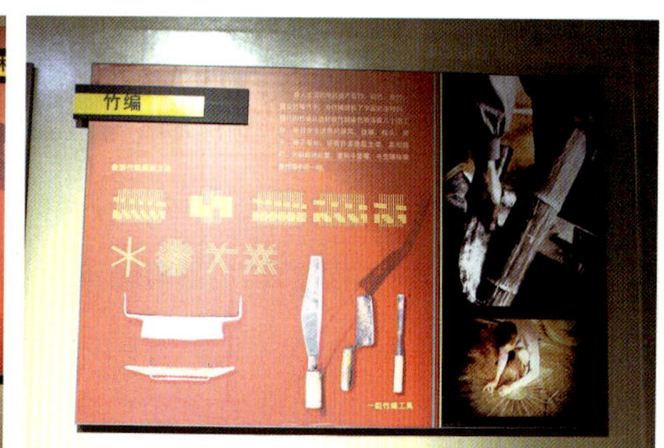

图4-4　畲族竹编工具介绍

（3）竹编。畲族人民生活的地区盛产石竹、斑竹、金竹、雷公竹等竹子，为竹编提供了丰富的原材料。精巧的竹编从选材、破竹到染色、喷漆需几十道工序，除日常生活用的屏风、挂联、枕头、席子、椅子等外，还有许多造型生动、美观精巧、色彩鲜艳的筐、篮和斗笠等。相关资料见图 4-5 和图 4-6。

图4-5　竹篓

图4-6　竹编用具图片介绍

（4）采草药。畲族人民长期居住在山区，草药和野菜、野果成为他们生活中的一部分，长辈会教导孩子们如何辨别草药，区分有毒和无毒，并且告诉孩子们如何识毒、防毒和解毒，后辈会把前辈积累的经验一代代传承下去并加以完善，这是畲族社会教育的重要组成部分。例如，紫苏在畲民中是疗效显著的感冒药，也是煎鱼去腥的佐料；厚朴有温中下气、燥湿消痰的功效；黄栀子主治牙疼、出血等知识，都是大张坑村畲民自小就知道的常识。

（5）狩猎。游耕与狩猎长期并存是畲族具有特色的生计模式。畲人在历史上以“善射猎”著称，曾有过“家家皆猎户”的时代，人们外出总是携带着锋利并敷有毒药的弩矢。射猎的对象，除虎以外，还有豹、野猪、刺猬、山牛、山羊、鹿、狐、獭、獐、麂及山禽等。兽肉是畲民重要的肉食来源，兽皮多用于岁纳和交易。畲族社会转为定居的农耕经济后，狩猎成为一项副业。畲民常在冬季或农闲时上山狩猎。畲族的男性会由父亲教授狩猎技巧。通常，年轻的猎手会结伴去狩猎，共同围捕一个猎物，一同学习狩猎制弩。传统畲族社会中，对于男性狩猎的教育，同时也是对于他们团结的教育，只有经验丰富的猎手才会独自带着猎狗上山狩猎，初学者一般都是以团队的形式狩猎，猎物均分。

在传统的畲族社会中，劳动生产教育会按照性别分别教育。一般来说，由母亲或奶奶负责女孩的教育，父亲和爷爷则负责男孩的教育。在传统畲族社会中，男孩主要负责上山打猎，要学会制作猎弓、训练猎犬，女孩则要学会浣洗衣物、做饭、编竹筐。而在如今的畲族社会中并没有在教育中体现出性别差异，例如村民 LLC（女）家，其丈夫 LLZ 会编竹筐，还会编一些竹子做的手工艺品，LLC 却不会。

除了身体力行、言传身教之外，生产劳动技能还通过畲族山歌保存下来。“山哈歌”中的劳动歌是畲族人民根据自己积累下来的劳动经验总结出来的，歌词中蕴含着畲族人民的劳动智慧。劳动歌蕴含了劳动的方方面面，从农林牧副业到日常生活中的一般劳动，都有一整套歌词。歌词大多是关于劳动的一些经验成果，同时还含有一些四时规律、生活规律和生活哲理。畲族的劳动歌包括《二十四节气歌》、《作田歌》、《时辰歌》、《勤耕歌》、《采茶歌》、《种棉歌》、《种苎、绩歌》、《放木歌》、《斫柴歌》、《做生意歌》、《长年歌》、《贤人歌》等。“田塍一丘连一丘，思量引水灌禾丘，勤劳人崽做何食，懒惰人崽做没收”。“三月清明讲育秧，割草踏田田土壮，田土肥沃多秃头大，秋来收割谷满仓”。边唱山歌边理解和掌握生产技能，是畲族“寓教于乐”的教育方式。

三、地方性和民间知识教育

传统民间知识、民间信仰、民俗教育所传授的知识是畲民在其生活中不可或缺的部分，与畲民的日常生活息息相关。

1. 关于“蛇”的知识教育

由于大张坑村的地理环境和气候因素，村里经常会有蛇出没，有“七月蛇上树，八月蛇拦路”的说法。正因为山居生活中，蛇是常见而危险的生物，因此大张坑村的传统教育中，有很重要的一部分就是进行关于认识蛇和预防蛇的小故事。

访谈对象：LLC，48 岁，初中文化

问：您遇到过蛇吗？有没有关于蛇的小故事呢？

答：我早上和狗出去，狗一直在叫，我眼睛朦朦胧胧一看，好像是有一条蛇在那里，我走近一看，还真的有一条蛇在那里。我就用棍子去打那条蛇，把它身上都打烂了，打扁了，我就以为把蛇给打死了，然后把它扔在路边继续去干活。我干了一天的活，晚上回来，走在路上发现，打死的那条蛇又躺在路中间了，我怕那条蛇跟着我回家，就彻底把它打死了。

以前有个男性村民上山，走在路上，看见草地里有一条蛇，就一下子把它打成了两节，然后又继续把它打成好几节堆在一起扔了，以为它已经死了。就回来准备睡觉，睡不着，感觉蚊帐上面有个东西在动，还滴着水，觉得不太对劲就上去看，发现就是那个半截蛇头在蚊帐上面，还滴着口水向他看……

以前村里有个二十几岁的姑娘，去山上突然被蛇咬了，全身肿痒还特别口渴，嘴皮子都干了，就趴在溪水里面喝水，喝完水就走不动了，因为蛇毒已经攻心了。后来村里面的人把她抬回来了，可是没过几天就去世了，因为被蛇咬了是不能喝水的。

我舅舅在山里面被蛇咬了，他就一路狂奔往村子里跑，拼了命地跑，不回头也不停，结果一跑到村里就累得瘫痪了。我舅舅全身肿胀，像黄瓜一样亮，像长了水泡一样的大。然后把他送到镇里的医院，结果医院没有蛇毒血清，不能给他打针，要证明什么的。于是把他送到另一个地方治疗，打了好几次针都没有好。后来把他送到县里，给医生红包，医生就把他坏死的肉都割除后才让他脱离了生命危险，但他的手至今仍有残疾，手变形了。

蛇的基本信息：黑色的蛇是没有毒的，花色或者青色的蛇有剧毒，毒蛇的眼睛是金色的，头是尖尖的或者三角形的，蛇的鼻子会微微往上翘，蛇身潮湿，尾巴干燥。因为这里常见的毒蛇大都是青色的，所以很容易隐匿在草丛中或者树上，“七月蛇上树，八月蛇挡路。”七月份天气较热，蛇会爬到树上避暑，尾巴缠到树枝上，蛇头倒挂下来。雨过天晴时，蛇会留在一些人迹罕至的路上晒太阳，天气炎热干燥时，蛇会在小溪边乘凉。一些蛇感觉到有人的时候就会跑掉，这些蛇一般都是不咬人的。真正的毒蛇即使有人接近也不会离开，而且往往它们的眼睛看不到，会凭感觉攻击人。今年茶园附近没有人去除杂草，蛇就会出现，而且之前每家每户都会去那里种田，会烧一些蛇，但是现在的地都成了荒地，蛇就开始大量繁衍，数量也增加了。

对于蛇，在大张坑村有很多预防措施。如上山时，用锄头或者砍刀劈开荒草，辟出一条小路；采茶时，戴上手套，穿雨靴、长袖、长裤。此外，大人们也会提醒小孩子不能独自上山，女孩子晚上不能“顾家家”（即女孩子晚上不能到别人家去），要远离池塘，要在天黑前回家等。如不慎被毒蛇咬伤后，要第一时间摆脱毒蛇，如果感觉口渴，一定不要喝水，否则很快便会毒发身亡。

2. 畲族语言的传承

大张坑村村民一般都会说两种或两种以上的语言，他们与汉族交流时使用当地汉语方言，在本族内则用畲语交流。畲语是畲族在族内使用的语言，受外界语言文化的影响不大，在语音，语汇和语法等方面都保留着一些自身的特点。

在畲族社会中，不熟悉的畲族同胞碰到一起时，用畲语以一些谜语式的隐语进行盘问，从对答之中了解情况，辨别亲疏。同时，隐语对于畲族人民来说，也象征着一种民族标志、民族身份和特殊的民族历史文化。下面是一些常用的隐语：

“过渡”——吃饭　　“烂猪肚”——争吵

“船篙”——筷子　　“炒田螺”——洗碗

“过燥路”——喝酒　　“光锄头”——洗脚

“开光”——洗脸　　“炙火”——盘歌

牛崽过栏没有人？——成亲没有？　　做大人未做大人？——父母是否都送上山头？

图 4-7 为隐语翻阅装置。

图4-7　中国畲族博物馆内的隐语翻阅装置

在笔者的调查过程中发现，三岁的小朋友雷俊翔和雷俊豪虽然不会说畲语，但是由于奶奶经常用畲语与他们交流，他们也能听懂畲语，同时父母也会教给孩子一些常用礼貌用语，比如“你好”、“再见”。奶奶也会告诉孩子一些日常事物的畲语名称，比如衣服、鞋子、茶杯、碗。这些教育能够使孩子逐步认识周围的事物，也慢慢学会与父母家人交流。孩子奶奶对孩子说畲语，孩子都能听懂，但是不能说，奶奶也有意识地在教孩子们说畲语。

浙江省景宁县广播电视台于 2006 年初推出一档民族性极强，完全使用畲语播音的《畲语新闻》，这一栏目用畲语播报，同步配有汉语字幕，对一周要闻进行回顾，是华东地区唯一用民族语言播报的新闻栏目。该节目每周日晚上 20：00 首播，并于周日晚上和周一分别进行重播。在大张坑村，电视节目是畲民主要的娱乐活动，这一畲语栏目无形中也提高了畲民对于畲语的重视程度，对于畲族文化的传承与发展也起到了一定的促进作用。

孩子们通过一些儿歌和谜语，能够很快听懂畲语，甚至能用畲语来表达自己的感受，与父母进行互动，这些都属于父母教导孩子们畲语的一部分，也使孩子们能够更快地学会畲语。

3. 畲族历史和精神的教育

畲族只有语言没有文字，有畲歌云:“水连云来云连天，畲家唱歌几千年。”“歌是山哈传家宝，千古万家世上轮。”在畲族社会中，会唱山歌的人处处受人尊重。不会唱山歌的人处处碰壁，这促使畲族人民无论男女老少皆能唱山歌。畲族的山歌和畲族的历史一样古老，畲族的历史大部分是通过山歌记录下来的。山歌中历史歌一般为叙事长歌，主要篇目有《高皇歌》、《火烧天火烧地》、《封金山》、《长毛歌》等。《高皇歌》具有民族史诗性质，代代相传，家喻户晓。歌中先叙述开天辟地的远古英雄盘古，继而记叙始祖龙麒出世不平凡的经历与功绩及民族艰苦迁徙的历史经过。《封金山》是畲族人民向往安乐生活的一支理想之歌。《长毛歌》出于清同治年间云和县歌手蓝三满之口，广为流传，是浙江畲族的特有长歌。

历史上，由于畲民进行了大规模的反封建斗争，统治者出于削弱畲民反抗精神、维护封建统治秩序的需要，让畲民被迫接受封建纲常礼教。封建统治者采取“以俗教安则民不偷”来教化畲民，使畲民守常不变，形成稳定的民族心理。畲族人民以提高民族自尊心为重点来进行民族意识教育。民族历史和民族意识教育的主要方式是“讲古”教育和山歌教育，例如大人给小孩讲述盘瓠王征番立功，与三公主婚配，繁衍子孙，民族迁徙等故事。而民族历史教育则通过山歌中的历史歌，如《高皇歌》、《同源姓》等，以唱山歌的形式教导后人。

此外，在传统的畲族社会中，畲民也会通过一些宗教仪式来巩固民族内部的凝聚力，如祭祀仪式、丧葬仪式等。通过一些宗教仪式，畲民可以将自身遭遇的危机或问题表达给神灵和祖先，借此宣泄自己情感，并且期盼祖先和神灵的庇佑，也表达了对于祖先的崇拜和思念。通过这些宗教仪式，可以缓解民族内部危机，巩固民族内部的凝聚力。例如畲族内部的成人仪式“传师学师”，这是浙江畲族内部世代相的成人仪式，在畲民族谱中，除了有“郎名”、“娘名”外，还有“法名”。

按畲族规矩，凡男子年龄达到 16 岁，即有资格“学师”。“学师”后，族谱中冠以“法名”，男性“法名”前都冠以“法”一字，女性则后缀以“婆神”二字。“传师学师”是为了把活着的人的名字告诉祖先，把祖先的法则传给后代。畲民在“传师学师”之后，其在畲族社区内部的地位也将获得承认。通过这种承认新身份的方式，实际上实现了畲族内部成员结构的重组，使畲族内部体制不致僵化，有缓解群体危机的功能。同时，“传师学师”也有维系血缘亲情、凝聚宗族力量的作用，增强畲民的民族团结意识。在“传师学师”的仪式过程中，也有与其相应的舞蹈，舞蹈蕴含着本民族的历史、文化、民俗等，将其一代一代地传承下去，也将畲族人民的民族意识和民族团结一代一代地传承下去。“传师学师”在传统畲族社会的民族团结教育中占有重要地位。

如今，由于社会变迁，在大张坑村，畲族的“传师学师”仪式已经消亡，对于下一代的民族意识和民族团结教育，主要重心放在了学校教育上。民族小学和民族中学有专门针对畲族开设的文化课，而家庭和宗族在民族意识和民族团结教育中的作用已经十分微弱了。不过，一些宗教仪式中调节家庭伦理关系、促进民族团结的教育功能，至今仍发挥着作用。

4. 传统伦理道德教育

在景宁县的畲族博物馆中，保存有畲族的传说故事。比如畲族人代代流传的祖牌的故事：相传在古代，有一对畲族夫妇生下一个男孩，孩子长到六七岁时，父亲因抵抗官兵的欺凌而惨遭杀害，留下孤儿寡母相依为命。母亲含辛茹苦地将孩子抚养成人，可是小伙子却忘恩负义，越来越嫌恶苍老的母亲，动辄发脾气，弄得老人惶惶不可终日。有一天村里来了个牧羊姑娘，她美丽、善良，擅长唱山歌，每天赶着羊群上山，唱着优美动听的歌，小伙子每天跟随着歌声上山耕地。有一天，母亲送饭来迟一步，小伙子就大发脾气，吓得老母亲目瞪口呆。就在这时，小伙子忽然看到牧羊姑娘的羊群里，一只小羊羔跪在母羊腹下吃奶，觉得很奇怪。牧羊姑娘以歌回答道：“天上乌鸦最孝顺，地上羊崽最知母。乌鸦啼哭守母死，羊崽吃奶就下跪。今日阿哥为哪桩，诸事不提问羊羔。阿母待哥心肝肉，阿哥待母又如何？”牧羊姑娘的歌声刚刚停下，又传来了小鹧鸪嗷嗷待哺的乞食声，只见一只已经疲惫不堪的老鹧鸪把捕捉来的小虫，使尽自己最后一点力气，一个一个地喂饱小鹧鸪后，到在雪地里死去。牧羊姑娘触景生情地唱道：“鹧鸪鹧鸪你真苦，喂了儿子自命故。飞燕捕虫喂小燕，小燕飞日不知母。”牧羊姑娘的歌声感动了小伙子，他幡然醒悟，为自己以往虐待慈母深感内疚。第二天，当他看到山下步履蹒跚走来送饭的母亲，他便提着锄头下山迎接，要向慈母下跪认罪。可是母亲误以为儿子又要耍脾气，吓得丢掉饭篮往回跑，不慎竟摔倒在一棵大树根上，鲜血染红了树根，当场死去。小伙子见状，追悔莫及，安葬了母亲，整天悲伤地抱着树根痛哭，后来又挖回树根制成一个木牌，写上母亲的名字，逢年过节，跪拜祭祀。从此以后，大张坑村人就有用树根制成祖牌、涂上红色的习俗。逢年过节，备办三牲祭品，虔诚敬拜，以寄托对逝者的哀思。

在畲族社会，孩子从小就被教导要尊敬老人，敬老成为畲族社会的一个传统美德。从孩子们从小学习亲属称谓的时候，父母就会教导孩子对老人要尊重，比如不能直呼老人的名字。同时，畲族的孩子在看到父母尊重老人的时候，也潜移默化地产生了敬老之心。除此之外，畲族的父母还会给孩子讲一些传说来教导孩子，让孩子尊敬老人。传说在敕木山上，曾经有瞎眼的奶奶，她的孙子不给她饭吃。后来，天上的雷公发现了，用雷电劈死了不孝的孙子。他们认为，如果一个人不孝顺老人的话，就会被天神惩罚，以此来教育孩子们要尊敬老人。

《浙江新志》记载："畲族乃重做功德。""与祭者八人，诵经或歌舞后，再行安葬。"做功德主要是为了念诵父母的养育之恩和抚育之情，在歌舞中也有《孝顺歌》和《二十四孝》等歌曲。如《孝顺歌》：

一来孝顺打头先，天下到处人都见。
归阴之日何答谢，超度亡魂往西天。
二来孝顺人都见，归阴之日响连天。
归阴之日何答谢，安在灵前受香烟。
三来孝顺人在意，孝顺大人天地知。
亡魂坐在灵堂上，受领银钱受香烟。
四来孝顺爷归终，归阴之日立孝堂。
立起孝堂团团转，亦是大人面风光。
五来孝顺爷过辈，立起孝堂白布飘。
立起孝堂团团转，亦是大人心地善。
六来孝顺爷归终，孝顺大人养育功。
孝顺大人何好处，报答大人养育恩。
七来孝顺人心善，孝顺大人是本当。
大人添福又添寿，保佑男女多成人。
八来孝顺人心忠，孝顺大人要心忠。
孝顺大人寿源长，出门合得好弟兄。
九来孝顺人心意，代代承孝传落来。
孝顺合似檐头水，点点落地不差移。
十来孝顺得完成，孝顺两字一生名。
大人一生寿源满，寿源完满去做仙。
孝顺大人天地知，十五明月有色时。
莫道神明有灵感，一举成名天下知。

这首孝顺歌不仅表达了对父母的哀思和感念，也教育后代要孝敬父母，顺其心意，如此才可得善其身。

此外，在畲族社会中流传着许多谚语，这些谚语引导畲族人民向善感恩，形成优良的道德品质。例如下面的谚语：

“青蛙不自夸脚肚白”——谦虚

“要打方面鼓，莫敲背后锣”——实诚

“石看纹理山看脉，人看志气树看材”——有志气

综上可见，畲族如今的教育与传统社会相比，已经发生了很多变迁，主要体现在以下方面。

第一，从重视社会教育到重视家庭教育的转变。

LQX 先生曾经提到过在新中国成立前大部分畲族地区是没有学校的，那个时候的畲族人民不能参加科举考试，也没有在文化教育上的自主权，可以说在教育上是受到歧视的。新中国成立后，国家在少数民族地区设立学校，并要求所有孩子一律接受教育，同时也展开了针对农民的扫盲教育，扩大了教育对象，也在一定程度上改变了畲族人民的教育观念，他们开始重视教育。

村民 LQJ 曾经提到过，在新中国成立前，人们推崇“女子无才便是德”，一般女性是不可以接受教育的。在新中国成立后，无论男女都要去学校接受教育，慢慢地也改变了父母的一些观点，而且当时大多数人都开始进行扫盲教育，开始识字写字，学会自己算账，开始认识到教育的重要性。人们对于教育的观念只停留在学校教育上，认为孩子有书读就是接受教育。如今，人们不仅重视学校教育，也开始重视父母在家里对孩子进行的家庭教育，学校里的老师也在力求得到家长的支持，同时也更加注重早教和胎教。村民 ZX 说：“我在刚怀孕的时候就看了很多关于胎教和早教的书籍，按照书上的方法来教育孩子。”她担心孩子说不好汉语，就在家里也对孩子说汉语，“现在孩子的汉语说得特别好。而且，孩子还会自己临摹画画，会跟着电视跳舞。小孩子‘三岁看大’，因此三岁之前一定要好好教育，父母要多上一点心”。现在大张坑村中，就出现了家长到景宁县陪读的现象，可以看出社会大众对于教育的重视程度的提高。

第二，从传统重视生产劳动知识教育到现在重视现代科学技术知识教育的转变。

在明清时期，为了镇压畲族人民的反抗，明清朝廷在畲族地区设立私塾，希望以中原的礼俗教化畲族人民，而在那个时期教育的目的主要是教化畲民，以中

原的礼俗压制畲族人民的反抗，稳定畲族人民的心理。即使是礼俗文化教育，也只有少数富裕的畲族家庭才能享有，更多的普通家庭，只能以日常生活技能和地方性民俗知识为学习重点。

如今，教育是以培养高素质的劳动力和创新人才为主要目的，因此增加了对现代文化和技能的学习。除了学校的文化知识学习外，畲族家庭十分重视现代社会需要的电脑技术、财务知识和英语的学习。信息化的发展要求学会电脑，市场经济的发展要求学会算账。而且现如今的社会，汉语的用途比畲语要广，找工作、考大学、做生意、打工都要用汉语，因此现在有很多学生不愿意学习畲语，认为畲语没有什么用。为了更好地在社会上立足，或者生活得好一点，家长从小就教孩子汉语，反而忽略了畲语的教育。我们在调查中发现，处于学前教育阶段的孩子都能听懂畲语，但不会说畲语，只会说汉语。而一些中学生则表示他们不愿意说畲语，学校开设的畲语选修课也没有太多人感兴趣。对于传统的风俗习惯，现在大张坑村村民了解甚少。传统山哈歌，也只有四十岁及以上的村民才会唱，年轻人已经基本不会唱了。

第五章　婚姻、家庭与宗祠

第一节　婚　　姻

婚姻作为一定时期社会文化认可的两性的结合，具有满足生理需要、为繁衍后代提供条件、进行经济互助、保持社会群体稳定、增进不同群体间的联合等功能，是家庭得以成立的前提和基础。

一、传统婚姻形式及习俗

在传统社会中，大张坑村畲族一贯实行一夫一妻制，婚姻关系稳定，双方不能任意解除婚姻。自古以来，畲族族谱和族规上虽未明确表明禁止纳妾，但人们普遍遵循一夫一妻的婚姻制度，夫妻双方只有在配偶去世后，才可以再行嫁娶。根据家谱记载，我们发现大张坑村畲族的列位先祖都是配偶去世后才再行嫁娶，没有人纳妾。如“明王公……生三子儿女，前妣氏兰念卅五娘……后妣氏钟大十娘”，“瑞宝公，前妣氏兰月英，后妣氏雷根花”[①]。

在传统婚姻中，一般采取男娶女嫁的婚姻形式，所生子女归男子，血统按父系计算，从父系姓氏。但也有特殊情况下产生的特殊的婚姻形式，如童养婚、入赘婚、做两头家、买卖婚姻等。

（一）男娶女嫁型婚姻

“传统婚姻即嫁娶婚，又可称为聘娶婚，即男子娶进媳妇、女子出嫁的婚姻。这类婚姻讲究礼节，重视聘礼和嫁妆的来往。”[②]这是畲族婚姻的主流，是正常的、正式的婚姻形态。在传统的嫁娶婚的缔结中，媒人起着牵线搭桥的作用，媒人介绍在畲族历史中是一种普遍的择偶方式。即使青年男女双方通过对歌的形式确立了恋爱关系，也要通过媒人的联络才能最终结成婚姻。所以，传统大张坑村的年轻人每到适婚年龄，就会托媒人介绍合适的结婚对象。

传统的畲族社会中，婚配原则一般是同姓不婚，实行族内婚，在本民族盘、

① 大张坑村上太公雷氏家谱 LGJ 支系。

② 石奕龙．福建畲族的婚姻状况和收养关系——以霞浦县水门乡茶岗村为例［J］．民族研究，1997（5）：41-50.

蓝、雷、钟四姓中自相婚配。后来由于畲族人口较少，姓氏也较少，且多居住在各个山岭之间，较为分散，联系较为困难，畲民为了能够延续香火只能选择妥协，允许同姓婚姻。但是畲族在同姓通婚的问题上十分谨慎，仅限于同姓不同宗或五服以外的同姓通婚。通过调查统计得知，大张坑村绝大部分畲民属于同姓婚姻，有 51 对夫妻均为雷姓，极少数人与蓝、钟两姓或汉族通婚。

访谈对象：LLC，女，49 岁，已婚，自由恋爱成婚

问：以前交通不方便的情况下，你是怎么谈恋爱的？

答：我和我丈夫是自己谈的恋爱，我们是在走亲戚的时候认识的，后面就慢慢在一起了。他会骑自行车，我也会骑自行车，路过我们村的门口，会一起骑车去城里面买点东西。谈好之后，就找一个媒人上门去说亲，找一个选日子的先生，算一个好日子就直接结婚了。

问：阿姨，你和叔叔是谈了多久就结婚的？

答：我们谈了好多年才结婚的，第一次见父母的时候是快要结婚的时候。快要结婚的时候才会定下这些东西的，没去见父母的时候，会和熟悉的姐妹说。

（二）童养婚

童养婚是中国旧时带有剥削和强制性质的婚姻形式。据《浙江省少数民族志》[①]记载：家庭经济生活困难的畲民，生有儿子，怕长大后娶不来媳妇，就抱他人幼女作童养媳，长大后与儿子婚配；亦有婚后 30 岁以上有女无子的，可抱一幼子抚养，长大后与女儿婚配。抱童养媳或童养子，均须是符合与本家通婚条件的姓氏和支族。大张坑村只有童养子的情况存在，通常是在自己只有女儿的时候，抱养别人家的幼儿作为养子，等长大成人后与自己的女儿结婚。通过调查得知，大张坑村存在两个童养子的案例：一个是 LZQ 从岭口抱过来的男孩 LYR，等他长大之后便娶了 LZQ 的大女儿 LQM；另一个是 LBL 的舅舅，小时候被大张坑村的一户人家从吴山头村作为女婿抱养过来。

（三）入赘婚

入赘婚亦指招养婚，俗称倒插门，是指女子不出嫁，男子入女家为婚的婚姻形式。男子入赘后须改从妻姓，所生子女亦从母姓。[②] 这种婚姻形式源于母系社

① 金永汉，雷耀铨，雷弯山．浙江省少数民族志［M］．北京：方志出版社，1999：33.

② 何立婴，刘晓明，张希坡，马有才．中国女性百科全书·婚姻家庭卷［M］．沈阳：东北大学出版社，1995：129.

会从妻居的古风，一夫一妻制婚姻形成之后，在以从夫居为主导的同时也保留了这种从妻居的习俗。宋人称入赘为“入舍”，因赘婿居妻家，俗称“舍居婿”。元人称入赘为“作赘”，俗称“接脚夫”。明朝时称接脚夫为“倒踏门女婿”。清朝时称之为“坐门招夫”。

大张坑村入赘婚得以延续的原因主要有两个：从女方角度来说，女方家无兄无弟，需要劳动力，继承家业并延续香火 ；从男方角度来说，男子家贫而无力娶妻，只能以身为质到女家完婚。大张坑村只有家中有超过三个儿子的家庭，才会考虑入赘到其他家，因为儿子娶媳妇需要彩礼和房子，家中经济条件不足，满足不了所有儿子的需求。

据笔者调查得知，大张坑村有 17 桩婚姻是入赘婚，占本村婚姻的 15.5%。如 LGQ 的父亲 LSL 是叶头山村人，来大张坑村当上门女婿；LXB 的父亲是从渤海镇过来的上门女婿；LXB 的一个女儿招了吴山头村的一个人做上门女婿；LZB 到温州地区的泰顺做上门女婿；LZJ 的二女婿是入赘到大张坑村的；WDW 的父亲为汉族上门女婿。大张坑村入赘的女婿需要改成女方的姓氏，入赘家庭和村里人均将入赘的女婿当儿子看待，没有偏见和不解。入赘女婿也不会因为自己的入赘身份而产生太多心理上的不适和不安，他们享有与村中其他男性同等的权利，赡养女方父母并继承财产。

访谈对象：LLC，女，49 岁

问：大家对村里面的上门女婿有什么特别看法?

答：没有什么看法，都会把上门女婿当作自己家的孩子看待。

（四）做两头家

《丽水地区畲族志》中讲畲族的婚姻时说“嫁男和做两头家是畲族婚嫁的长处”。可见，在畲族社会中，对于嫁男和做两头家是很推崇的。“做两头家也叫‘做两头亲’和‘种两头田’，指的是男女双方均为独生子女，男女青年已同意成婚，经双方父母同意则可婚配，两家合并一家，子女供养双方父母，继承双方财产。男女婚后，父母尚能劳动时仍为两家，子女负责种两家田。父母老后，以男方或女方哪方为主，则根据双方居住地的自然条件、住房条件等由双方商定。”[①] 两家合并后，为主一方要把对方祖宗香炉接来与本家祖宗香炉同排放在祖宗香案，年节同样祭祀。大张坑村有两户人家的女儿是做两头家：LJP 家有一女儿，嫁给

① 石奕龙．明清时期畲族的香火继嗣方式——以丽水市老竹畲族镇沙溪村蓝姓宗族为例 [M]// 徐志舜，许宪隆．人类学与乡土中国：人类学高级论坛 2005 卷．哈尔滨：黑龙江人民出版社，2006.

汉族，做两头家；LSL 有两个女儿，大女儿外嫁，小女儿做两头家。做两头家的女儿每年都会回娘家住一段时间，同时赡养公婆和亲生父母。这种婚姻方式也可以说是畲族人民对于客观条件的一种妥协和变通，也表现了畲族男女平等的朴实观念。

（五）买卖婚姻

买卖婚姻是一种直接用经济手段交换的婚姻形式，通过这种方式，男方给予女方父母或亲属若干财物而换得与女子成婚。[①] 这种婚姻形式在多个地区和民族中均有出现，此种婚姻形式视妇女为可以转让和买卖的财物。我国《婚姻法》明确规定禁止包办、买卖婚姻，禁止借婚姻索取财物等，因此买卖婚姻是一种违法行为。在大张坑村的调研中，笔者发现了两起买卖婚姻，如 LFY，花费两万多元从云南买过来一个老婆，生育一女后不久，女方便离家出走未归；又如 LRQ 的妻子也是从云南买过来的，生育一女后也离家出走未归。采取买卖婚姻的主要原因是，极少数村民家里经济条件差，本人性格又较内向木讷，在当地很难讨到媳妇，只得从人贩子手中买老婆。这种买卖婚姻的结局极少美满，大多以女方离家出走告终。

二、影响择偶的因素

择偶标准是指对择偶对象的文化修养、职业、年龄、性格、爱好、贞操、道德品质、政治因素、经济因素，以及门第高低、家庭环境和背景、受教育程度、等因素的重视程度。[②] 随着社会的不断发展，择偶标准也在多种因素的影响下发生了更加多元的变化。

1. 民族成分

在畲民传统社会中，民族成分是决定择偶成败的重要因素。在传统社会中，畲汉不通婚。《高皇歌》中严厉禁止畲汉通婚，“女大莫去嫁阜老，阜老翻面便无情”，“养女若去嫁阜老，便是除祖灭太公”，对于畲汉通婚较为排斥。根据大张坑村《雷氏家谱》（见图 5-1 和图 5-2），统计出从清代康熙年间到光绪年间的大张坑村上太公支系的具体婚配情况。亚六公于康熙年间迁移到大张坑村居住，“妣氏蓝千三娘，生一子”。应隆公“妣氏蓝念十四娘，生三子一女”；承兴公“抱子马贵，妣氏蓝大九娘”；马贵公“前妣氏蓝小十娘……后妣氏蓝念十六娘”；明有

① 周大鸣．文化人类学概论 [M]．广州：中山大学出版社，2009：165.

② 中国大百科全书总编辑委员会，《社会学》编辑委员会．中国大百科全书·社会学 [M]．北京：中国大百科全书出版社，1991:96.

公“妣氏雷小九娘，生一女”；耒进公“妣氏雷小二娘”；春运公“妣氏蓝小十一娘 生二子二女”；瑞宝公 “前妣氏兰月英……后妣氏雷根花”；千二娘长女雷瑞英“贤婿兰七妹”；千三娘次女雷凤英“贤婿名雷孙昌”。过去，大张坑村畲族的婚配主要是畲族内部蓝、雷两姓之间的通婚，没有与汉族通婚的情况存在。

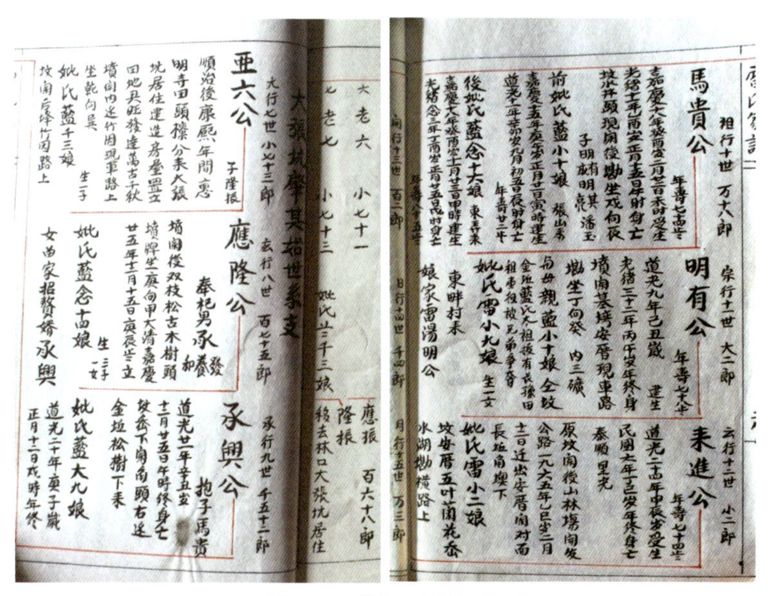

图5-1 《雷氏家谱》（一）

如今，随着民族平等政策的实施，畲汉两族在相互交往中增进了了解，畲汉通婚已成为被当地村民普遍接受和认可的现象。图5-3为2017年大张坑畲汉通婚情况图，从中我们可以看出，畲族男子娶汉族女子的有16人，畲族男子娶畲族女子的有39人；畲族女子嫁汉族男子的有12人，畲族女子嫁畲族男子的有13人；畲族女子招赘汉族男子上门的有3人，畲族女子招赘畲族男子上门的有9人；畲族男子到汉族家庭做上门女婿的有1人，畲族男子到畲族家庭做上门女婿的有4人。这表明：第一，畲汉通婚形式全面，各种形式都存在；第二，畲族之间通婚的比例占67%，远远高于畲汉通婚比例（33%）。

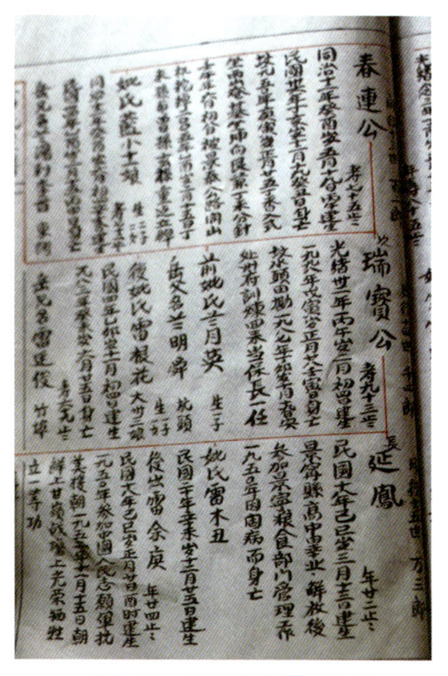

图5-2 《雷氏家谱》（二）

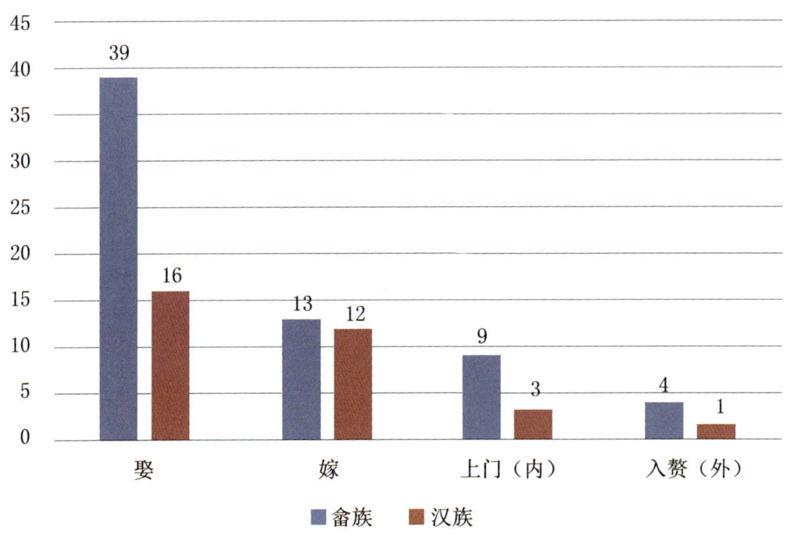

图5-3　大张坑村畲汉通婚情况图（单位：人）

访谈对象：LLC，女，49岁，已婚，漈头村人，丈夫是大张坑村畲族

问：你们那个年代结婚的时候，跟汉族结婚的多还是跟畲族结婚的多？

答：只要自己喜欢的，不管汉族、畲族都可以的。我们那个年代很多都是和汉族结婚了，上一代也有很多和汉族或其他民族结婚的。

2. 地域

地域也是影响大张坑村村民择偶的重要因素之一。在传统社会中，由于大张坑村地处偏远，交通不便，村民的通婚地域基本限制在邻近的村子，缔结婚姻的男女双方基本局限在景宁县城内。伴随着大张坑村基础设施建设加快，道路日渐畅通，交通日渐便利，且外出务工人员越来越多，村民通婚地域明显扩大。如今，是否同处景宁县，已经不再成为决定男女双方结婚与否的重要条件，县外婚姻变得较为常见。

调研数据显示，2017年大张坑村村民在景宁县内通婚的有75对，共占77.3%，其中本村内通婚的有17对，占17.5%；村外镇内通婚的有36对，占37.1%；镇外县内通婚的有22对，占22.7%。县外通婚的有22对，占22.7%，其中县外省内通婚的有10对，占10.3%；省外通婚的有12对，占12.4%。如图5-4所示。

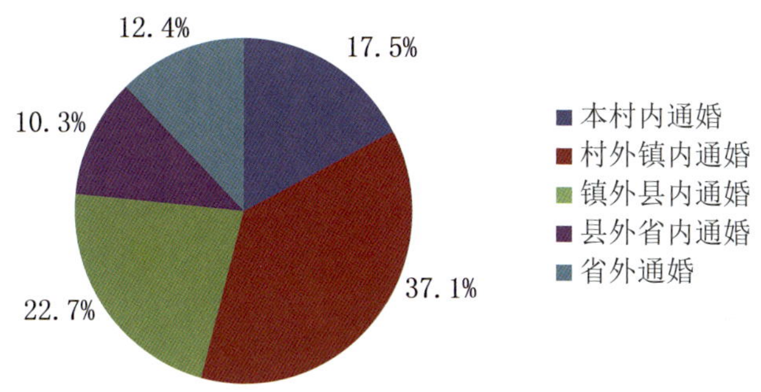

图5-4　大张坑村2017年不同地域通婚比例分析图

数据的统计分析表明：即使到了交通极为便利的今天，大张坑村村民仍然倾向于在景宁县城内择偶，因为共同的居住地域意味着语言和文化上的相通，有利于彼此了解，有利于与未来家庭成员尤其是与长辈之间的交流。当然，随着大张坑村社会经济的发展，交通更加便利，更多的年轻人走出去打工求学，村民的思想观念也在不断转变，大张坑村通婚地域范围也在逐步扩大，从县内向县外和省外扩展。

访谈对象：LLC，女，49 岁，已婚，漈头村人，丈夫是大张坑村畲族

问：你们结婚的时候，是不是太远了就不嫁了？

答：大多数都嫁到邻近的村子里。但要是喜欢那个男的，也不分地区的，就像我们这边有个女的嫁到贵州那边了。

3. 年龄

在畲民传统观念中，女性若超过 23 岁还未婚，男性若超过 25 岁还未婚，均为 “大龄剩女剩男”，不是理想的结婚对象。如今，随着人口流动加快和个体对自我价值的追求加剧，合适的结婚年龄已经放宽到 30 岁。并且，无论传统还是现代，大张坑村的青年男女选择配偶时，均倾向于男大女小的模式。

访谈对象：LLC，女，49 岁，丈夫 52 岁

问：你们那个年代一般都是多大年纪结婚呢？

答：我们那时候 23 岁都算作老女人了，都没人要了。现在的女人 30 多岁很多都没结婚，都没人说的嘛。

4. 家庭经济条件

在传统社会中，大张坑村村民以农林产业为主，每家每户的家庭情况都差不

多，基本只能满足温饱。因此，畲民婚嫁时，对家庭经济条件没有特别的要求。拟结婚的女性只要求婚后有夫妻生活的独立空间即可，不一定非要新房子。在“文革”时期，畲民择偶倾向于家庭成分好的男女青年。如今，随着经济发展，大张坑村的家庭出现了一定的贫富差距，因此适龄男女在选择婚嫁对象时，更加关注家庭的经济实力。大部分女性要求男方在景宁县城有已购新房，尤其有外出打工或求学经历的女性，往往非常关注男性的显性实力，如房子、收入、工作等。总体而言，家庭条件好的男女更受青睐，具有城市户籍的男女青年尤其受到欢迎。

访谈对象：LLC，女，49 岁，已婚

问：以前结婚都是要有房子的吗？

答：当然要咯，有的女的要挑人家的，如果那个人家可以，房子会宽的（面积大一些）。现在人更挑，现在人要有房子，还要有车，还要有存款。以前人要求低一点，但还是有要求的，如果嫁到人家家里，连个床铺都没有，肯定不同意了。

除了上述要求之外，村民择偶的时候还会关注身体是否健康、长相是否端正等因素。在传统社会中，是否会唱山歌也是畲族青年男女选择配偶的重要参考依据，有“不会盘歌莫娶亲”的说法。但今天，会不会唱山歌已经是无关紧要的因素了。调查显示，大张坑村年轻一辈已基本不会唱山歌，会唱畲族山歌的只有两名女性，且都在 50 岁以上。

婚姻一旦缔结，就表现出较高的稳定性。传统的大张坑村社会是一个封闭的社会，除非配偶因病去世，一般很少有再婚的现象。如今，虽然大张坑村与外界交流较频繁了，但村民离婚现象还是较为少见。

三、男性单身未婚现象及原因分析

由于大张坑村青壮年绝大部分外出务工，其婚姻状况不便调研。因此笔者统计了大张坑村 40 岁及以上年龄段人口 146 人的婚姻状况。笔者根据统计与调研资料，发现 146 人中，单身未婚 15 人，占统计人口的 10.3%；已婚 110 人，占统计人口的 75.3%；丧偶 18 人，占统计人口的 12.3%；离婚 3 人，占统计人口的 2.1%。上述数据表明，除了未到婚龄及在外求学、务工人员之外，绝大多数畲民处于已婚状态，但单身未婚的人数比例较高，占 10.3%，且全为男性。相关资料见表 5-1 和图 5-5。

表 5-1　大张坑村婚姻状况统计（据镇政府资料统计）

单位：人

婚姻状况	未婚（40 岁及以上）	已婚	丧偶	离婚	合计
人数	15	110	18	3	146
占总人数的比例	10.3%	75.3%	12.3%	2.1%	100%

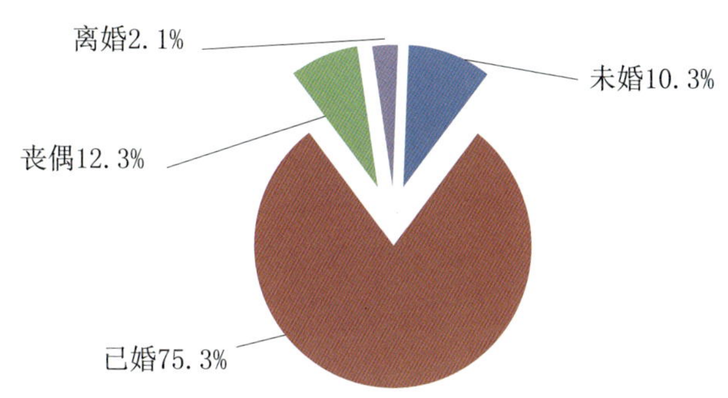

图5-5　大张坑村婚姻状况比例饼状图

从对大张坑村在家与可统计到的 146 人的数据分析，我们发现，在单身者中，除了 12.3% 的人是由于丧偶等原因造成的自然单身外，另外 10.3% 的单身男性是“从未结婚”群体，如果再加上 2.1% 的离婚单身群体，表明大张坑村有高达 12.4% 的男性存在结婚难的问题。具体原因如下。

第一，大张坑村地势偏远，经济发展落后。大张坑村地处敕木山山腰，地势偏远，交通不便，尽管这两年政府开始大力投资，加大基础设施建设，但相对景宁县的其他村子，大张坑村仍然处于经济相对落后状态。因此对于适婚女性来说，大张坑村的男子显然不是最佳选择。并且大张坑村的女性也不愿意嫁在本村，而愿意选择比大张坑村富裕的其他村子或县城里的男青年。加上大张坑村原本就男女比例失调，男女比例为 128∶100，这更加大了大张坑村男性青年结婚的难度。

第二，女性外流加速，男性择偶范围变小。自改革开放以来，随着打工潮的出现，农村人口到城镇打工，大张坑村畲族青年也外出打工或求学。男性由于乡土观念或必须承担赡养父母的责任，大多会回归故乡，女性通常会进行永久的婚姻迁移。对于大张坑村的女性来说，她们可以通过外出打工、求学、旅游或创业等方式拓展自己的择偶范围，面临更多选择的女性往往留在了经济相对发达的城镇、县城和城市，回归乡村对她们来说，已经没有多少吸引力。在大张坑村女性通婚地域扩大的同时，大张坑村男性的婚姻市场反而更加缩小。正如事实所呈现的那样，城市的男性选择农村的女性，农村的男性选择山区的女性。因此，虽然外出活动拓宽了大张坑村男性的择偶渠道，但并未扩大其择偶的范围。同时，畲族女性大量外流，大张坑村适婚女性数量减少，造成该村男性严重的择偶困境。

第三，买卖婚姻的不稳定性。由于择偶困难，大张坑村也出现了买卖婚姻。买卖婚姻不受法律保护，缺乏感情基础。婚姻中的男性一般家庭条件和个人条件较差，很难在本村或附近找到结婚对象，婚姻中的女性则具有明确的经济利益目的，很多甚至是专门的骗婚人员，因此一旦婚姻缔结并获得了预期的钱财后，买卖婚姻的女性即宣告失踪，短婚的男性则再次陷入单身状态。男性由于在买卖婚姻中几乎耗尽所有家财，有的还高举外债，因此再婚的可能性更小，被迫处于长期单身的状态。

第四，部分男性自身存在身心方面的问题。比如，调研发现，村里的未婚男性 LFQ，今年已经 70 岁了，据说年轻的时候家庭背景、经济条件都较好，性格也比较随和，只是由于意外失明，未能娶到媳妇。又如有些男性青年各方面条件都不错，但是沾染恶习，所以没有女性青年愿意与之结婚。村里的 LSY，今年 45 岁，据说年轻时爱赌博，出去打工三年却债台高筑，将家里的毛竹卖掉才将债务还清。由于爱赌博的名声已经广为流传，因此再无女子愿意与他结婚。

第二节　家　　庭

家庭是基于关系密切的亲人组成的社会单位，在构成上，其核心和基本的部分应该包括双亲和他们的子女。畲族家庭以男性为中心，家长大都是男性。一般按男性计算世系，按父系继嗣承业，妇女婚后从夫居，子女从父姓，是以父子关系为核心的一夫一妻制家庭。大张坑村共有 67 户家庭，其中畲族人口 58 户，由于村中流动人口数量庞大，部分家庭长期不在村中，相关信息只能根据村中熟人了解获得，所以在家庭户数上与村委会、镇政府提供的资料（67 户）有略微差距，统计了 63 户，但是基本能够反映大张坑村总体的家庭情况。

一、家庭结构

家庭结构是指家庭中成员的构成及其相互作用、相互影响的状态，以及由这种状态形成的相对稳定的联系模式。家庭有不同的分类，按家庭的代际数量和亲属关系的特征分类是常见的家庭分类方法，分为核心家庭、主干家庭和联合家庭。

根据所调查的 63 户家庭情况，发现独身者有 7 人。这 7 人虽然在户籍上单独成户，但从严格家庭定义来看，独身者并非家庭组织。所谓独身者，是指到了结婚的年龄没有结婚而一个人生活的家庭。这7位独身者中男性偏多，且年龄偏大，经访谈得知他们独身的主要原因是本人年轻时家庭经济条件差，独身者本人又缺乏赚钱的决心和能力，失去了组建家庭的能力。

在剩余 56 户中，主干家庭有 33 户，约占调查家庭总户数的 58.9%，是大张坑村家庭结构的主要形式；核心家庭有 13 个，约占调查家庭总户数的 23.2%；联合家庭有 10 个，约占调查家庭总户数的 17.9%（见表 5-2）。

表 5-2　大张坑村家庭结构分类统计

家庭结构	核心家庭	主干家庭	联合家庭
数量 / 户	13	33	10
比例 /（%）	23.2	58.9	17.9

（一）核心家庭

核心家庭是指父母和未婚子女组成的家庭，共 13 户，占全部家庭户数中的 23.2%。其中又分为完整型核心家庭与不完整型核心家庭。完整型核心家庭一般是由父亲、母亲和子女三种角色组成，是在现代社会中出现越来越多的家庭类型。例如 LAQ 家庭，家里有四口人：本人、妻子、两个没有结婚的女儿。不完整型核心家庭包括夫妻离异、配偶去世，以及家中无子女等多种形式。例如 LJG 家庭，家里有两口人：本人与 12 岁在读书的女儿。

（二）主干家庭

主干家庭是指由两代或者两代以上夫妻组成，每代最多不超过一对夫妻且中间无断代的家庭，如父母和已婚子女组成的家庭。全村共 33 户主干家庭，占全部家庭户数的 58.9%，是大张坑村的主要家庭结构形式。主干家庭同样可以分为完整型和不完整型。完整型主干家庭以 LCH 家庭为例，家里有五口人：本人、父亲、母亲、妻子、儿子。共三代同堂。不完整型主干家庭一般是由已婚夫妇中某一方配偶丧失而造成的。以 LHZ 家庭为例，家里有四口人：本人、妻子、父亲、女儿。

（三）联合家庭

联合家庭指家庭中有任何一代含有两对或两对以上夫妻的家庭，如父母和两对以上已婚子女组成的家庭或兄弟姐妹结婚后不分家的家庭。全村共 10 户联合家庭，占总户数的 17.9%。例如 LYC 家庭，家里有 11 人：本人、妻子、三个已婚女儿、三个女婿、一个外孙女、两个外孙。

畲族传统的家庭结构以联合家庭为主，历史上曾广泛地存在着三世同堂、四世同堂甚至五世同堂的大家庭，联合家庭结构占据主体地位。如今，随着时代变迁与人口流动加快，尤其是大多数青年人外出打工，大张坑村的家庭结构正在发生变化。今天的大张坑村家庭结构中，主干家庭占据主体地位，大量核心家庭出现，表明大张坑村的家庭结构正处在从大到小的变化中，未来家庭结构应该是以核心家庭为主。尤其引人注意的是，随着人口流动的加快，社会为夫妻双方提供了不平衡的发展条件，使传统稳固的夫妻关系被打破，离婚人数渐增。

二、家庭关系

“家庭关系是指基于婚姻、血缘或法律拟制而形成的一定范围的亲属之间的权利和义务关系。”[①] 家庭关系主要包括夫妻关系、亲子关系以及其他家庭成员之间的关系。

（一）夫妻关系

畲族有男女平等的传统，畲族女人甚至在某个历史阶段有高于男子的地位，传说是因为畲族女子源于高辛皇帝的“三公主”，地位十分高贵，因此在畲族的传统婚礼中有“男拜女不拜”的习俗。调查发现，今天大张坑村的夫妻关系是平等而融洽的，在家庭重大问题上能够互相商量，遇到困难能互帮互助、不离不弃。

1. 工作分工

畲族妇女历来不裹脚，而是打绑腿，与男子一起参加生产劳动，这在文献及地方志上都有记载。宋代范成大《桂海虞衡志》记载：（畲民）“布散山泽间，亦受民田以耕，谓平民曰百姓，男女杂作，远近为伍。”大张坑村的家庭中夫妻双方会共同参加劳动，男性由于体力优势会干一些稍重的体力活，但女性除了干农活之外，还要回家煮饭、烧菜、挑水、养鸡等，所做的家务比男性多得多。

访谈对象：LLC，女，已婚，49 岁

问：以前不是说男的负责干活赚钱、女的负责烧火做饭吗？

答：我们村里没有这种情况，有事大家一起去干，以前和现在也没有分出男的要干什么或者女的要干什么，力气活大家也会一起干。比如

① 向洪，张文贤，李开兴，等. 人口科学大辞典 [M]. 成都：成都科技大学出版社，1994.

砍柴的时候一个木头砍下来，重一点的木头男人来带，轻的会让女人来带。农活男女一起干，老婆还要在家做饭、做家务。

2. 家庭地位

在传统汉族家庭中，一般男人是家庭财富的主要创造者，因此在家庭中具有决定权和主体地位，女子一般处于附属地位，负责相夫教子。畲族家庭则不同，由于畲族妇女与男人同样参加生产劳动，在家务劳动中承担更多，因此畲族妇女在家庭经济上享有更多主动权和自主权，从而决定了她们在家庭中的主导地位，直接参与对家中大小事务的商议和决定。正如畲歌所唱："寮里无娘难当家。"

在大张坑村的家庭中，女性在家庭中占据着非常重要的角色。以家庭财产的掌管权为例，所有的家庭并不会统一由夫妻双方中的某一方掌管，大多数家庭会根据夫妻双方的能力高低来决定管钱的人。因此，如果女人对家庭经济有很大贡献，且具有管理分配钱财的能力，则由女人来掌管家庭财政大权。

访谈对象：LLC 夫妇，妻，49 岁，夫，52 岁

问：你们家里的钱归谁管？

夫答：一般都是女人管的，她是内当家，男人在外面找钱（赚钱）。

问：家里面谁主要管钱呢？

妻答：别人家的我不是很了解哦，我们家里的钱放在一起，家人都知道。老公、孩子都知道家里有多少钱、钱放在哪里。儿子拿钱的话会和我们说，不会自己拿走。

问：以前是不是老公管家里面的钱比较多，老婆管得比较少？

妻答：这要看家里面的具体情况，一般以夫妻两人的能力来判断。男人的能力比较强，读过的书多，女人不认识什么字，那就由男人管钱。女人的能力比较强，那就由女人管钱。也不是固定要给谁来管。

（二）兄弟姐妹关系

在传统社会中，大张坑村的家庭中兄弟姐妹关系比较和谐，共同的居住地域使交往十分方便、频繁。如今随着外出务工人员与日俱增，家庭中兄弟姐妹各自在外租房、买房、定居、成家立业，传统的生活模式和居住格局被打破，兄弟姐妹之间的空间距离增大，彼此联系的机会逐渐变少。只有逢年过节，尤其是过春节时，兄弟姐妹才能聚在一起、交流感情。

在访谈过程中，我们有发现一个特别的案例，LYC 与其同母异父的妹妹几乎

没有联系。

访谈对象：LXH，女，70 岁

问：你们家里几个孩子会有不愉快么？

答：兄弟关系都挺好的，他们不会吵架，过年回来会坐在一起吃饭、打麻将，几个儿媳妇的关系很好，像姐妹一样。

问：你家里有几个兄弟姐妹啊？

答：我自己有两姐妹、三兄弟，我经常回娘家，姐妹在大均乡那边，随便什么时候有时间我就会到她们家里去看看，她们也经常会来我们家的，过年啊、过节啊。

问：有没有感觉出嫁之后关系会疏远一点呢？

答：没有啊，都是一样的姐妹啊。下一代有下一代的想法，跟我们这一辈是不一样的。自己家的兄弟姐妹还是很好的，姐妹的孩子过节也会来看我。我会跟姐妹们玩到十二点钟，我们一起聊天、看电视，有时候姐妹也会唱歌给我听。

问：你们送礼会分亲疏吗？

答：会的，给亲姐妹和哥哥送的是一样的，堂姐妹就会少一点。亲的多一点，不亲的就会少一点了。

访谈对象：LLC，女，49 岁

问：如果分家了，兄弟之间的联系还多吗？

答：要是没事情的话，都会坐在一起聊聊天。商量一些事情怎么做，例如要到一些亲戚家喝酒，兄弟间要商量包多少红包。

问：分家之后，兄弟间会产生一些摩擦么？他们都是怎么解决的？

答：一般都不会有摩擦，也不会因为赡养老人的费用而产生摩擦。如果大人生病了自己有钱就自己给，如果没有的话，孩子就商量凑钱给老人看病。而且现在医院条件好了，改革了，有医保卡，老人住院可以报销 50%，军人还可以报销 70%，花的钱一般不会很多了。如果有一些小矛盾的话，兄弟之间聊一下就可以了。兄弟之间都有感情，矛盾随便调节一下就过去了。我们不像大城市，那些人家有经济财产分的，我们农村是没有的，我们就是分家后自己管自己的。

问：分家之后，兄弟与亲戚之间的来往多吗？

答：自己家里有娘家的，如自己的叔叔、舅舅啊，都会相互去的。过年过节都会一起去看望双方父母，不会说你去你的，我去我的。分家之后都会一起过节，一起吃饭。

（三）父母与子女关系

大张坑村父母与子女关系比较和睦，即使分家而居或者子女外出打工也不会影响他们间的关系。父母对子女进行抚养与教育，子女对父母承担赡养的义务。特别值得一提的是，建立在收养关系下的虚拟血亲，如养子或养女等，也享有同样的权利，承担同样的义务。

大张坑村家庭有多个儿子时，儿子成年后分家，父母一般与其中的一个儿子居住并由同住的儿子照顾饮食起居，其余几个儿子共同出资照顾父母的日常生活。如果父母自己居住，那么子女们也会定期给生活费，买一些生活用品给老人。例如 LZH 一家，有三个儿子、两个女儿，小儿子就住在东坑镇上，对老人承担主要的赡养义务，平时都会回到家里看望老人，并从镇上带来一些生活必需品。其他子女逢年过节都会回来看望父母，并且带父母去旅游。

近年来，随着外出务工人员的不断增多，许多年纪较小的孩子留在东坑镇或景宁县读书，由爷爷奶奶或者外公外婆照顾。在这种新的教养模式中，父母在子女成长过程中处于阶段性缺席的状态，在一定程度上影响了亲子关系。

（四）婆媳（岳婿）关系

大张坑村婆媳关系普遍比较和谐，婆婆对媳妇的日常生活干预较少，不会像一些地区婆婆对于媳妇各方面要求较高，婆婆并不强求媳妇对长辈有很多照顾，全在于媳妇自身的孝心与意愿。如村民 LXH 有三个儿媳妇，其中两个在青岛，只有过年才会回来，身边的小儿媳对 LXH 老人的照顾更多更全面。但谈及三个儿媳妇时，老人表示：“她们自己过得好就行了，儿媳妇想买点东西给我就买，想回来看我就可以回来，我不会对她们要求很多……每一个儿媳妇都很好，和我儿子生活开心就很好了。”

大张坑村岳父母和女婿之间的关系也比较融洽，少有矛盾产生。在大张坑村，招赘女婿是一个很普遍的现象。当家庭里只有女儿没有儿子时，为了养老，父母就会让其中的一个女儿招女婿上门，对招赘上门的女婿常作为自己儿子看待。因此，较之于外嫁女儿的女婿，岳父母与上门女婿的关系更加亲密。

访谈对象：LZL，男，74 岁

问：你对于女婿有什么要求？

答：他们两个好就行，没有什么要求。他们（大女儿和女婿）昨天来过了，开个小车过来半个小时就能来，来摘杨梅，把杨梅放冰箱里慢慢吃。他们是吃过午饭过来的，没有在这里吃饭，喝了碗水就走了。

问：你觉得你女婿对你怎么样？

答：不知道好不好，没有做过什么让我特别感动的事。他自己有家庭，如果天天跟女婿在一起，可能就会有一点矛盾。像我们这样女儿嫁出去的矛盾会少一点，感觉我们关系也挺好的。去年他们让我们去他们家里过年，还发红包给我。买新房子了，叫我们和他那边的妈妈一起吃饭。

问：上门女婿跟女婿有没有不一样的？

答：上门女婿跟儿子是一样的。女儿嫁出去的女婿是不一样的，他不在户口本上，不是我们家的。

三、亲属关系的扩展

（一）认干亲

指的是传统社会中为刚出生的婴儿或幼儿认拜无血缘关系的父母，亦称“打老契”， 在北方叫“认干爹、干妈”，在南方则称为“认寄父、寄母”，俗称“拜过房爷、过房娘”，是旧时乡间比较流行的一种民间礼俗。旧时民间生子（女）后，如果婴儿出生娇贵，或一生下来就身体羸弱多病，或担心子女短命，或为了进一步密切两个家庭之间的关系，便会为婴儿或幼儿认干亲。大张坑村“认干亲”主要有两种目的：消灾祛病与扩大社会交往。

1. 消灾祛病式认干亲——“拖风水”

“拖风水”是当地民间的说法，意即为了给幼儿消灾祛病、沾点福气而开展的认干亲。采取此种“认干亲”模式，主要是由于幼儿身体羸弱多病，需要通过仪式帮孩子渡过劫难，平安长大。村民 LZH 就有个干女儿在北溪乡，今年已经 42 岁了，他向我们描述了三十多年前的认干亲程序：首先找一个与双方都是朋友的介绍人从中联络，然后请道士或风水先生到家里来，杀鸡做法事，举行渡劫仪式，唱诵施法歌曲恭请大佛，用专业的施法工具帮助孩子渡过劫难。在此仪式中，“干爹”被赋予了“救命恩人”的象征意义，承担着帮助孩子渡劫的功能。仪式举行完毕之后，干亲双方商谈“叫干爹”的日期，孩子的原生家庭在商量好的日期那天带上猪脚、毛鸡等礼品去准干亲家，一起吃顿饭，叫“干爹”、“干妈”后，干亲关系正式建立。

2. 扩大社会交往式认干亲——“结亲”

采取“结亲”方式认干亲的目的是为了使原本亲密的关系更加亲密，为双方互相走动提供一个充分的理由。此种认干亲形式无须举行仪式，只要双方一起吃顿饭确立干亲关系即可。村民 LZL 回忆了儿子雷轩斌认 LYZ 当干爹的前因后果，当时决定认 LYZ 为干爹的原因是 LYZ 的母亲和 LZL 的母亲是姐妹，因此 LZL 和 LYZ 是连襟的关系。为了亲上加亲，LZL 向 LYZ 提出让 LYZ 当自己儿子的干爹的想法，LYZ 同意后，雷轩斌买了一些礼品，拿了一只鸡到 LYZ 家，双方一起吃顿饭，雷轩斌叫 LYZ“干爹”，双方干亲的关系就成立了。

（二）收养子嗣

畲族除通过生子延嗣外，也会采取收养和过继养子、养女的形式，延续家庭香火。一般来说，收养制度包括抱养和过继养子、养女两种方式。

1. 抱养原因

在大张坑村，当一个家庭长期没有生育儿子和女儿、单身未婚或过早丧妻及儿女早夭，使得该家香火有可能难以延续时，就可能出现抱养“养子”“养女”的方式来解决这个问题的情况。同时，也有可能出现家中孩子太多，经济条件难以满足时将孩子送去给别人收养。

访谈对象：LLC，女，49 岁

问：一般都什么情况下会抱养小孩？

答：一般都是自己不会生，或者在以前很老的时候，那时候经济不好，家里孩子很多，房子不够住，饭也不够吃。然后有些人家家里孩子只有一两个，家里很富裕，就会送一个男孩或者女孩给他们家当儿子或者媳妇。

2. 抱养现状及特征

我们在大张坑村调研到抱养个案共 12 起，从抱养子女的性别来看，男孩 7 名，女孩 5 名；从抱养子女的年龄来看，最小的尚不足一月，最大的收养时已经 25 岁；从抱养子女的民族成分来看，汉族有 4 名，畲族有 8 名；从抱养子女的原居地来看，本村的有 5 名，邻近村子的有 6 名，省外的有 1 名。表 5-3 是笔者经调查得出的大张坑村收养信息统计表。

表 5-3　大坑张村收养信息统计表

姓名	性别	被收养时年龄	民族	原户籍地	现户籍地
LLH	女	10 岁	畲	北溪乡	大张坑村
WMM	女	25 岁	汉	云南省	大张坑村
LMZ	女	152 天	畲	城关区	大张坑村
LYZ	女	5 岁	畲	漈头村	大张坑村
LRZ	男	6 岁	畲	大张坑村	东坑镇
LQL	男	5 岁	畲	大张坑村	大张坑村
LQM	男	3 个月	畲	城关区	大张坑村
LZB	男	1 岁	畲	澄照乡	大张坑村
WJL	男	17 ～ 18 岁	汉	大张坑村	大张坑村
WZS	男	10 岁	汉	大张坑村	黄山头村
WZB	男	11 岁	汉	大张坑村	黄山头村
LZX	女	不足 1 月	畲	澄照乡	大张坑村

大张坑村畲族的抱养习俗较为普遍，主要特点如下。

1）族内抱养

大张坑村的抱养个案主要发生在 20 世纪 60 年代到 20 世纪 90 年代的近三十年时间内，抱养情况主要是畲族内部抱养，没有抱养汉族的情况存在。表 5-3 中虽然有 4 例抱养汉族的个案，但 4 个抱养家庭都是汉族家庭。从空间分布上来看，被抱养村落主要集中在东坑镇、澄照乡、城关区三个乡镇范围内，半径范围约 15 公里。然而，在历史上，畲族也有抱养汉族的个案出现。例如，大张坑村《雷氏家谱》记载：“承行九世，千五十二郎，承兴公，抱子马贵，道光二十一年辛丑岁十二月二十五日，五十终。”①

访谈对象：LZL，男，74 岁，畲族

问：你们村里抱养的挺多，有没有抱养汉族的？

答：从以前到现在一直都没有，现在的女性都可以自己生育了。

问：为什么不抱养汉族的？

答：过去有个旧观念，少数民族不跟汉族做亲，以前也没有跟汉族通婚的，最近二十几年才有与汉族通婚的。

① 大张坑村上太公雷氏家谱 LGJ 支系。

2）没有性别要求

对于抱养孩子的性别一般不会有特别的要求，比较随缘。当然也有的家庭会优先考虑抱养儿子，以传承香火；但若抱养的是女孩也不介意，待其长大后为其招婿，同样可以继承香火。如村民 LQZ，妻子去世较早，没有子女，抱养了漈头村的畲族女孩，改名 LYZ，后招婿。

3）“透明式”抱养

大张坑村畲族家庭，会在养子或养女懂事的时候，告诉他是被抱养的事实，并告知其亲生父母的姓名和住址，并允许其去看望亲生父母并与亲生父母交流。畲民认为，抱养是家庭亲属关系的扩展，当两方抱养关系建立时，抱养方家庭与被抱养方家庭就会成为虚拟亲戚。养子或养女在虚拟的畲族血亲体系中，精心扮演着继嗣者的身份，但与亲生父母只保持礼节性的来往，逢年过节时如亲戚般走动。如果亲生父母家中遭逢大变（如丧子）时，养子或养女是有义务去赡养亲生父母的。总之，在大张坑村畲民的传统观念中，抱养习俗由来已久，也十分正常，他们从不介意外人问起。

访谈对象一：LQM，男，61 岁，三个月的时候被抱养到大张坑村

问：您跟亲生的兄弟姐妹有联系吗？

答：有联系啊。我亲生父母在景宁，家里本来有三个姐妹，五个兄弟，一共八个孩子。

问：他们经常来看你吗？

答：经常来看我，也会带东西来给我吃，会带点肉啦、鸡啦。

问：那边父母会来看你吗？

答：他们现在去世了，他们在世的时候经常来看，他们自己能走路，不能坐车（坐车会晕车）。爸爸妈妈走山路过来需要半天时间，他们忙的时候会住一晚，闲的时候住三个晚上也不一定，爸妈两个都来看的时候较少。一般是爸爸或妈妈，到后来是我的一个弟弟或妹妹来看。

访谈对象二：LZL，男，74 岁

问：孩子长大后会告诉他是被抱养的事实吗？

答：那直接就知道了，有的人有五六岁抱过来什么都懂。亲生爸爸妈妈会对他讲，家里面有几兄弟了，家里面比较困难，过去那边会幸福一点，生活会比较好一点。起码三五个孩子才会抱给别人。

问：那时候有没有觉得抱养是一件隐私的事情？

答：不会的。有的人很会生，就会到他家里去问（能不能抱养），有的是自己去问，有的是托人（可靠的人）去问。老婆不会生也没有办法，抱一个过来继承家业。

问：会不会担心抱过来孩子会离开？

答：一般不会的。长大了，如果是男的还要给他讨老婆，如果是女儿，也要招上门女婿的。如果自己家有儿子的，也可以把抱养的女儿嫁出去。

问：会不会有抱养的小孩跑回家的？

答：那就看这个小孩有没有良心咯，有的小时候把他抱过来，长大又跑回去，不要这边的父母的，那就是没良心的咯。但是如果你跑回去的话，两边的父母都会照顾的话，那就算有点良心的咯。

（三）抱养仪式

抱养关系的成立需要经过一定的仪式和活动，通常是抱养方挑三到五桌的鸡肉、猪肉等食材到被抱养方家里办酒席，请养子或养女的亲属吃饭；之后再邀请抱养方家里较亲近的亲属来家里吃饭。酒席过后，抱养方会按照畲族的命名方式为养子或养女改名换姓，然后带着养子或养女到祖宗牌位前烧香磕头，告知家中添丁，这就正式宣告养子或养女成为自己家庭的一员。一旦抱养关系确定，两个家庭即成为类似亲家的亲属关系。

访谈对象：LZL，男，74 岁

问：抱养的时候要不要一个协议证明这个孩子是"我的"了，或者一起吃饭办酒席什么的？

答：不会写，村里的人都知道，谁家增加一个人大家都知道了。要摆酒席的，相当于自己有了一个孩子，要把酒席挑给那边娘家[①]的。一般都是三桌至五桌酒席的食材，送到那头（亲生父母家）去。

问：办酒席有什么必须要吃的东西？

答：跟平时摆酒席差不多，起码十几个菜是有的，酒要挑一些去，自己酿的红酒（加红色的酒曲）；鸡是少不了的，一桌要一只鸡；猪肉也少不了，一桌要有五到八斤猪肉；鱼不一定会要。笋、四季豆等蔬菜不用带，一般都是带肉的，带好一点的菜。

问：一般要请谁吃饭？

① 这里的"娘家"指的是养子或养女的亲生父母家。

答：都是自己最亲的人，还有亲一些的叔伯那几家，告诉他们自己抱养了一个孩子请他们吃酒。

问：抱养过来的孩子要改名换姓吗？

答：过来是要改姓雷的，如果名字字头与这边家里上一辈相同，则名字也要改。否则的话，也可以用娘家取的名字。

问：他亲生父母与养父母有没有来往？

答：有来往，就是多了一路亲戚了，相当于“亲家”之类的亲戚，要尊重那边（亲生父母）的人。

（四）养子养女的财产继承权

抱养的孩子都只能继承养父母的家庭财产，且与养父母的亲生孩子平分财产；没有权利继承亲生父母那边的财产，但是也不排除亲生父母把自己的私人财产传给抱养出去的孩子的情况。

访谈对象：LZL，男，74 岁

问：抱养的孩子能不能继承抱养家庭的财产？

答：他就是继承人呀，因为他家里没有其他孩子，就是他继承，所以才要改姓啊，就是这个道理。

问：如果抱养了一个孩子后，家里又生了几个孩子，财产怎么分？

答：平等的，不能让养子或养女吃亏。生了孩子也是沾了他（她）的福气的，他原来抱过来当儿子就是儿子了，要是同自己生的女儿结婚，女儿就要变成“儿媳”了，权利还在抱养的儿子那里，跟汉族不一样。

问：他抱养过来，在亲生父母那边还有继承权吗？

答：没有了，只能在养父母这边。他自己回家看看亲生父母，带点东西让亲生父母吃吃，有时候会叫他们过来玩玩。

（五）过继

过继是我国封建社会流传下来的一种习俗，俗称“过房”，是继嗣方法之一。过继是指男性在无子的情况下，立同宗男子为嗣继承家业、传宗接代的行为，其并不为我国现行法律所承认。[①] 过继首先是亲兄弟的儿子，其次是堂兄弟的儿子，再次才是再堂兄弟或自己姐妹的儿子。在我国广大农村地区，由于养老和医疗等保障体系很不健全，受养儿防老等封建传统思想的影响，过继风俗仍很盛行，很多家庭以“过继”名义行收养之实。在大张坑村，主要有过继到父系宗族和母系

① 陈国强，石奕龙．简明文化人类学词典 [M]．杭州：浙江人民出版社，1990：187.

宗族两种情况存在。在家谱中也有这样的记载："进宝，未娶亲，新禄承祠。"[①]过继和抱养在原因、仪式等方面没有太大差别，但是在家庭财产继承权方面过继与抱养稍有不同。大张坑村的过继大致可以分为全继和兼继两种情况。

第一，全继，指全部继承某人的香火。也就是说，继承者与被继承者的关系为完全的收养关系，与他自己的出生家庭没有继承关系。[②]如，LQL的叔叔不能生育，没有子女继承香火，LQL被过继给叔叔，成为叔叔的嗣子，有权继承叔叔的全部财产；又如，LRZ六岁时过继给东坑镇的不会生育的舅舅，并继承舅舅的全部财产；又如WJL，约18岁时过继到同村单身未婚的大伯家。

第二，兼继，指嗣子只继承被继承者的部分香火或财产，同被继承者仅有部分收养关系，但兼继者可以兼一半财产，也可能是三分之一或四分之一。[③]如LZX虽然被过继到外公的名下，成为外公的继承者，但是仍由亲生父母抚养，他既继承外公的部分或全部财产，也会继承亲生父母的一部分财产。

四、家庭财产的使用、分配与继承

1. 家庭财产的使用

传统社会中，畲族家庭的经济收入较低，家庭经济收入主要花费在日常生活支出和孩子教育支出上，其中孩子的教育支出占据了主体部分。如今，随着大张坑村社会经济的发展，畲族家庭经济收入的支出也发生了变化，日常生活支出的份额下降，孩子的教育支出和休闲娱乐支出逐渐增多。

访谈对象：LLC，女，49岁，家庭未分家

问：在以前，家里面的钱一般都用在哪些方面？

答：以前家里比较穷，置办一些东西，买生活用品，送小孩子读书啊，村里面的老人去世啊，村里办酒啊，基本就把钱花完了。如果钱不够，供不起孩子读书了，就不读了，让孩子回到家里干农活。现在挣钱多了，吃饭已经不是太大问题了，花在教育上的钱更多了，一般只要孩子读得进，就会一直供下去。还有买新衣服啊、出去旅游啊，大家心里都会想的。我们村里的女人会自己包个车去旅游，我和我的姐妹之前去过福建一个县，当天去当天回。以前担心出去了不认识路，回不来，现

① 大张坑村上太公雷氏家谱LGJ支系。

② 石奕龙．福建畲族的婚姻状况和收养关系——以霞浦县水门乡茶岗村为例．民族研究，1997（5）：41-50.

③ 石奕龙．福建畲族的婚姻状况和收养关系——以霞浦县水门乡茶岗村为例．民族研究，1997（5）：41-50.

在不怕了，只要有钱，出租车都会把我送回来的。

2. 家庭财产的分配

“分家，是中国社会家庭增殖的一种主要方式，在畲族社会中也存在这一习俗。分家一般是指已婚兄弟间通过分割财产，从原有的大家庭分离出去的状态和过程，也就是俗话所说的‘另起炉灶，另立门户’。门户的另立自然就是一个新的家庭的产生，也就是家庭再生产的表现。”①

传统的畲族分家是按股分，一个兄弟就是一股，每个兄弟都代表了一个大家庭内不同的支系，分家就是把本在一个亲属团体里的分子，分成几个经济上独立的小团体的过程。分家过程中“分”的主要是财产，即家庭的生产、生活资料，包括田园山林、房屋住所等。而亲缘关系没有被割裂，兄弟亲戚之间依然往来密切。“分中有继，‘继’主要包含两层意思：一为继人，就是对老人的赡养义务；二是宗祧，就是要继祖先的祭祀，在一些地方继的是牌位。继的核心在于‘上以继祖先’，而‘下以继后世’。”②

在畲族传统社会中，分家时可能会留“养老田”或者“长孙田”，但如今由于农林产业所创造的经济收入在家庭比重中所占份额很小，已不再是家庭经济的主要来源，因此今天畲民分家已不再严格执行此项，不会再给长子和长孙多一点田产。大多数家庭的子女一般选择外出务工，年轻一辈并不想也不善于打理农田，因此田地一般均由在家的父母照料。现在分家，一般就是分房子，分家之后各个儿子拥有自己的炉灶，自己吃饭。并且，由于婚后小夫妻多数外出务工，长期租住或定居在外地，自己管理小家庭的收入与支出，因此财务其实早已分开，传统意义上的分家（分房子）也就只具有形式意义了。

传统分家的时间一般是结婚时或添丁时，大部分家庭是在儿子结婚之后就开始着手分家事宜。分家后，父母根据具体情况决定和谁一起住，也可以老两口单独住。目前村中老人大多数是跟小儿子住在一起，其他儿子会定期给生活费用。除了儿子结婚时分家，也有在大孙子出生之后分家的情况存在。如 LZH 家中有三个儿子，他们家分家的时候是大儿媳生下第一胎之后。这时将家里的房子平均分给三个儿子每人一个房间。

访谈对象：LLC，女，49 岁，家庭未分家

问：关于村里分家的事你了解吗？

① 周大鸣．文化人类学概论［M］．广州：中山大学出版社，2009：137.

② 周大鸣．文化人类学概论［M］．广州：中山大学出版社，2009：137.

答：分家就是家里兄弟多，自己管自己的呗。孩子多了合在一起，大人负担也重，如果有四五个儿子大家都住在一起那是不可能的，所以就分家了。分家后，每个儿子一个房间，大家仍然住在一起，但不一起吃饭，各自吃各自的。不然家里几个兄弟一起吃坐不下，一个人做饭也忙不过来。

问：分家之后父母和谁住？

答：看具体情况，要是能干活、能自己煮饭就自己住，要是实在自己不能煮饭的话就和儿子一起住，生病的话几个儿子会轮流照顾，一般不会分得特别清楚。

问：分家之后兄弟都怎么分房间？

答：背靠中堂的话，大儿子住左边第一间，二儿子住右边第一间，三儿子住左边第二间，四儿子住右边第二间，以此类推。家中父母一般情况下会跟小儿子住在一起，跟小儿子一个户口。

3. 家庭财产的继承

"畲族的家产继承有两种方式：一是兄弟平均分配财产，长子、长孙可多分点。一般父母在世时会请舅父主持分家事宜，并邀请族亲来评判。先留部分田产供父母作'养老田'，待父母去世后，再把'养老田'平均分配。但长子可多分一些，如果长子有长孙，可先抽出一部分相当于每股所分的土地，其余再按几个兄弟平均分配，一般因田地太少仅适当照顾一下长子就可以了。没有娶妻的兄弟可多得一些，余下的田地山林则进行全面的评估，按田地的好坏搭配，分为数股，由数个子女平均分配，并以抓阄为定。住房的分配，一般凭惯例'左大右小'，即长子分前左厢房，次子分前右厢房。二是不论长幼，完全平均分配田产。"[1]按照习惯，只有儿子才有权继承家产，女儿外嫁他姓即失去了财产继承的资格。

现在，大张坑村的家庭中，家庭的财产继承都是按照平均原则，不存在长子可以多得一些财产的现象。女儿虽然没有财产继承的权利，但是为表达父母对女儿的关爱，女儿出嫁时，家里收到的彩礼、红包，最后都会留给女儿。独身者去世后，其财产由兄弟继承；如果兄弟亲戚都不管的话，那就将财产充公，属于村里的公共财产。

访谈对象：LLC，女，49岁，家庭未分家

问：老人去世以后家里的财产怎么分配和继承？

① 雷伟红．浙江畲族宗法制度初探［J］．浙江工商大学学报，2010（1）：27.

答：我们这边没有什么财产分配的咯，就是儿子分家的时候分房、分田，还有山上的竹林。分的时候一般都是平均分，没有说喜欢哪个孩子就会分得多一点。

问：女儿嫁出去会不会分一点东西？

答：女儿嫁出去一般不会分什么东西，但是客人送来的红包，自己收下的礼，办喜酒开销后，如果还剩下，会给女儿带到男方家。像我们结婚的时候，亲戚会给我们送一块布料、床单，做衣服、做裤子的布，家里有多少人就带多少布。现在一般都是送钱了，例如收了四五万元，办酒席花了 2 万元，剩下的一般会给女儿，女儿如果孝顺一点的话，还会给自己的父母留一点，自己再带一点钱走。

问：如果一个人死了，但是他没有儿子、没有老婆，那么他的财产是怎么处置的呢？

答：如果死者有兄弟就分给兄弟，就像我家两个儿子，如果有一个没有媳妇，那么就给另一个哥哥或者弟弟。要是家里都没有（人）管的话，就给村子里，类似于归公。村里的人给死者办丧事的话，那么就归公，村里的人都有份；要是死者家里的兄弟给办的话那就给他的兄弟。

五、家庭功能的变迁

家庭功能不是固定不变的，也不是脱离社会而独立存在的，家庭功能总在随着社会发展而发生着变迁。在大张坑村的传统社会中，每个畲族家庭都承担着生育功能、教育功能、抚养与赡养功能等，如今这些功能正在悄悄地发生着变化，具体表现如下。

1. 家庭自给自足功能丧失

在传统社会中，每个畲族家庭都是一个自给自足的经济单位，几乎能生产一切日常所需，在衣食等方面能够完全实现自给自足。如今，大多数家庭已经不再种植口粮田，也不再自己织布制衣，从劳动力价值的最大化出发，他们宁愿选择去用打工的方式获得劳动报酬，再去市场上交换生活必需品。因此，传统家庭自给自足功能的丧失，恰恰是大张坑村经济从自给自足的小农经济迈向自由市场经济的表现。

2. 生育功能减弱

在新中国成立前，大张坑村畲民生育孩子的数量较多。新中国成立后，尤其是 20 世纪 80 年代国家开始推行计划生育政策后，党中央发布《关于控制我国人口增长问题致全体共产党员、共青团员的公开信》，提倡一对夫妇只生育一个孩子。1990年9月11日，浙江省人大根据《浙江省计划生育条例》第十五条的规定，补充规定“夫妻双方均是少数民族的，经批准，可以按计划生育第二个子女”。尽管这一政策体现了浙江省对景宁畲族自治县畲族的优惠生育政策，但相对于传统生育模式而言，两个子女的政策规定使畲族家庭的生育功能大大减弱。

3. 赡养功能弱化

近两年来，大张坑村大量青年男女外出务工、求学，劳动力资源的绝对流失，使大张坑村呈现人口“空心化”的状态，大量土地被迫丢荒，同时也出现“空巢家庭”、“空巢老人”。“养儿防老”的传统理念受到强烈冲击，青壮年子女迫于生存压力，将更多的时间和精力投入于外出学习和打工中，从时间和空间上打破了传统的赡养模式，家庭赡养功能弱化。

4. 情感和陪伴功能淡化

在大张坑村传统的居住模式中，年迈父母与年幼的孩子，均与年轻夫妻同住。年轻夫妻在日常生活中，可以较好地实现对父母的关心陪伴和对子女的教养。如今，人口流动加快不但使年迈父母与年轻夫妻分居两地，使年幼的子女与年轻夫妻分居两地，有时由于工作需要，年轻夫妻被迫分居两地。这样的分居状态往往持续数年时间，一年中只有几个月或者几个星期在一起生活。家庭成员的两地分居极大地弱化了传统家庭的情感功能、陪伴功能、对子女的教养功能，破坏了家庭成员之间的亲密关系。尤其是年轻夫妻长期分居两地，感情交流不充分，给本应稳定的婚姻带来极大冲击和挑战。

5. 传统文化习俗传承功能丧失

在传统社会中，家庭和村寨是民族传统文化习得的主要场所。人口流动的加快，使得幼儿很早就搬离传统村寨，失去了习得传统风俗文化的场域。年轻父母外出打工，使代代口耳相传的神话、传说、民间故事、山歌等的传播路径被截断。

第三节　亲属称谓制度

亲属关系的基本表达方式就是亲属称谓，通过亲属称谓，人们可以将亲疏不同的亲属加以区别。亲属称谓不仅是生物学意义上的血缘关系表达，还包含一定的社会权利和义务在内，是一个具有社会意义的体系。

调研大张坑村的亲属称谓，我们发现其总体与汉族差异不大，其独特之处在于对上门女婿有一套专门的亲属称谓制度。家中父母会称呼入赘的女婿为儿子，男方“嫁”到女方家里之后，在家中的排行跟随女方，因此即使上门女婿年龄比女方的兄姐年龄还要大，其兄姐也只能称呼其为弟弟。上门女婿与女方生育之子，其身份等同于孙子，称外公、外婆为爷爷奶奶，称姨妈为姑妈等。当家中只有两个女儿时，一个女儿外嫁，另一个女儿留家招赘，那么外嫁女儿的孩子要称呼留家招赘的女儿为姑姑，这表明其亲属称谓随女婿获得虚拟儿子地位之后发生更改。这套关于上门女婿的称谓制度表明：上门女婿获得虚拟的儿子地位，因此享受与儿子一样的权利，如财产继承、继嗣地位，可以入族谱等；承担儿子应尽的义务，如传承女方家族血脉、赡养女方父母等。

大张坑村亲属称谓的畲语国际音标注音[①]：

奶奶　a tɕi̯ä　　爷爷　ouŋ

外婆　ti̯e　p^{h}ɔ　　外公　ti̯e　kouŋ

爸爸　tjia　　妈妈　a ni̯ä

姑姑　a ku　　姑父　ku t͡ɕ^{h}i̯ʊŋ

姨妈　nia　ji　　姨父　nia ji　t͡ɕ^{h}i̯ʊŋ

叔叔　a ɕy　　婶婶　a mɔ

大伯　a pa　　大妈　t^{h}a nia

舅舅　nia　k^{h}i̯ɵu̯　　舅妈　nia　k^{h}i̯ɵu̯　mɔ

姐姐　a　tsi　　哥哥　a kɔ　　妹妹　mɔj　　弟弟　thɐi

儿子　tsɔi　　儿媳　ɕi̯ɪn p^{h}i　ɔu　　女儿　ɥy　　女婿　ɥy ʂæe̯

孙子　sun　　孙女　ɥy　sun　　外孙　wɔ　sun　　外孙女　wɔ　ɥy sun

外甥　wɔ　ʂi̯ŭŋ

（1）畲族的排行原则是“同姓排辈分，同辈排长幼”，这一条与汉族相同。取辈分字行，汉族只有同宗兄弟才有相同的排行字，而且前后辈不能重复。畲族则不然，每个姓氏都有其固定的排行字。蓝姓排行字为“大、小、百、千、万、念”，雷姓为“大、小、百、千、万”，没有“念”；钟姓为“大、小、百、万、念”，

① 根据访谈录音用国际音标标注。

没有“千”。排行字循环使用，周而复始。但在实际使用中，三姓并无严格区分，有时雷、钟二姓也使用蓝姓的六字排行。按这种周期性重复的辈分字行取名，就必然导致前后辈排行字相同的弊端。

（2）畲族在上述“大、小、百、千、万、念”的传统排行方法之外，也有按字头排行的。同宗同辈者名字的前一个字表示辈分，用同一字头，也就是将辈分字（排行字）作为名字的前缀，属“钱”字辈，其姓名即为雷钱×，属“利”字辈，其姓名即为雷利×。这种寓辈分字于名字中的排行法时代越近越流行，与汉族越接近，表明畲汉互动越来越频繁。

(3)根据LGJ提供的雷氏家谱,可以看出畲族男子,一人多名。有乳名(小名)、世名、讳民、法名，虽然不是人人都有，但一个人至少有两个名字：乳名或世名和讳名。妇女只有两个名字，即本名和讳名。如雷氏家谱中“方行一世大十四公，方贵乳名子明法贵生二子，妣氏蓝百七娘方元在祖地方达在祖地”[①]，叫雷方贵，乳名子明，法名法贵，讳名大十四公，配偶为蓝百七娘。如今大张坑村，每个人的名字一般都只有一个，四十岁及以上年龄的那辈人起名字还按辈分起，小一些的已经不按辈分取名，由父母自由取名。

第四节　畲族祠堂与祭祀

畲族在历史上没有形成统一的政权，内部也没有产生跨地域的社会管理机构，其社会整合的传统机制主要由以血缘关系为基础的家族组织和父系世系群（宗族）组织构成。同姓人比较集中的大村寨一般有祠堂。

祠堂，又称宗祠、家庙，是后人祭祀祖先和举行各种宗族活动的场所。祠堂的实物形态——屋宇建筑是古人祖先崇拜的产物。同时，祠堂又是以宗族血缘关系联结并进行各项活动的传统社会组织形式，是一张隐性的社会网络。封建时代，祠堂的影响深及社会生活各个方面。祠堂所具有的这些内涵和功用，畲汉两族是相同的。历史上的畲族大多以血缘聚族而居，居住在同一个村寨里的大多是同一姓氏，而且是同一祖宗传下来的后代。当地畲族每个村都有祠堂和“房”，“房”是家庭的亲近血缘组织，祠堂由各房构成。如三个兄弟成家立业，繁衍子孙，分别称为长房（大房）、二房、三房。每一房又分别生育子女，如树干分枝，衍生出新的长房等支房。

历史上畲族随山迁移，是以家庭或家族等为单位，三三两两小规模散点移动

① 大张坑村上太公雷氏家谱 LGJ 支系。

的。一旦选择合适的地方定居下来，则会随着时间的流逝逐渐发展成比屋相邻的同族同宗的村落，这些同村同姓者一般均为同宗，即都属于村寨肇基祖的后代。因此，同一个畲族村的村民一般属于同一个祖宗，最直接的反映就是宗祠。大张坑村建有雷氏宗祠（现已被冲毁），是惠明寺雷氏分支宗祠。祠堂是一村或几村同姓人祭祀自己先人的场所，同时又是象征家族权威的物质实体，还是畲村进行家族活动、人文教化的地方。雷氏祠堂是供奉祖宗神灵的场所，是畲族民间文化印记，建在偏僻的山坳。

一、祠堂

大张坑村雷氏祠堂是惠明寺村雷氏宗祠的分祠，是大张坑村村民供奉雷氏祖宗灵位的场所。在 LGJ、LQJ 等村民家中发现的家谱就记载了关于祠堂的建造、供奉事宜："万历年间，福建省罗源县十八都苏坑境南坑移来浙江省处州府景宁县七都包凤……种裔后散处他乡数世，祠堂……太祖灵位未妥，以今合族众等酌议，另取董理各处阁族护众等，各村地方询问常开丁口捐资，今将……景宁县六都惠明寺内面……大路旁，安着其祠，坐乾向异，创立建造祠堂，先祖灵位皆得安乐，大有之功也。裔后子孙倘得上进，所耕以读，安分守法……"

大张坑村雷氏祠堂建于 1933 年，此前大张坑村一直没有祠堂。在老村长 LYZ 家，我们发现了一本记载村民民国二十一年（1932 年）共同出资出力修建祠堂的账本，主要内容为修建祠堂各家捐助的钱财、木料、出工、饭食、砖瓦等信息。记载显示，大张坑村祠堂的开基先祖有 LSK、LTS、LJD、LYX、LCL、LMS、LYY、LTY、LSY 等。访谈得知，"文革"前村民常去祠堂祭拜祖宗，并在祭拜结束后在祠堂中聚餐。

图5-6　原祠堂废墟

笔者 2017 年 6 月到达时，该祠堂已不复存在（图 5-6 为原祠堂废墟），据村民说祠堂毁于 2016 年夏季的一场暴雨。当时祠堂里摆放的牌位数量已不可考。据村民回忆，"文革"前祠堂里面摆放有雷氏祖先二十几个牌位，后被红卫兵损坏，祭祀也随之中断。"文革"后重新恢复祭祀，但祠堂中已经没有祖先牌位了。2013 年、2014 年村民先后两次修缮了祠堂，并重新刻好牌位放置祠堂内，共有十代十四个牌位，其中有六块大的牌位（年代最早的几位太公）、八块小的牌位。通常，家里经济较宽裕的就会刻牌位，不宽裕的就不刻牌位了。一个家族中属于同一辈的亲兄弟立一块牌位，而且牌位上只刻有家中男性的名字，没有女性的名字。放置牌位的地方从下往上呈阶梯状排列，放在最前面的牌位是最先来到大张坑村的太爷爷，即雷亚六兄弟俩。在牌位前面放一张桌子，用于放祭品、蜡烛。相关资料见图 5-7。

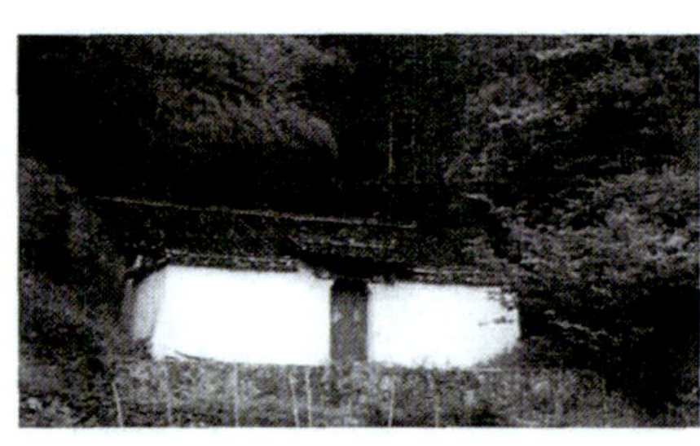

图5-7　大张坑村雷氏宗祠外景与祠堂内陈设的祖宗牌位①

2016 年，一场暴雨将祠堂冲毁，祖先牌位随之损坏和遗失。目前，仅保留下来一块牌位，存放在老村长家。我们有幸见到了这块仅存的牌位。该牌位的正上方刻着“冯翊郡”，牌位中间刻着“皇清十一世祖根有公蓝氏暨水旺公蓝氏之位”，右方刻着“十四世先考汤丐公妣蓝氏之位”，左方刻着“奉祀男雷汤丐率孙右根清根立”。相关资料见图 5-8 和图 5-9。

图5-8　在老村长LYZ家里仅存的祖宗牌位

图5-9　在老村长LYZ家发现的1933年修缮祠堂的账本

随着乡村旅游活动的开展，景宁县政府正计划出资重建祠堂，但截至 2017 年 7 月，祠堂因各种原因尚未动工。

① 王文辉．浙江景宁传统畲族民居及其保护与更新 [D]．杭州：浙江师范大学，2015.

二、祭祀

1. 祠堂祭祀

图5-10 政府宣传语

祠堂祭祀时间一般为每年二月十五、八月十五两天，祭拜时以村里相邻的七户人家为一组，轮流去祭拜。供品主要有全鸡、猪肉、蔬菜、水果、年糕等，全鸡需要过水煮一下。以前祭祀用的猪与鸡通常是自己饲养的，现在一般是从市场上购买。供品由组长当天上午去城里采买，所需费用一般为三四百元。此费用由各个家庭根据自家经济状况捐资，从十几元到三十几元不等。祭祀时一般每户人家需要派一个代表，如果没时间的话可以请兄弟姐妹代为祭祀。对于去祭拜的年龄没有限制，小孩也可以随大人去。祭祀的流程一般为：打扫卫生，擦桌子，摆供品，清理祠堂外水沟里的竹叶和杂物，点香，点蜡烛，烧纸钱。

祭祀过程中对是否磕头没有强制要求，依据村民意愿而行。在传统社会，祭拜完成后，需在祠堂外燃放鞭炮，但由于担心引发山火，政府规定禁止在天气干燥时燃放鞭炮（见图 5-10）。供奉完毕后，祭祀者将祭品带回组长家一起食用。

2. 家祭

图5-11 神龛

除了春秋两季大规模地去祠堂祭祀之外，村民也常在家进行家祭。如果说祠堂祭祀是祭祀畲民的远祖，那么家祭则是祭祀畲民的近祖。大张坑村几乎所有的村民家中二楼堂屋里都会放置神龛（见图 5-11），神龛一般钉在墙上，神龛周围贴有对联（一般由家中或族中会写对联之人书写）；神龛内设有香炉，不放置祖先牌位；神龛下面放有长条桌，有的村民会在桌内放置族谱或账本（办丧礼时用来记载各家各户送的人情）。

家祭时间一般为每月初一、十五，程序简单，只需点香祭拜即可。但每逢过年、清明、端午等重要的传统节日或家中出现了老人过世、婴儿出生等大事时，也需要进行家祭。

家祭的程序就复杂得多。家祭流程为：点香，点蜡烛，摆放供品，烧纸钱。

供品主要有猪肉、鸡、瓜子、水果、饼干、自己烧的菜等，一般没有特别严格的规定，只要是可以食用的东西都可以用来供奉。此外还会供奉茶、酒，端午的时候会供奉粽子、红蛋等。

3. 土地公祭

祭祀土地公的目的是希望土地公能保佑本村的粮食获得丰收，不受天灾、虫害、野兽之害。大张坑村的土地庙设在村尾，即村寨最下方。土地公祭分别在春夏秋冬四个季节，由村民轮流负责祭拜，具体时间为立春、谷雨、立秋、冬至四个节气。村子成员共分为四个小组，每个小组的组长由每户人家轮流担当。组长负责组织集资、购买祭祀供品等。土地公祭的供品以自家种植的粮食为主，如豆腐、年糕、豆子，尤其秋季祭祀时须将九月从稻田里收回的新米煮熟拿去土地庙祭拜，意为请土地公尝新米。也有村民会在立秋这天举行家祭，按照年龄长幼依次尝新米。此外，每年的大年三十或正月初一，各家各户也会根据自己的意愿去祭拜土地公，祈求来年能有一个好收成。

当然，如今村民们的祭祀目的与传统的祭祀目的已有很大差别，村民对于祭祀的目的和功能产生了分歧。很多村民并不认为各种祭祀能够确保神灵或祖先保佑，而只是传统风俗习惯的传承和遗留。

第五节　族谱与族规

畲族在与汉族交错杂居的过程中，受汉文化影响，开始撰写族谱。北迁定居之后，畲族接受了儒家文化，待人接物推崇温、良、恭、俭、让，代代相因，形成了具有畲族独特风格的行为准则和道德规范。畲族各姓宗谱的卷首多录有《家范》、《祖训》等，作为子孙后代为人处世的“族规”。

一、族谱

畲族谱牒，俗称族谱、宗谱，亦称家谱、家乘，是家族世代传承的历史记录。各地畲族都保存着族谱和家谱，他们与祖杖、祖图共同成为宗族组织的象征。典型的族谱一般都有“本姓源流序略”、“历朝诏封恩荣记录表”、“凤凰山祖宗故图”、“历代排行字头”、“本谱排行字头”、“本宗谱世系”、“本谱支系排列”等内容。

修族谱是头等大事，一般20～30年重修一次，请汉族秀才编撰，多为手抄本，也有少数刊印本。修谱要经历多个程序，大致内容如下。①设谱局。由族长发起，组成筹备小组。②订立章程。聘请修谱先生并制定修纂方案。③筹措资金。一般按人丁摊派，经济较宽裕的可以多出资。④征集资料。向各户收集个人、家庭详细信息。⑤取谱式。为族谱添谱序，理清脉络，记功述德。⑥定谱例。制定有关修谱的原则、规定和说明。⑦取谱名。男子谱名由名、字、行三者组成，女子仅录俗名，死者要增法名、封神职。⑧分行弟。即排字辈，分长幼辈分。⑨祭谱封谱。举行祭祀仪式，庆祝族谱编撰完成。⑩保管查阅。族谱修好后，通常由族长保管，藏于祠堂之中，以供族人查阅。①

大张坑村有两个家族支系家谱，分别是上太公与下太公家族支系家谱。现以村民 LGJ 提供的家谱为例，不同于以前由汉族秀才编撰，本村人 LZQ 老先生通过翻阅包凤村的雷氏宗谱资料，并结合村中流传下来的家谱残本，于 2009 年修撰完成《大张坑村雷氏家谱》②。这本家谱在追源溯祖方面比较翔实，但是资料不全，里面只记载了 LZQ 自己家一支的谱系，没有针对全村雷氏家族。

二、族规

畲族是一个热爱和平、与人无争、文明礼貌、勤劳朴实、热情好客的民族，保持着很多古雅、淳朴、优良的传统礼俗。在道德规范方面，畲民历来遵循祭祖尊宗的遗风，具有严格的族规和独特的禁忌。

大张坑村村民的家规未见成册的纸质文本，但是在 2016 年 11 月份，村委会推出了《大张坑村规民约》（见图 5-12），该村规民约结合了畲族传统家规、族规的精髓并且融入了现代社会的法治、伦理道德思想，促进畲民之间的和谐相处以及本村人与外来人员的友好相处。

图5-12 立于大张坑村村口的新村规民约

① 来源于景宁中国畲族博物馆。

② 大张坑村上太公雷氏家谱 LGJ 支系。

大张坑村村规民约

第一章　总　　则

第一条　为全面深化基层民主法制建设，促进解决农村基层治理中的实际问题，促进家庭和谐、邻里和洽、家园和美，保障人民群众安居乐业，加强基层政权建设，根据《中华人民共和国宪法》、《中华人民共和国村民委员会组织法》和有关法律、法规、政策，经全体大张坑村村民讨论通过，制定本村规民约。

第二条　坚持党的领导，坚持法治、德治、自治相结合，培育和践行社会主义核心价值观和当代浙江人共同价值观，倡导爱国、敬业、诚信、友善，崇德向善，传承优良传统文化，树立良好村风民风。

第三条　本村村民应该自觉遵守村规民约。党员村民要带头遵守本村规民约，充分发挥先锋模范作用。居住在本村的外来人员，参照遵守本村规民约。

第二章　婚姻家庭

第四条　遵循婚姻自由、男女平等、尊老爱幼原则，共建团结和睦家庭关系。

第五条　夫妻双方在家庭中地位平等，应互尊互谅，共同承担家庭事务，共同管理家庭财产，反对家庭暴力。

第六条　遵守计划生育政策，提倡晚婚晚育、优生优育。

第七条　子女应尽赡养老人的义务，关心老人，尊重老人。外出子女要经常回家看望父母。父母应尽抚养未成年子女和无生活能力子女的义务，不虐待儿童。

第八条　倡导立家规、传家训、树家风；倡导文明新风，喜事新办，丧事俭办，不铺张浪费，不盲目跟风攀比；不搞封建迷信活动，不搞宗派活动。

第三章　邻里关系

第九条　坚持互尊互爱、互帮互助、互让互谅，共建和谐融洽的邻里关系。

第六章　民间信仰与民俗文化

民间信仰指那些在民间广泛存在的，属于非组织的，具有自发性的一种情感寄托、崇拜以及伴随着精神信仰而发生的行为和行动。民俗文化是指民间民俗生活文化的统称，是人民群众在生产生活过程中所形成的一系列非物质的东西。本章主要介绍大张坑村的民间信仰与民俗文化。

第一节　民间信仰

一、汤夫人信仰

现存的汤夫人庙有史可考建于元顺帝至正二年（公元1342年），“文革”时幸未损毁，只是明令禁止参拜、供奉。受“文革”“破四旧”的影响，汤夫人信仰的流传陷入低迷。如今，村民对汤夫人的信仰也从大规模公开祭拜，变成私底下的活动。据村子里的老人LQZ回忆，办人民公社、集体生产劳动时，村子里仍然有人悄悄地上山祭拜。

（一）汤夫人信仰的起源

关于汤夫人的传说有很多，据汤氏夫人故居落成后发行的《汤氏夫人故居》宣传册介绍，流传最广的故事如下：汤夫人，汉族人，本名汤理，字妙玄（一说妙元），生于南宋高宗年间，景宁汤坑村人，侍父极孝、待人友善。相传汤夫人幼时曾误服仙丹，因此从小就出落得聪慧貌美。汤夫人十五岁时，她的父亲汤三公在上丘种田，苦于灌溉困难，向女儿抱怨。汤夫人不忍父亲种田辛苦，显神术用茅草茎将下丘的水引到上丘。父亲道破女儿成仙，神仙被识破，就不能留在人间，汤夫人便不得不登天成仙。升天时，汤夫人携其父共同上天，但汤三公不舍凡间繁华，留在景宁当了土地公。此后，《汤氏宗谱・宋神女传》记载，宋高宗在临安修筑宫殿时，汤夫人显神迹，献大木于朝，以供国用。木头上刻有“赤木”二字，宋高宗感念汤夫人功德，就封汤夫人为惠泽夫人，在敕木山顶造殿供奉，汤夫人的信仰由此传开。

目前，景宁县、文成县建有汤氏夫人故居、汤夫人殿、汤氏真仙庙（见图6-1）、上天殿、汤夫人庙等五处庙宇，其中汤氏真仙庙香火最为旺盛，前来祭拜的信徒络绎不绝。据大张坑村村民LGJ介绍，传说每月初一、十五是汤夫人下凡聆听民众疾苦之日，九月初九是她的生日，因此每年正月初一和重阳节这两天香火尤为旺盛，庙里摩肩接踵，人流不绝。不但在景宁、云和、文成、泰顺、平阳等省内县市，甚至福建的罗源、连江、寿宁、政和以及广东的部分县市，都有香客远道而来祭拜汤夫人。

图6-1　汤氏真仙庙

图6-2　汤氏真仙庙里的神像

（二）汤氏真仙庙

汤氏真仙庙是汤夫人修行的场所，位于敕木山山顶。传说她用仙术将石板运到山上，搭建了简易的草舍供自己栖身。汤夫人登仙后，崇敬她的人将她修行的场所改建为汤氏真仙庙，并为她塑像供信徒祭拜。山路难行，为方便上山祭拜，信徒们捐款筑路。据村民LXX介绍："上山的路主要是由景宁县各乡村的信徒捐献，每一级台阶从搬运上山到铺就需要花费70元。上山一路都立有功德碑，在连着上浦洋公路的凉亭里，并排放着一排历代的捐路功德碑。"

1. 汤氏真仙庙的布局

整个庙面向群山和天空，视野非常壮阔，面积大概只有10平方米。门前两个廊柱，刻着两幅楹联："远上夫人碛，兴中敕木山"；"西静神山真佛国，心正做神保万民"。左右两侧是一些信徒还愿送的锦旗。庙内除汤夫人神像外，两侧还有一些小神陪祀（见图6-2）。为防止烟熏，汤夫人的神像安装有铝合金的推拉窗。神像脚下设有方形供桌，以金色流苏配以龙凤刺绣的红绸布覆盖；供桌前摆了两个垫子，设有天地炉（见图6-3）和两侧的塔式烘炉（见图6-4）。前几年，大张坑村的LWL、敕木山村的LHL等畲民带领众信徒筹措善款筑路，同时改善和修建了庙里的设施，还在山顶修建了上天殿。在主殿的左侧，建了一个不足20

平方米的凉亭，柱子上刻有各地捐献的钱款数额及捐献者的姓名，凉亭墙壁上贴有《浙江省宗教事务管理条例》，右下角印有佛像。

凉亭左侧有泉水流过，泉水名为“浣香泉”，村民认为此泉水有神奇的效果，可以延年益寿，保佑家庭和睦，平平安安。据说，即使天气干旱导致其他地方也没有水时，山顶仍然有水。很多村民上山祭拜的时候，会带若干空的色拉油塑料桶，从山上携带山泉水回家饮用。

图6-3　天地炉（点香处）

图6-4　烘炉（燃烧纸钱处）

2. 祭拜汤夫人的仪式

信徒一般每月初一、十五祭拜，也可以在家人生日或者重要的节日上山祭拜。此外，九月初九是汤夫人生日，这一天和正月初一都非常隆重。传说汤夫人每月初一、十五会回到庙里，聆听百姓的疾苦和愿望，每年这个时候真仙庙都挤得水泄不通。

村民 LXX 和 LGJ 夫妇决定在农历六月初一上山祭拜汤夫人，恰好小儿子的生日也快到了，他们带了一只清煮的全鸡以及香、纸钱、水果、红酒[①]和爆竹等，为儿子求姻缘。供品不能是不干净的东西，且祭拜过程中一定要虔诚，如去祭拜的路上不能说累或路不好之类的话，这些都是对汤夫人的不尊敬。LGJ 在庙里求了一张符，据说有了这张符在家里，就仿佛汤夫人在自己家里一样，家里的所有事情都会为汤夫人所知。由于家里有两个儿子且都没有结婚，所以 LGJ 对这次祭拜的期待比较大。

在祭拜汤夫人神像前，需要先用泉水洗净双手，再用燃烧的纸逆时针绕三圈，左脚和右脚从火上绕圈跨过各一圈。待完成这些净身除秽的程序后，才能摆上祭

① 当地一种红曲酿造的米酒，因色泽暗红而得名。

品（一般是清煮的公鸡、各类水果、红白酒等），祭拜汤夫人。首先要在两边的烘炉里烧纸钱，纸钱呈扇装铺开，点燃后放到烘炉中；然后在天地炉上香；最后来到供桌前的拜垫上三叩首，向汤夫人默念，祈祷求愿。待祭拜结束以后，信徒可以收拾好带上来的供品回家自己食用。据说这些供奉过的食物，沾上了仙气，食后具有神灵保佑的功效。

图 6-5 和图 6-6 分别为上天殿和功德碑。

图6-5　上天殿（传说汤夫人在此得道登天界）

图6-6　功德碑

（三）关于汤夫人显灵的传说

关于汤夫人显灵的传说在民间流传甚广，表明汤夫人是景宁的地方保护神，上到皇帝、下到百姓都可以受到其庇佑。相关传说已经无具体年代和文字资料可考，均由百姓口耳相传。

1. 成仙显迹传说

传说一：汤夫人的父亲汤三公在山上种地时，耕地离家较远，汤夫人与妹妹每天上山给父亲送饭。一次路上遇到乞丐，汤夫人就将饭菜施舍给乞丐。汤三公听说饭菜施舍给了乞丐，称赞汤夫人行善积德。接着父亲向她抱怨，山上种地挑水灌溉不便，汤夫人便用茅草茎将水从下丘引到山上。

（讲述者：大张坑村村民 LGJ，6 月 22 日，村民家中）

传说二：汤夫人道法大成后，在敕木山山顶登仙，携父亲汤三公（另有一说，携二哥汤昭）共同上天。汤三公在半路上闻到肉香，想要留在人间，便留在景宁做了土地公，土地庙就建在汤氏真仙庙旁。

（讲述者：大张坑村村民 LGJ，6 月 22 日，村民家中）

传说三：汤夫人到文成逛街时，街上的人看到汤夫人肤若凝脂、眉如柳叶，十分美貌，惊为天人，就纷纷涌过来围观汤夫人。忽然一阵大风吹过，汤夫人就不见了，大家这才知道见到了仙人。

（讲述者：大张坑村村民 LGJ，6 月 22 日，村民家中）

2. 考验信众传说

传说一：以前有一个人去汤夫人那里拜佛，在去的路上遇到了一只老虎，老虎冲他凶猛地吼叫。但那个人一心想着上山拜汤夫人，所以老虎的吼叫并没有吓退他，他毅然向前。一阵大风吹过，老虎就不见了，原来老虎就是汤夫人变的，是为了考验他们的信仰是否虔诚。

（讲述者：大张坑村村民 LXX，6 月 22 日，村民家中）

传说二：很久以前，村子里的一个太奶奶上山祭拜汤夫人，准备了米饭和鸡蛋作为贡品，不小心用怀孕的媳妇用过的碗来装，用篮子提着赶路。因为孕妇用过的碗被视作是不洁的，结果在路上遇见了很多蛇，太奶奶就把碗放在路边，结果蛇就退去了，让出了道路。

（讲述者：大张坑村村民 LLC，6 月 20 日，村民家中）

传说三：很久以前，村子里的一个老妇人上山祭拜汤夫人，去之前沐浴更衣。走到半路，却再找不到上山的路了。无奈，只好回到家里，原来，她错拿了家里怀孕的儿媳用过的毛巾，犯了汤夫人的忌讳。

（讲述者：大张坑村村民 LLC，6 月 20 日，村民家中）

传说四：很久以前，一户人家杀了一只鸡，上山祭拜汤夫人。但是在路上一直找不到去庙里的路，不得不返回家中。原来，拿去祭拜汤夫人的全鸡，在小时候掉进过茅坑。他们不小心用这只不干净的鸡去祭拜汤夫人，就找不到平常很熟悉的上山的路了。

（讲述者：大张坑村村民 LXX，6 月 20 日，村民家中）

传说五：以前，有一个人自己不吃荤，在粽子里包了肉去祭拜汤夫人。他在路上肚子突然痛了起来，就返回家中。回到家，肚子就不疼了。原来，祭拜汤夫人全凭一颗真心，不能将自己不吃的东西祭拜汤夫人。

（讲述者：大张坑村村民 LLC，6 月 20 日，村民家中）

传说六：以前，村子里有两个兄弟，头天约定第二天一大早上山祭拜汤夫人。计划起早床出发，大哥起得很早，小弟贪睡起晚了。待他们走到草鱼塘时，却怎么也找不到平常走过很多遍的路了，只能回家。原来，祭拜汤夫人就必须说到做到，不能偷懒推脱。另外，在不利的日子也不能拜佛；有几年属相是狗的人去拜祭也很不顺，其间会生病。

（讲述者：大张坑村村民 LLC，6 月 20 日，村民家中）

传说七：很久以前，汤北村的一户人家孩子生病，妈妈抱着孩子去求汤夫人保佑，半路孩子没有呼吸了，就把孩子放在路边。因为拜汤夫人要说到做到，母亲继续上山拜汤夫人。回来的时候，却没有看到放在路边的孩子。她一路哭着回到家后，却发现孩子已经在家中，病也好了。

（讲述者：大张坑村村民 LGJ，6 月 22 日，村民家中）

图 6-7 为汤夫人的神像。

图 6-8 为汤夫人脚下摆的童鞋。

图6-7　汤夫人的神像

图6-8　汤夫人脚下摆的童鞋

（四）汤夫人保佑的主要范围

汤夫人在景宁及大张坑是个全能的地方保护神，百姓生活的方方面面都可以祈求汤夫人的保佑。“文革”时期，汤夫人信仰从公开转向隐蔽。20 世纪 80 年代后，汤夫人信仰在民间又开始大行其道，温州、广东部分县市也出现了前来参拜的香客。近年来，随着民俗文化旅游活动的推进，汤夫人信仰更是得到全面复兴。前两年，由东坑镇大张坑村的 LWL（LLC 的公公，于 2016 年去世）与鹤溪镇敕木山村的 LHL 主持募捐和修缮、兴建汤氏真仙庙的工作。除修缮原存的敕木山汤氏真仙庙和上山朝拜的石阶，还新增了汤北村的汤氏夫人故居、汤夫人殿、敕木山顶的上天殿，汤夫人信仰的影响力得到大大提升。

1. 祈雨保丰收

汤夫人在地方信仰中的第一功能就是保佑地方风调雨顺，因此在汤夫人信仰地区广泛流传着“晒神”的祭祀活动。景宁位于浙南丘陵地带，属于亚热带季风性湿润气候，受季风影响较大。雨水随着年份变化大，年降水量集中，分配不均。另外，对于敕木山周边的村民而言，梯田特色农林业对自然气候的依赖性也极强，因此祈祷汤夫人在旱季降雨是村民祭拜汤夫人的第一目的。

每当遇到旱年时，村民就会先去汤氏真仙庙祭拜，祈求汤夫人降雨救民。如果屡次祭拜都不见下雨，村民会用特制的轿子将汤夫人塑像从敕木山顶的汤氏真仙庙里抬出来，沿着草鱼塘、大张坑的路线抬到泰顺，进行“晒神”活动，直到下雨。雨下来之后，村民就献牲感谢汤夫人，又用轿子将汤夫人送回庙里。所以，至今汤北村、草鱼塘、大张坑村沿线的村子仍流传着汤夫人降雨除旱的故事。20 世纪 80 年代以后，随着农林业在百姓经济收入中的地位减弱，且现代水利工程项目的兴建极大增强了人们调节天旱的能力，景宁地区已很少有“晒神”求雨的活动。

2. 求子和求姻缘

作为女性神，汤夫人在地方信仰中具有赐予子嗣和姻缘的功能。在新中国成立前，村民祭拜汤夫人多为求风调雨水、家宅安宁，求子求姻缘。史图博在《浙江景宁敕木山畲民调查记》中，描述“一些题着词的匾和好多双女鞋，那都是作为许愿用的献品而悬挂的”。在 20 世纪 30 年代，汤氏真仙庙里有很多女性的鞋挂在两侧，祈求汤夫人赐予子嗣。经历过“文革”后，庙里的鞋子大多已遗失，但现在庙里汤夫人神像前仍然摆着一双粉色的儿童鞋，用以祈求汤夫人赐予子嗣。现在，也有很多已婚夫妻上山求子。此外，村子里年长的妇女也非常相信汤夫人能赐予子女好姻缘，因此但凡家中有适婚年龄的子女还未婚的，家人都会去祭拜汤夫人求姻缘。

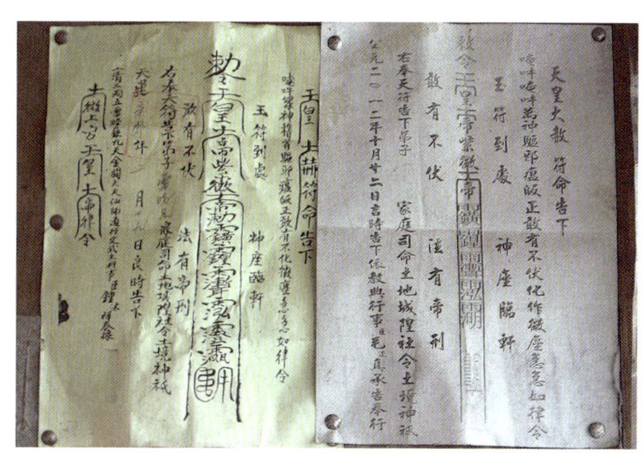

图6-9 村民家中的符

图 6-9 为村民家中的符。

3. 求功名、平安、财运等

如今，庙里的墙壁上挂着“有求必应”的大红镶金边锦旗，更多的村民上山祭拜求签，测功名、财运、姻缘，求平安等等。大张坑村村民在给孩子取名时，也常以“汤”字命名，比如给男孩取名汤朱，给女孩取名汤凤，期望得到汤夫人的护佑，使孩子能平平安安长大。大张坑村村民 LYC 家三个女儿的名字里都用了“汤”字。

山顶的汤氏真仙庙里，有两个敕木山村的解签人，他们每月初一、十五上山帮助打扫卫生并管理庙里的香火。据在庙里解签的敕木村的 LGX 说：“80 年代以后，不再有‘晒神’求雨的活动，来求签的人大部分是求功名财运，也有妇女来求子的。来庙里求签拜汤夫人，最多的还是景宁县周边的村民，很多是带着家人一起来祭拜。正月初一的时候，庙里简直都没地方下脚。”

4. 惩恶扬善

在流传的汤夫人传说的几个版本中，汤夫人都是以孝女的形象出现。其中，汤夫人给父亲送饭，并显神术用茅草茎（一说用剖开的毛竹）引下丘水灌溉上丘田，以解父亲忧虑的传说流传最广，也最为当地村民津津乐道。作为畲汉两族共同的地方信仰，汤夫人信仰中体现了鲜明的儒家孝义文化，具有教化民众的社会意义。

据村民 LGJ 说：“汤夫人对于景宁的大大小小事情都知道，知道你在我家里，知道谁信她，谁不信，也知道我们明天会去拜她。她保佑每一个善良诚实的人，也会惩戒作恶的坏人。”在此，汤夫人俨然成了村民心目中裁决善恶、主持因果报应之神，引导村民戒恶向善，起到了支撑传统道德价值观的作用。

相关资料见图 6-10 至图 6-12。

图6-10　信徒敬奉的锦旗

图6-11　汤氏真仙庙的解签人

图6-12　签语和供品全鸡

二、其他民间信仰

除汤夫人信仰外，大张坑村也有很多其他民间信仰和观念，只是随着时代的发展，这些信仰和观念正逐渐消失。

1. 树神石母崇拜

在景宁县畲族博物馆，对于景宁畲族民间信仰的介绍中，20 世纪七八十年代，村子里有树神和石母崇拜。村民朴素地认为万物有灵，将村子附近的巨大树木和形状奇特的巨石看作有灵的神，并在节日加以祭拜。在抚育儿女时常托其庇护。体现了村民对大自然的敬畏，其中包含了畲民与大自然和谐相处的朴素智慧。

2017 年 6 月 24 日，笔者与村民到敕木山顶的汤氏真仙庙祭拜途中，村民

LGJ 说：“大张坑村村民有很强的五行观念，希望孩子五行齐全。小孩出生后，缺土就拜一块神石当干妈，缺木就拜一颗生命旺盛的大树当干妈。或者小孩生病体弱，也会托付给树神石母，希望能够保佑孩子健康成长。但现在村子里已经没有这种习俗，无法寻觅原来的树神和石母。”

2. 狩猎神

作为山居民族，畲民在狩猎前都要祭拜狩猎神，祈求狩猎神保佑其多打猎物。不同于景宁县“中国畲族博物馆”中关于狩猎神（见图 6-13）的介绍，大张坑村流传的狩猎神形象是独脚独手的神。村民打猎时，会给狩猎神敬香，保佑猎手多打猎物。但是推行封山育林、保护生态的政策后，村子里已经不再打猎。只在村民的家里看到锈蚀的捕兽夹和剩下的几条猎狗。

图6-13　景宁县“中国畲族博物馆”内的狩猎神形象

3. 民间巫术

大张坑村传统社会中还流传着一些民间巫术和民间诅咒的观念。如村民 LQM 讲述自己小时候的经历后说，如果小孩不知因何生病，就会被认为是遭到了恶鬼的恐吓，父母就会在晚上睡觉时，将银针插入煮熟的鸡蛋，再用毛巾包裹，放在小儿的胸口。待天明时取针，银针若变黑即表示驱鬼成功。但现代科学实验已证明，小儿胸口能为银针与煮熟的鸡蛋提供发生化学反应的温度，银针与煮熟的鸡蛋发生化学反应后产生硫化物，导致银针变黑。可见，这其实是民间对于战胜疾病的积极心理暗示。又如，村民 LXA 会指着自家门前的梨树说，当村民不知道自家的树木为何死亡而怀疑是小人施恶时，会在死亡的树木上插上香，诅咒破坏自家财产的恶人。若被诅咒的人并未作恶，则此种诅咒非但不会伤害他，反而会报应在施咒人的身上。随着科学知识的普及，信奉民间巫术的民众已经越来越少了。

此外，大张坑村的畲族人还非常重视风水，认为风水是事情成功或者人生吉凶的关键,房子的地基、朝向的选择,举行重要活动的吉日选择等都要符合风水观念。

第二节　生 育 习 俗

大张坑畲族在生育过程中，有一系列与此相关的习俗，从孕前求子到分娩、分娩后等，都有一系列的习俗及禁忌。

一、生育习俗的基本流程

（一）孕前求子

大张坑村已婚妇女未孕前，民间有种种期盼怀孕得子的习俗，通常会采取拜汤夫人的求子方法，仪式带有神秘的色彩。因为汤夫人在大张坑村畲族民众中是一个多功能的神,其法力可以覆盖畲族生活的方方面面。其中孕前求子、孕中保佑、祈祷顺产及产后赐福给婴幼儿等，都可以拜汤夫人。

访谈对象：LQM，男，61岁，育有一儿一女

问：那妇女难产会拜汤夫人吗?

答：怀孕了就会去拜汤夫人，汤夫人会保佑她顺产，心里想着汤夫人，都会受到保佑的。小孩子长大了（三岁以上），再去拜拜，谢谢汤夫人。但是不用说出来，给了承诺不实现自己会过意不去，比如说你说要给她一只鸡，但是你没给她，就很不好。

（二）分娩习俗

在传统社会中，大张坑村妇女生产时一般在家中，由女性长辈或姐妹过来帮助接生。若产妇生产时间太长或者遭遇难产，则会从山上采草药进行催生。婴儿出生后，用加盐的艾草和菖蒲熬的草药水给婴儿洗澡，达到消毒的目的。洗完后，用质地柔软的手帕蘸清水擦洗，然后用菜油涂抹孩子全身，使婴儿皮肤滋润，不致干裂。婴儿肚子上的脐带会用麻线缠起来，等它自然脱落。婴儿胎盘会被埋于地下或路面下方，据说这样孩子比较容易带大。婴儿出生时，会拍打屁股让他哭出第一声；若哭不出来，就表示这个孩子不好养活。婴儿出生后若连续几天哭个不停，家人就会到山上采草药或者请师傅到家里做法事。

访谈对象：LQM，男，61岁，育有一儿一女

问：生孩子的时候一般由谁来接生?

答：生的时候农村里的老接生员人们是知道的，如果接生员是本村的，就是奶奶一辈、姑姑一辈接生的，也会有姐妹一辈接生。快要生的时候就把他们找过来，准备接生。

问：给小孩子和孕妇洗澡吗？

答：接生员把小孩子接过去洗，用脚盆，放热水，有的会在热水里放盐，这样对小孩子的皮肤好一点。有的草药就会挂在门口，端午节会挂两种草，一种是艾草，另一种是菖蒲。两种合起来放在锅里熬好，加一点盐，这样洗对孩子皮肤好。生孩子的人也可以用这个水洗澡，接生婆就跟赤脚医生一样。

访谈对象：LQJ，女，70 岁

问：产妇如果好几天生不出来的话，会怎么做？

答：以前老一辈的时候，会到山上采草药，现在人们都是去医院了。

问：小孩子肚子上的脐带会剪掉么？

答：跟妈妈肚子连着的那里会用剪刀剪掉的啦，但是小孩子肚子上的那个会用麻线把它捆一下，然后等过了五六天就会自己掉下来了，就会直接把它丢掉了，因为它比较短。

问：小孩子生下来后，胎盘会怎么办？

答：那个是要埋起来的，是埋在土里的，有的人会把它埋在路下面，这样小孩子就会好带一点的。

问：小孩子刚出生的时候不哭怎么办？要是连续哭很长时间怎么办？

答：孩子不哭的话就会打屁股，再不哭就表示很不好养活了；连续哭就让他哭咯，我们也没办法啦。有的人家会请会用草药的先生，也有的人家会请先生做法事。

问：你们抱刚生下来小孩的时候，用什么包？要注意什么？

答：用布，一般用青色、灰色的布来包小孩，背带用蓝色或灰色的布。但是不能用白布，这是不吉利的，别的什么颜色都可以。

（三）产后调养

生下孩子之后，丈夫会到娘家报生，娘家的人第二天会带着事先准备好的鸡蛋、红糖、鸡肉和婴儿衣服过来探望产妇。产妇要按照传统习俗卧床静养一个月，由家人照顾饮食起居。哺乳期会进食各种有营养的肉类食物如猪肉、鸡汤等，但一般要求清淡、不放盐或少放盐，以利产妇生奶水。若产妇哺乳期奶水不足或无奶水时，会给产妇饮食中添加草药或将猪奶边的肥肉熬煮成食物食用。

访谈对象：LQM，男，61 岁

问：怎么告诉妻子的娘家人生孩子的喜讯？

答：以前会提前说好什么时候会生，他们会提前赶过来的，要是来不及，第二天来也可以的。他们会拿几只鸡给他们女儿吃。他们一到，我们就把鸡杀给我老婆吃，他们也会过来帮忙做饭，他们就想女儿能吃好一点。家里有养多一些鸡就多吃，养少就少吃。

访谈对象：LQJ，女，70 岁

问：娘家人来看产妇的时候，会带什么东西？

答：我们这里带鸡过来的都很少，就是带着几个生鸡蛋和红糖给女儿吃，现在会给小孩子带衣服、带鸡，以前是没有的啦。男女是没有差别的。

问：产妇没有奶水的话怎么办？

答：没有奶水的话，就会给孩子吃米糊；有的人会去山上采草药，加上猪奶边的肥肉熬在一起给产妇吃，有的人有效果，有的人没效果，那就只能吃米糊了；产妇要少吃辛辣、上火的东西。

（四）婴儿养育

婴儿出生后，最初吃母乳，几个月之后吃米糊或者鸡蛋。不同性别的婴儿的衣服和鞋子样式不同，不能混穿：男孩服饰颜色以蓝、灰、青为主；女孩服饰颜色以花色、红色为主。婴儿刚出生时会给孩子取名，取名要注意不能跟长辈的字头相同，出生一两年后才会给孩子取小名，通常会取贱名，如小狗（畲语：gao zui），或者带有汤字的名字，如男的叫汤朱，女的叫汤凤（也会成为正式的名字）。取贱名和小名，既表示亲昵的意思，也希望贱名或汤夫人保佑孩子可以更好养活。婴儿被吓到或生病时会找“请佛师傅”，他会在婴儿的帽子上画符并念咒语，戴上一晚或者更久的时间为宜；夭折的孩子会直接埋到山上，不用立坟和办丧事。

访谈对象：LQM，男，61 岁

问：男女小孩子穿的衣服鞋子一样吗？

答：以前男孩子不能穿女孩子的衣服，女孩子也不能穿男孩子的衣服。小男孩的衣服一般都是蓝色和灰色的，小女孩的衣服一般都是花的、红的，也有青色的。小孩子的鞋子都是布鞋，小男孩是蓝色的布鞋，小女孩会做花一点的鞋子。小孩子的鞋底也是布的，小的时候用的是一层布，柔软一点，他们又不用走路。长大了用两三层布做鞋垫。

问：会给小孩子取小名吗？什么时候取小名？

答：会给小孩子取名字的，出生就可以开始取了，取名字不能跟上辈的字头一样，一辈有一辈的字。长大点，一两岁才会取小名，我们这里男的就叫男孩（畲语发音：zui ding），女的就叫小女（畲语发音：nu zui），也有叫小狗的（畲语发音：gao zui）。这样的名字会好养一点，还有取名里面带汤字，汤夫人会保佑的。比如说，男的叫汤朱，女的叫汤凤，现在还有人会取这个名字。

问：那孩子生病有没有“叫魂”的？

答：会有一种“请佛师傅”，把小孩戴在头上的帽子拿下来，写一个字，画一个符。用这个手（右手），用这个手指（小拇指），哈一口气，他就前后左右画来画去，同时念一个咒语。在帽子上画完就会还给小孩子戴上。如果夜晚画了，到了次日早上就会舒服起来。最少要过一个晚上，小孩子戴在头上不能取下来，最好是戴两三天都不取下来。有小孩子这样治好的。如果小孩子一个人在路上走或路上跳一跳，“魂”就会掉，是给别人吓掉了。这样得找“请佛师傅”，叫回小孩子的魂。

访谈对象：LQJ，女，70 岁

问：孩子生病的时候怎么办？

答：会给他戴银的东西在手上，像铃铛那些东西。

问：村里有没有生双胞胎的？

答：村里生双胞胎的很少，只有几个，有几胎都是领一个的（只有一个存活下来），不知道怎么的，另一个是带不起来的。都是差不多生下来几天就死了，他的家人就在山上给他挖个坑埋进去了，不用立墓碑，也不用办丧事。

二、生育禁忌

生育禁忌是约束生育行为的准则，是积淀在人们心灵深处的神秘文化现象，是属于社会心理层面的民俗信仰，集功利性、神秘性和经验性为一体。生育禁忌所有的禁忌内容都是直接服务于生育新生命这一目的，不管是直接的禁忌还是防范性措施，民众普遍认为这些是有益而无害的，是人们在长期发展过程中的经验总结，是不用探究理由的。生育禁忌中，有的具有保障妇女生育健康的作用，例如怀孕后不能干重活，产后要坐月子，不能吹过堂风等。但也有一些属于没有科学依据的迷信。

（1）饮食禁忌：孕妇不能吃过夜的鸡肉，不然婴儿出生会有病痛；不能吃未经宰杀就死的动物，不然会死胎。孕妇怀孕时不能吃太酸的食物，哺乳期要少吃辛辣、上火的食物，煮鸡汤不能放盐，不然会影响孩子的身体健康。

（2）生活禁忌：孕妇不能干重活；孕妇的房间不能钉钉子，不然会对孩子的眼睛和身体不好；孕妇不能接近拿刀或拿剪刀的人，免得割掉孩子的某个器官。产妇坐月子的时候不能出门访友，免得吹风，对身体不好。在《浙江省少数民族志》中也有记载："孕妇忌坐门槛、坐布袋、跨牛绳，否则会难产；忌看木偶戏，否则会生怪胎。"

访谈对象：LQJ，女，70 岁

问：孕妇住的房子能不能钉钉子或者乱放别的东西？

答：孩子没满月不能钉，钉了会对孩子有害，老一辈的人是这么说的，这样对小孩子的眼睛有伤害，也有保不住孩子的。

问：孕妇的饮食有什么要注意的吗？

答：怀孕时不能吃太酸的食物，对孩子不太好；孕妇不能接近拿刀的人；生了孩子之后，吃的东西不能放盐，要清淡。

问：坐月子的时候能不能出去？

答：那是不能出去的，怕被风吹到，对身体健康是很不好的，但是别人可以来看望她。

访谈对象：LQM，男，61 岁

问：你们这边女的怀孕的时候不能干什么？

答：不能干重活，不能挑担子，不能挑大米。

问：有不能吃的东西吗？

答：死鸡不能吃，也不能吃过夜的死东西，自己家杀的可以吃。如果吃过夜的鸡，有的手不会动，有的会半边风痛，有的全身风痛，全身风痛，人就没用了。吴山头有个老人家，到我们这里来吃酒，吃酒的时候吃了过夜的鸡肉，过了两个小时，脚就会痛起来，这就是风痛咯。他现在都不吃鸡的啦，如果是鸭，他就会夹一点吃。

生育禁忌是一种特殊的生育文化，它的产生和发展受生产力发展水平的制约。

正如马克思指出的那样，按照自己的物质生产水平而生产出社会关系的人，也生产出观念范畴。随着经济水平、生活水平以及医疗卫生水平和科学技术水平的提高，大张坑村畲民的一部分生育禁忌已经消失，他们也逐渐拥有了一种健康科学的生育观。

三、婴幼儿的人生礼仪

（一）“三旦酒”仪式

大张坑村孩子出生的第三天会举行“三旦酒”仪式，“三旦酒”是家庭庆贺添人进口的仪式，也是标志新生儿脱离母体降生人世的象征性仪式。举行“三旦酒”仪式时，通常会通过给太公[①]供奉一只鸡及一些年糕的方式告知祖宗家里添丁。家里条件不允许的，也可以推迟几天或者直接办满月酒。

访谈对象：LQM，男，61 岁

问：生小孩子要办酒席吗？

答：要的，小孩子生下来三天后要办酒席，叫“三旦酒”。有的人来不及也会推迟几天，但是现在过了一个月才办酒席，有的两个月才办，都不一样了。会请亲戚朋友及村里的人一起来吃酒席。

访谈对象：LZL，男，74 岁

问：有没有请人到家里做法事的？

答：有的人家有，孩子出生了，过了三天就会杀一只鸡来叫个太公（家里楼上供奉的祖宗），把鸡给他吃，做一点年糕，供奉他，告诉他家里生了一个孩子。这是家里令人高兴的事，所以就会告诉太公。生孩子是好事，叫做“奉”，不同的事情叫的方法不一样。

（二）剃满月发

婴儿满月的当天，要请专门的剃头先生剃满月头，称为满月仪式。经过这一仪式，意味着婴儿可以走出家门进入社会。剃头前要清洗干净，剃下来的头发收起来，弄成团状。根据这个团的不同特征来判断孩子的身体状况，如果这个发团又硬又黑，说明这个孩子身体好，好养活；如果发团很软且发黄，孩子可能活不过几天。剃完之后，在婴儿头上滚带壳的熟鸡蛋，滚完之后，抹上菜油，这样头发会长得齐一点。发团会被保存下来，挂在房梁上，用作药材止血，一般保存一年左右。

① 太公指的是家里供奉的祖先。在大张坑村，分为上太公和下太公两大支系。

图 6-14 为剃头师傅。

图6-14　剃头师傅

访谈对象：LZL，男，74 岁，给村里剃了三十多个满月头

问：你们这边会剃满月头吗?

答：会，剃完之后，会用煮熟的带壳的鸡蛋在他头上滚一滚，然后再用菜油抹一抹，这样他的头发会长得齐一点；把剃完的头发收起来，用两只手搓成一个球，如果发团又软又黄，则说明这个孩子身体很不好。头发会放在房梁上，放在房梁上好找。用一些毛竹片给它插在房梁上，就不会掉了。不管什么房梁都可以。还可以做药用，如果哪个地方伤了，血止不住，用它做药马上就止血了。

问：剃头前需要洗澡吗?

答：不需要洗澡，要洗头的，不洗剃不下来，胎头比较脏，比较臭。因为小孩子生下来会洗澡，但是一个月不会天天洗，头上有一层黏黏的东西。我原来当兵的时候学的剃头，已经剃了三十多个满月头，用那种手动的剃头刮刀。

问：非要满月当天剃吗?

答：需要满月当天剃的，满月当天什么时间都可以，晚上也行。

问：剃下的胎头发是给自己用吗?

答：随便一个人都可以，很灵的。

问：这个头发什么时候都能用吗?

答：是啊，有的人受伤了，需要用就给他取下来用，用完了就扔掉了。如果一直没有用它，过年打扫卫生就会把它扔掉。如果是六月份以后出生也可能会放到第二年。

（三）周岁“开口荤”仪式

孩子一周岁的时候会有“开口荤”仪式，给孩子吃他可以消化的荤食，第一口一定要是鱼肉，吃点肉，喝点鱼汤就行。“开口荤”仪式是希望孩子在此之后可以吃更多食物，岁岁平安，逐渐长大成人。也有的人在小孩子出生后第三天的时候，给孩子喂碎的米饭，这样做的寓意是让孩子不挑食，多吃食物，快快长大。

访谈对象：LQJ，女，70 岁

问：你们在孩子一岁或者十八岁的时候有没有为他做特别的事？

答：一岁的时候会有“开口荤”，第一口一定要让他吃鱼，不是吃肉，是喝鱼汤。之后随便给他吃，吃鸡蛋，或给他吃他喜欢吃的荤菜。十八岁时就没什么啦。

四、生育观念

所谓生育观念，就是人们对生育问题相对稳定的看法和主张，也是指人们对于家庭的生育功能的基本认识及所持的态度。人们的生育观念与社会发展的不同阶段、不同国家乃至不同家庭的社会伦理观念和价值观念都有着密切的联系。[①]生育观念的实质是人们在生育问题上多方面价值取向的总和。大张坑村村民的生育观念主要体现在以下四个方面。

（一）无生育时间禁忌

在汉族传统社会中，婴儿出生的时间有很多讲究和禁忌，人们经常会在婴儿出生后，根据出生日期测算命运。如果有婴儿出生日期与父母八字不合，或出生在恶日恶月（比如五月初五，民间传言端午节是猛兽毒虫得势之时，这天出生的孩子会克父克母），婴儿将被丢掉或杀死。直到今天，这种陋习在偏远的汉族村落中仍有遗传。而在大张坑村畲民中，无论传统社会还是现代社会，村民们不会在意婴儿的出生时间，比如村里有一位老人表示，自己的儿子就是五月初五出生的，如今儿子已经长大成人，也没有发生过不好的事情。

（二）无重男轻女观念

传统汉族社会中，重男轻女观念十分严重，甚至“生女留长，余悉溺之”。但大张坑村畲民普遍不在意孩子的性别，认为男女都一样，正如畲歌云：“生男生女都一样，男耕女织养子孙”，“世上男女都一样，夫王莫看女儿轻”。畲族家庭没有丢弃女婴的现象，认为只无论男女都是自己的后代。而且他们认为，虽然生男孩可以增加劳动力，但生女儿更好，不但可以通过招上门女婿解决劳动力问题，还能多一个儿子为自己养老送终，更可以省下娶媳妇的钱。正因为如此，大张坑村的招婿行为十分普遍且不受歧视。

（三）从推崇“多子多福”向“只生一个好”转变

传统社会中，大张坑村家庭的人口生育率较高，每对夫妻生育 3 ～ 8 个孩子

① 何立婴，刘晓明，张希坡，马有才．中国女性百科全书·婚姻家庭卷 [M]．沈阳：东北大学出版社，1995：222.

不等，而现在普遍每对夫妻生育一两个孩子。带来这种观念转变的原因主要有以下几点。

第一，政府计划生育政策的影响。计划生育在全国范围内广泛实行后，浙江省规定夫妻双方均是少数民族，或者夫妻双方均是农业户口，一方是少数民族且具有本省两代以上户籍的，经批准可生育第二个孩子。此后，大张坑村人口出生率逐渐减少，大部分家庭生育两个孩子，也有双职工响应国家政策只生一个孩子。大张坑村隶属于东坑镇，东坑镇政府在推进计划生育政策的过程中，一方面给予了自觉执行计划生育政策的村民各种优惠政策，如免费优先安排参加农村实用技术培训，优先安排农村扶贫救济项目，按规定给予补助等，从而大大提高了村民执行计划生育政策的积极性。

第二，医疗条件改善。在传统社会中，由于医疗卫生条件较差，婴儿死亡率较高，所以大张坑村的畲民一般情况下会多生几个孩子，以满足家庭劳动力的需求和延续香火。如今，大张坑村的育龄夫妇，可以享受县妇幼保健站提供的免费优生检测和优生优育指导，大大提高了胎儿的成活率。与此同时，随着节育知识的推广和普及，育龄夫妇能够更好地控制生育数量。

第三，生育成本增加。随着经济发展水平的提高，生育成本也在增加，包括教育成本、婚姻成本等等，生育数量过多会引起家庭负担过重。2014 年，景宁县计划生育政策逐渐放开，允许少数民族前两胎是女儿的再生第三胎，但是大张坑村的出生人口也没有出现大幅度增加，更多的年轻人只愿生育一个孩子。

第三节　节 日 习 俗

在传统社会中，大张坑村畲族的主要节日有“三月三”、清明节、端午节、春节等。调研发现，畲族传统节日“三月三”的特色正在逐渐消失。

（一）“三月三”

“三月三”是畲族的传统节日，这一天畲族要热闹地聚于一堂、吃乌米饭。他们从山上采一种叫乌稔树的野生植物的叶子，捣碎取汁，然后用黑色的汁液给糯米染色，放在木甑里蒸熟。这种乌米饭色泽蓝绿乌黑，并带油光，吃到嘴里香软可口。由于乌稔叶有防腐、开脾作用，将乌米饭用苎麻袋装起来，挂于通风阴凉处，数日不馊。如果再加上猪油熟炒，更加味美可口，因此有“一家蒸十家香”之说。

但现在村子里只有少数人家仍然会在“三月三”做乌米饭，大部分村民不再吃乌米饭，也不再重视“三月三”了。

（二）清明节

清明节是祭祖的节日，大张坑村畲族也不例外。每年清明节及其前后，畲族家人都会从村外回来，先去墓地祭拜近祖，再回家到二楼的神龛祭拜远祖，最后轮流去祠堂祭拜祖先。墓地一般离家较远，远的离村子数十公里。

清明粿是由糯米和粳米制作而成的小吃，主要是用各种菜做成的，是清明节供品。据村民雷利钟介绍，清明节当天村里每家都会制作清明粿，将糯米磨成粉，加上艾草汁和面，将染成青色的面摊成饼状，在其中包上笋干、炒熟的熟肉粒等。将包好的清明粿放在山茶树的叶子上，搁在蒸笼屉里蒸，熟后的清明粿自带一股山茶香，十分清香美味。

（三）端午节

端午节是汉族的一个传统节日，也是畲族人一年中的重大节日，在这一天，村民家家采粽叶包粽子，在家中二楼中厅的神龛里焚香，用豆腐、鸡、猪肉等祭祖。在县政府的组织下，村子里也会举办包粽子比赛，并为优胜者颁发“包粽子能手”的荣誉证书（见图 6-15）。

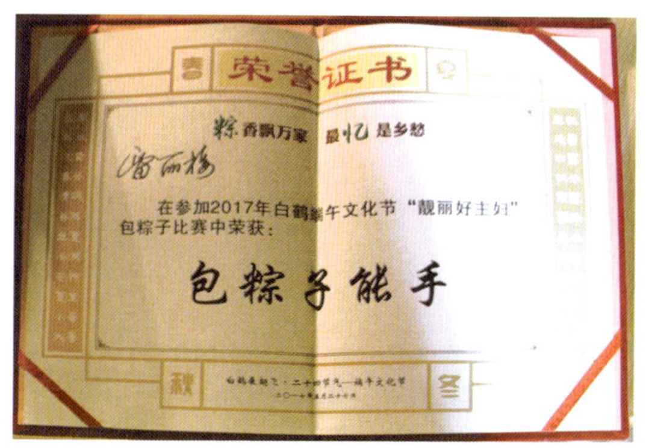

图6-15 村民“包粽子能手”的奖状

（四）春节

春节是畲族人民的传统节日，人们纷纷从外地赶回大张坑村团聚，相互串门道喜，备办三牲厚礼祭祖。畲族人过春节时有“杀年猪”的风俗，“杀年猪”是村子过年气氛最浓厚的时刻。村民杀好年猪后，会分一部分给家中没有养猪的亲友，多余的猪肉会腌制起来，慢慢食用。以前大张坑村的村民在山上散养猪，每家养十多头，两家为一组，轮流看护。自 2016 年政府为保护生态环境而禁止散养猪之后，村民就不再自己养猪，因此“杀年猪”的习俗已经消失，现在春节常去市场上购买需要食用和祭祀的猪肉。

畲族同汉族一样，有春节贴对联的习俗，但不同于汉族将春联贴在大门两侧，而是直接贴在敞开式中堂的几根梁柱上及中堂的两侧，也有人家直接在梁柱上题写对联。畲族人也会在大年夜一起吃团圆饭，给压岁红包，全家一起守岁，放爆竹。

祭祖是畲族人在春节要举行的重要活动。畲族人会在家中二楼的神龛前，祭拜自己的三代先人，献上供品年糕、全鸡、豆腐、猪肉等，焚香烧纸，祭拜祖先，祈求祖先保佑子孙健健康康、幸福快乐。过年的时候也会在厨房祭祀灶神。畲族人祭拜灶神，只是在灶台上放一个简易的香炉，燃香祈祷。

第四节　丧葬习俗

一、丧葬方式

20 世纪 90 年代前，大张坑村畲族实行首葬加“二次葬”的丧葬方式。20 世纪 90 年代全国推行火葬之后，大张坑村畲族的“二次葬”习俗自然消失，将逝者的尸体火化后葬于山间。

（一）首葬

逝者过背[①]后，用备好的棺木收敛后停放在中堂，家人请风水先生算个好日子出殡。出殡当天需要办酒宴请亲朋好友和村民们。然后将棺材抬到村子东边的山头，摆在用石头砌成的地基上，在棺材上盖以瓦片，任尸体自然风化。

（二）“二次葬”

二次葬又称“洗骨葬”，是指首葬两三年后，待尸体腐烂，家人请风水先生挑个好日子，开棺洗骨、拾骨，将其放入专门的罐子（当地俗称金瓶缸）中，进行二次下葬。然后起坟立碑，碑上刻逝者的名字，左下角刻上子孙的名字。据村民 LYZ 说：“尸体腐烂得越快，表明逝者走得越安心。假如开棺拾骨时，逝者的肉身没有腐烂完全，就需要请专门的老司[②]剔肉取骨，将骨头装到陶罐中下葬。贫穷的家庭只能将死者简陋地埋葬在山中，富裕的人家会凿石为墓。如果逝者子孙不顺，往往会认为是先人墓葬的风水不好，会迁坟再葬。”“二次葬”也需要

① 过背：当地对于去世的委婉说法。

② 老司：当地对具有某一方面专业技能人员的称呼，如称木工为木老司，称铁匠为铁老司。

宴请亲朋好友和村民乡亲，要请风水先生挑选一个大利的日子和墓葬的位置。“二次葬”只适合老人，早夭的孩子只能用木板做的盒子，运到山上用石头或泥巴掩埋且不立碑；中年早逝的，只能用木板制作的棺材，堆土封坟。

图 6-16 为大张坑村的上太公坟墓。

图6-16　大张坑村的上太公坟墓

二、丧葬礼仪

（一）制作棺木

自家去山上砍伐桑树，可以在逝者生前准备好棺材。制作棺材的木板块数应该是奇数（7 块或者 9 块）。请村子里四位福禄双全与逝者不相冲的男人抬棺，如果不够，可以由逝者的儿子或者女婿抬棺。村子里非常敬重抬棺的人，会专门为他们准备红包（一般是 150 元），买烟（一般是 20 多元的烟）。

（二）选择墓地

年老的人，在去世之前就开始找风水先生（大张坑村的畲族一般到泰顺县去找风水先生），卜算一个大利年月和大利的山头。在生前筑好坟墓，立碑。村民 LLC 的公公 LWL 在 2016 年去世，却早在 2006 年就筑好了墓。选中的墓地如果不是在自己的山头，就得和主人换地或者买地。现在的坟墓一般为石头垒砌的，坟墓的大小也反映着主家的富裕程度，越大而美观的墓表明主家越富有，逝者越有名望。坟墓的建造大概要用两三万元，多的会花上十几万元。村民 LYZ 介绍，火葬（运费、火化、骨灰盒）加起来大概要用一千多元。

（三）买水浴尸

畲家人在去世后，有非常奇特的买水浴尸的习俗。由逝者的女性亲属在河边点香烧纸，唱买水歌，舀水回家烧开，给逝者洗净身体，换上准备好的寿衣、帽子、袜子、鞋子、被子，在棺底铺上草席，将逝者放入棺木中。在村民 LLC 家，我们发现了《买水洗澡歌》的手抄版（见图 6-17），现将文字录入如下：

我娘过阴眠在床，兄弟孙叔来思量
思量买水娘洗浴，浴乃洗了见阎王
买水洗浴出厅背，手拿铜钱井中来
手擎伞子遮明月，手擎面盆未撑来
手挚铜钱去买水，眼泪纷纷落拿来
买水洗浴出门楼，一头行路一头哭
手擎伞子遮明月，眼泪纷纷流身头
买水洗浴门楼过，相着没娘是在过
手擎伞子遮明月，眼泪纷纷身前过。
……

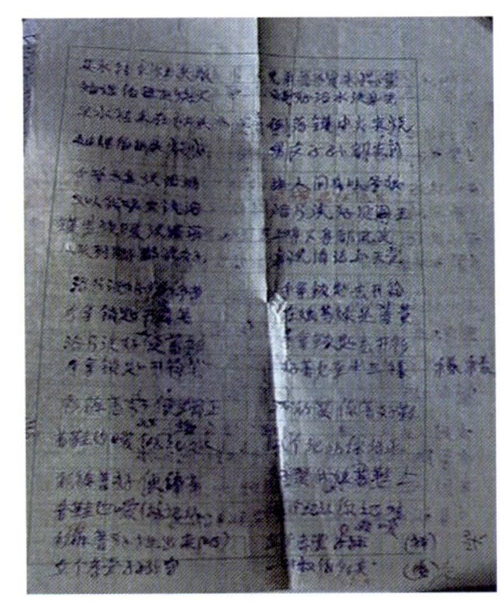

图6-17　村民LLC家的《买水洗澡歌》手抄版

（四）停棺守孝

亡人入棺后，在中堂设孝堂，用自家织的原色麻布，挂下垂帘。棺材前设置供桌，桌前摆放全鸡、年糕、豆腐，以及六个杯子。用竹筒点香，放三碗饭。在供桌前放置一个烧纸钱的火盆和供人祭拜的拜垫。

棺木停在中堂，棺材需要停放在中堂正中，不能偏左也不能偏右，表示对待子孙后人不偏不倚、福分均分，棺材的前端要与梁柱齐平。子女兄弟姐妹瞻仰遗容后，才能合棺。中堂两侧摆上长凳，家里亲友和村民来到家里，在中堂祭奠亡人。

男性戴白色的短帽，媳妇或者女儿戴长帽（帽子后面拖着一条白巾），衣服反穿戴孝，以示和平常区别开来。至亲需要在腰上绑孝布，干的儿子、女儿在手臂上绑孝布。守孝的人在棺材两侧的长凳上守夜，一般两到五天，直至出殡为止。子女哭孝，前来吊唁的人会唱山歌劝慰。守夜时，亲友相互聊天。妇女哭孝，哭声越大表示越孝顺。

图 6-18 为村民 LLC 家的男性孝服。

（五）出殡下葬

出殡的日子，与家中的其他人的八字不能相冲。来吊唁的宾客如果冲属相或者冲八字，就不能近前祭拜，需要站在远处或转身回避。村子里有一户人家，老人去世，但日子与家中其他人八字相冲，就在家中停棺达一个月之久。他们白天干活，晚上守孝。

实行火葬后，会将棺材抬到公路上，把尸体送去火化，棺材就地焚烧，由逝者儿子将骨灰取回埋葬。如果下葬日子不是大利，就将骨灰坛放在一侧，坟墓的口半封。待选好大利的日子，将骨灰坛移至墓穴正中，封好坟墓。送骨灰盒下葬时，需要带上指路灯、烧纸锅、活的公鸡及香等祭拜逝者。

图6-18　村民LLC家的男性孝服

（六）请香火、偷公鸡

据村民 LLC 说，下葬后，需要从坟头上取回点燃的香火，挑回公鸡。可以把公鸡在半路放生或者带回家中，带回家的公鸡需要在三天内被人偷去，主家非但不会咒骂偷公鸡的人，反而会非常感谢他。公鸡越早被偷去，表明逝者走得越安详；公鸡没人偷，则被视为不吉利的事情，只能将公鸡养到自然死亡。从坟墓上取回的香火，插入二楼神龛的香炉里，是请逝者的灵魂随家人回到家中，享受家人的供奉，不会在外漂泊。

（七）宴席及随礼

20 世纪 90 年代实行火化后，只需要在出殡时办一次宴席即可。酒席一般是自己做，桌子、碗、菜刀、砧板可以向其他人家借。桌数较多时，可以在邻居家里摆酒席。酒席招待宾客时需饮酒，以前用自家酿的红酒（用糯米和红曲酿造的酒），现在用米烧酒和啤酒招待宾客。宾客人多的时候，会在中堂预留位置给舅舅，以示尊敬。

亲戚朋友和乡邻前来参加宴席时，均会送上一份礼金，家远或者有事不能到者，可以将随礼托他人带到。会有专人将宾客姓名和随礼的金额记录下来，待日后亲戚朋友有类似事情随礼时作为参考。所有来参加宴席的宾客都会收到回礼，一般是肥皂、毛巾、雨伞等，礼到人未到的宾客，回礼会多一包烟。

三、丧葬禁忌

大张坑村的丧葬习俗中存在着大量的丧葬禁忌，这些禁忌在丧葬礼仪中规约着参加丧葬者的言行和心理。

（一）早夭或者自杀（不到 60 岁）者，不能建坟立碑

大张坑村的畲族人认为 60 岁以上逝世的人为寿终正寝，可以举行正式的葬礼后安葬。未满 60 岁的则被视为“短命死”，需要等到其生辰满 60 岁才能正式下葬。新生儿、小孩早夭或者不满 60 岁自杀或横死病逝的人，都不能建坟立碑。夭折孩子的尸体，一般先掩埋于山里挖的土坑中，然后待他们的长辈逝世建墓立碑时，在墓旁挖一个小坑随葬。中年早逝的人火化后，收殓骨灰，埋在土里或者天然干燥的洞穴里，等到生年加上逝去的年数满 60 岁，才能单独建墓立碑。在立碑之前，家人不会祭祀不满 60 岁的逝者。

（二）压岁（冲历）禁忌

压岁是指生者与逝者的年岁差相冲，犯了忌讳。一般以相差 7 岁为基准，逢 9 为冲岁（如与死者相差 7，16，25，…，$7+(n-1)\times 9$ 岁的即是与死者压岁）。与死者的年龄压岁的，就需要在葬礼时回避，不能进中堂祭奠死者，否则死者的“棺木杀”会冲了生者。抬棺木的男性尤其不能与逝者压岁。

村民 LQM 的母亲逝世时，LQM 与母亲压岁，就不能送母亲出殡，只能在家等待。据 LQM 讲述，以前村里有个女人，与逝者相隔的年岁正好冲历，在逝者盖棺出殡时，不小心碰了一下门，受到死者冲撞，当时就突然肚子疼痛，回到家中不到两天就去世了。

（三）守七禁忌

大张坑村畲族“守七”，只守一个七，不同于云和县畲族要守七个七。在“守七”过程中，逝者的儿子不能理发，需要守完才能理发；在守七过程中，只有脱掉孝服，才可以去其他人家串门拜访。

（四）其他禁忌

在大张坑村的畲族丧葬禁忌中，还有孕妇回避的禁忌，产妇需满月后才可以参加；夫妻合葬禁忌，先后去世的夫妻，若去世的时间或八字相冲，不能合葬，只能选择分开葬在不同的山头，否则会影响逝者的后代；婚礼与葬礼相撞的禁忌，村里不能同时举办婚礼和葬礼，举行婚礼的人家会避开葬礼，以免相互冲撞，对结婚的新人和下葬的逝者都不利。

第七章　口头文学、服饰文化与民居

文学艺术是指借助语言、表演、造型等手段塑造典型的形象以反映社会生活的意识形式，属于社会意识形态。唱山歌是畲族民间极具群众性的文化、生活形式，无论是节庆场合，还是日常社会交往及生产劳动中，以歌代言、以歌传情、以歌较智的生动感人场面到处可见。同时，畲族人民在历史的积淀下，也形成了别具一格的服饰与建筑风格。畲族人民的口头文学、服饰文化和建筑艺术均是中华民族文化宝库中不可缺少的组成部分。

第一节　口头文学——山哈歌

畲族山歌在大张坑村又被称为“山哈歌”，也有学者称之为“七言歌”。畲族山哈歌是畲族人民生产生活中的重要娱乐方式。畲族山哈歌是畲族人民表达内心情感的重要方式，表现出畲族人民质朴直爽、开朗豁达的民族性格。山哈歌里记述的畲族迁徙历程，表现出畲族人民不畏艰险、坚韧不屈的民族精神。

一、“山哈歌”的分类和特点

（一）“山哈歌”的分类

“山哈歌”按题材可分为历史歌、嫁女歌、情歌、劳动歌、生活歌、杂歌、故事歌、解放歌等，是畲族人民传承历史文化和表达情感的重要工具。历史歌记述了畲族的创世神话和祖先传说；情歌表现了畲族人民对待爱情的诚挚忠贞；婚礼歌表现出畲族人对待婚姻的喜悦和欣喜；丧礼歌表现出畲族人对亲人过背的伤痛和哀伤。

历史歌的代表作是《高皇歌》、《火烧天、火烧地歌》等，如：

亲养三子生端正，皇帝殿里去罗姓。
大子盘装姓盘字，二子篮装便姓蓝。
第三细崽正一岁，皇帝殿里罗名来。
雷公云头响得好，笔头落纸便姓雷。

忠勇受封在朝中，亲养三子女一宫。

招得军丁为驸马，女婿本来是姓钟。

——节选自《高皇歌》[①]

嫁女歌的代表作是《女大出嫁》、《新娘起身》、《赤郎送礼》等，如：

女：亲家婆，亲家公，日夜忙忙没得空。

正是大户人嫁女，分人传念好门风。

男：厨子老师及走堂，妻姆煮饭一同忙。

阿姨烧茶又温酒，成夜忙碌透天光。

——节选自《新娘起身》

情歌的代表作是《有缘歌》、《梦娘歌》、《想郎管家》等，如：

男：日想娘，夜想娘，日夜想娘来思量。

天上星子无缘女，唔随我来随月光。

女：日想郎，夜想郎，日夜想郎眼愁黄。

三顿食饭饭没味，夜里眠床想天光。

——节选自《有缘歌》

劳动歌的代表作是《采茶歌》、《种田歌》、《作棉歌》等，如：

唱：二月采茶是新春，李树开花白似银，

满山茶树油油绿，蓖蓖茶树抽嫩莛。

对：二月采茶茶叶开，手拎茶篮上山背。

大姐巧大采巧少，采多采少转回来。

——节选自《采茶歌》

生活歌的代表作有《启蒙歌（细崽歌）》、《学字歌》、《细崽百岁歌》等，如：

一笔落纸字弯弯，学好字来写歌源。

歌源写在白纸上，分人传唱真喜欢。

二笔落纸字写正，教字也要老先生。

先生教你用心学，莫来心邪讲唔听。

——节选自《学字歌》

① 节选的山歌均引自《畲族长联歌选》，雷群芳、雷汤花等编著。

杂歌的代表作有《对歌》、《争高歌》、《猜歌》等，如：

唱：问你什那三角尖，问你什那歪南山，
　　问你什那直直竖，什那手会指上天。
对：铁铸犁头三角尖，铁铸梨壁歪南山，
　　木做犁尖直直竖，木做犁手指上天。

——节选自《猜歌》

故事歌的代表有《汤夫人传歌》、《梁山伯与祝英台》、《洪武出天门》等，如：

汤氏夫人显灵多，村村接去又杀鹅。
六月大晒求何水，求得水来好荫禾。

——节选自《汤夫人传歌》

解放歌的代表有《歌颂党和毛主席》、《歌颂红军》、《歌颂新社会》、《共产党领导好》等，如：

五字写来五浦花，红军头戴红星花。
拼着老命打天下，刀山火海都唔怕。

——节选自《歌颂红军》

东方日头出来红，中国出个毛泽东。
领导穷人打天下，穷人翻身歌来唱。
公元一九四九年，正是浙江解放年。
处处荡荡解放了，穷人百姓快活仙。
解放炮火响连天，山哈人人多喜欢。
桶王擎来当鼓打，共产解放万万年。
解放了，出头天，农民分地又分田。
勤力郎子做何食，何食何使日子甜。
山哈翻身笑盈盈，分田分地分果林。
子归娘来田归主，锄头落泥是何劲。

——节选自《共产党领导好》

图 7-1 为村民 LLC 家的《畲族高皇歌》。

图7-1　村民LLC家的《畲族高皇歌》

（二）山哈歌的社交功能

由于畲族有语言没文字，所以在漫长的历史中，山哈歌（简称“山歌”）承担了传承本民族历史文化、教授日常劳动技能、交流情感等功能，其中社交功能是山哈歌的一个重要功能。

1. 山歌迎客

据村民 LGJ 介绍，当村子里来了客人的时候，全村的人都会集中到来客人者家里的中堂，把客人围起来唱歌，客人需要用歌声回应。客人唱歌后，才能离去。如果不会唱山歌，也需要临时编词吟唱。否侧，村子里来迎接的人就会用多种方式捉弄他，淳朴的村民用这种特别热情的山歌对唱来表达对客人的欢迎。据村民 LGJ 说，景宁县每年都会举办山歌比赛。可以即兴创作，她现场即兴演唱了一首山歌，其大意是“欢迎你们的到来，我也没有什么招待的，只有一些白开水给你们，你们能到我家里来坐一会我感到很荣幸”。

如今随着村里的年轻人外流得越来越多，年轻人说畲语的机会越来越少，已经没有多少年轻人会唱畲族山歌了，甚至不会说畲语，也听不懂畲语唱的山歌了。因此，山歌迎客的风俗也就不再流传了，但村子里仍然有妇女会即兴创作迎客歌。

2. 山歌致悲

据村民 LLC 说，在葬礼上，逝者的亲友和村民会来到孝堂，村子里年长的女性在棺材两边唱“哭歌”，比如对奔丧者的迎接词《接娘家哭歌》，或者即兴创作劝慰逝者的子女节哀惜身的山歌。

现在村子里，葬礼上仍然有唱“哭歌”的风俗，但只有少数几个妇女才会唱了，歌词多为即兴创作的，用以打发守夜的寂寞和夜晚的困意。

3. 山歌求亲

据村民 LQM 说，在畲族男女交往和婚礼上，从娶方送礼担到女方家至新娘坐红轿出门的全套礼仪中，几乎都以歌代言。比如《借镬歌》是赤郎（男方歌手）进厨房时所唱的歌，做宴席的所有厨房炊具、柴火等，都要以歌相借。传统讨亲时，需要男女双方对唱一天一夜，整个婚礼被欢乐、风趣的歌声充满。

现在村子里几乎没有会唱“喜歌”的人了，由于年轻人都外出求学或打工了，几乎没有时间和机会学习“喜歌”，嫁方送礼、讨亲等婚俗流程上都没有专门的赤郎了。大张坑村里只有 4 个年长的村民会即兴创作或就着歌本唱歌，偶尔能够即兴创作供宾客娱乐，给新人增添一份喜气。

4. 山歌传史

不同历史时期的山哈歌有不同的内容，传统社会中有关于畲族早期历史的《高皇歌》，歌中叙述畲族始祖忠勇王的非凡身世及其经历、业绩和民族起源。新中国成立初期，畲民也创作了不少解放歌，这些歌曲代表了新中国成立初期畲族人民的精神文化活动。同时，在畲族山歌潜移默化的传播和传承中，这些歌颂党的红色山歌也成为独具特色的爱国主义教育方式。

（三）山哈歌的特点

1. 题材广泛

在生产生活中，畲族人常常以歌抒情、以歌言志。村民 LGJ 说畲族人可以在任何时候、任何地点唱任何东西。口才好的人能够即兴创作，种地耕作时就唱劳作的歌，对着山水就唱山水歌，遇着节日就唱节日歌，红白喜事，都以山歌来表达自己的喜怒哀乐。

2. 偶句押韵

村民 LYZ 编辑的《金秋拾零》中介绍，畲族山歌，以七字为一句，以四句为一条。歌词要悦耳好听，第一句和第二句的末尾的字都要押韵，第三句可押可不押，第四句又要押韵。这样的歌词唱出来顺耳动听、朗朗上口。

3. 形式多样

通常情况下，畲族山哈歌多为独唱，也有合唱和男女对唱。对唱多见于婚礼歌和男女情歌中，双方你来我往，既是对口才的考验，也是对人品的了解。迎客和劳作时，多采用独唱，节奏较慢且自由，一般不用乐器伴奏和舞蹈表演。演唱时，夹有“哩、啰、啊、嘞”等虚词音，连绵的歌声、高亢悦耳的音量，都是用假音唱出来，畲族山哈歌非常注重运用假音来演唱。

4. 曲调单一

畲族山哈歌的演唱一般有固定的曲调，七字一句、四句一条的结构使得畲族山哈歌的格式较为单一，局限于固定的曲调。虽然歌曲的题材和类型有很多，但大都是在保持曲调不变的情况下的填词，对于当下的年轻人缺乏新鲜感和节奏感。

二、大张坑村山哈歌的发展现状

当前大张坑村山哈歌的发展现状不容乐观，随着年轻人外出求学和打工人数的增多，会唱山歌的人越来越少，目前整个村子会唱山歌的只有 4 个中年村民和一个 98 岁的老奶奶。而 20 多岁及以下的年轻人，平常多用普通话交流，已经不会说畲语，更谈不上用畲语唱山歌了。分析其中原因，主要有以下几点。

（一）山哈歌的使用场合有限

村子里在葬礼和婚礼上会有专门的人唱山歌，或者到景宁县参加山歌比赛。在生产劳动和迎客、节日里已经很少有人唱山歌了。特别是在村庄的年轻群体中，几乎没有会唱山歌的。虽然景宁县每年都举办“三月三”庆祝活动，每次活动都会单独安排一个单元进行“山哈歌”演唱比赛，邀请景宁县各个村寨的民间唱歌能手，同台竞技。但这种对歌已经远离了老百姓的日常生活场景，卷入的歌手也只是畲族中的极少部分。

（二）山哈歌的受众小而集中

畲族的山哈歌一般用畲语演唱，除了本民族的人，不懂畲语的人很难理解歌词的意思。即使翻译成汉语，也不能体会用畲语演唱的美感和趣味。语言的隔阂使得山哈歌不能很好地向外推广。

（三）山哈歌传统的传承环境遭到破坏

大张坑村的小学关闭以后，村里的小孩都去东坑镇或景宁县上小学去了。从小就离开父母和家，在学校接受教育，使儿童丧失了习得传统文化的环境，对畲族语言和山哈歌都很陌生。

（四）山哈歌的娱乐地位下降

互联网和电视等多媒体的普及，使得大张坑存的畲家人能够获得更多的娱乐方式。传媒技术的进步改变了畲家人的生活方式和娱乐方式。看电视成了畲家人茶余饭后主要的消遣娱乐方式。家电下乡，村民每家都有电视。虽然丰富了村民的娱乐生活，但也消解了乡村聚在一起聊天唱歌的娱乐模式。在现代化的娱乐方式急剧增加的情况下，唱山哈歌已经不再是人们首选的娱乐方式。

第二节　传统服饰

任何民族的服饰都具有双重性，一方面是为了遮蔽身体和取暖，另一方面则是为了体现自己的审美趣味，表现本民族向往美、追求美的天性，畲族服装也不例外。畲族传统服饰多由畲民自织的麻布制成，颜色以深蓝与深黑为主。男性服饰与邻近汉族十分相似，特色并不明显，畲族服饰中特色最鲜明的应为女性服饰，尤其是凤凰装，具有鲜明的民族风格，衣领、袖口和右襟多镶花边。

1. 畲族传统服饰——凤凰装

“凤凰装” 是千百年来畲族妇女神圣的吉祥物，其整体造型之完美让人感叹不已，整体装束色彩绚丽、端庄热烈，行走起来，婀娜多姿，美如凤凰，畲族女子新婚时多着此装。

畲族女子的凤凰装随年龄的不同，严格区分为大、小、老三种。大凤凰装要求盘发髻于头顶成截筒高帽式，搭配饰以银制凤冠，以红头绳高高扎起头髻，象征凤凰髻；衣裳、围裙（合手巾）上用大红、桃红、杏黄及金银丝线镶绣出五彩缤纷的花边图案，象征凤凰的颈项、腰身和美丽的羽毛；扎在腰后的两片飘垂至膝部的彩色绣花腰带，缀以金边和丝絮，随风飘扬，象征凤尾；围兜象征凤凰的腹部；手腕镯铃、头上的银饰片、耳坠和胸前“圆形玉玺”金饰上垂挂的饰片等身上金银饰品所发出的响声，象征凤凰的鸣啭。小凤凰装为未成年女子穿着，样式与穿法同大凤凰装无异，只是相对简约，显得单纯、活泼可爱。而老凤凰装则为老年妇女穿着，头髻较低，衣服和腰带的颜色、花纹也较为单一，体现出庄重、沉稳的老年风采。

2. 发式与凤冠

各地凤凰装服饰样式虽然大同小异，但因历史上畲族不断迁徙，使得服饰也各具特色。凤凰装衣饰区别不大，主要在于其独特的发式。常见的发式有以下三类：福建罗源的凤头式、福建福安的凤身式、浙江景宁的雄冠式。据同治《景宁县志》载，景宁畲族妇女通常使用一根精制的银箔包的竹制发筒，外包以红布，竹筒直径约 1 寸、长约 3 寸。上端有一条细长的红布同棱柱体支架饰有薄银片的底连在一起，形似半圆。前面高挑银钗，挂有 8 串蓝色玻璃珠；珠接木质发针，使串珠环绕发髻后能够固定；木针处又接铜链和银发针；正前高挑红色的璎珞，给人以璀璨斑斓的装饰效果。

图7-2　村民LLC的婆婆1989年（时年五十岁）穿上出嫁时的嫁衣留影

据村民 LGJ 介绍，畲民的凤冠分为两种。一种凤冠又称“公主顶”，用银打制，以月牙形银盖、银簪、银片、银花组成，配有银帘，由 7 至 9 串银饰片组成，悬挂于凤冠正面，银片錾有凤凰、蝴蝶、梅花纹或鱼纹等。凤冠一生只戴三次，首次为出嫁时戴，第二次为婚后农历正月回娘家探亲时戴，最后一次是去世时戴着入葬，让祖先相认。传统的凤冠是分体式，由几个部分做成，价格不菲。另一种是日常佩戴的简易的凤冠，与传统发式相配，形制相对简单，还挂有银制的耳掏、牙签等生活用品小件。这种简单的凤冠是畲族妇女每天必戴的装饰物，早晨起床后，在厨房做饭或者下地干活都必须戴好，否则就被视为没有教养、懒惰无礼。

如今，大张坑村的畲民除了大型的娱乐活动或者旅游表演外，其余时间并不会穿畲族的民族服饰，更多地穿牛仔裤和 T 恤、夹克或西装，更不会戴凤冠了。访谈村民发现，村子里四五十岁的村民都没有穿过民族服装，只有 80 多岁的老人表示年轻的时候穿过。

相关资料如图 7-2 至图 7-5 所示。

图7-3　LYY老人1986年穿传统服饰留影纪念，时年56岁

图7-4　妇女主任LGJ在戴改良后的凤冠

图7-5　妇女主任与其丈夫穿改良后的畲族服装合影

3. 凤纹

如果说凤凰装的造型是对凤凰崇拜观念的整体表征，那么凤凰装上的凤纹就是这一观念的细化。凤纹是凤凰装上的主要纹样，遍布凤凰装的各个部位，从头顶的凤冠到脚下的凤鞋都绣有千姿百态的凤纹。

汉族历代服饰中的凤凰图案，一般造型精美细腻，显得雍容华贵，且自明清以来有着固定的形象，即由锦鸡的头、鹦鹉的嘴、孔雀的颈、鸳鸯的身、大鹏的翅、仙鹤的足、孔雀的毛、公鸡的冠所组成的综合体。而凤凰装上的凤纹形象没有固定的形式，形态变化多端、自由丰富，有的凤形象似雀鸟，有的突出锦鸡的形象，有的取孔雀的丰满的尾羽等。

畲族的凤纹（见图 7-6）独具民族特色，主要有两种形式。一种是抽象造型，这类凤纹主要以简练的线条来勾勒，具有很强的抽象简化性，凤的头、身、尾都被抽象为简单的几何形式。另一种是采用稚拙的表现手法，这类凤造型经过概括和提炼，凤形体简练、单纯、古拙，形态自由丰富，与汉族传统的凤纹造型有着较大差异，体现出畲族人民独特的审美情趣。

图7-6　凤凰装上的凤纹

如今，为了发展民族风情旅游，景宁县给大张坑畲民每人定制了一套畲族服饰，每逢畲族传统节日或有游客前来旅游参观，村民就会穿上畲族服饰以展现畲族的传统文化。这些服饰大都经过了改良，改良后的畲族服饰，既完整地保留了畲族本民族的文化内涵，又使畲族服饰色彩更加艳丽。尤其是凤冠也得到改良，凤冠不再是由分体的几部分组成，而是变成了一个整体。这样就免去了将配件一件件扎到头上的烦琐过程，只要将成形的凤冠戴在头上就可以了，穿戴比较方便。

第三节　民居——山哈土楼

畲族民居主要聚居在浙江省和福建省山区的丘陵、山谷盆地。景宁县的畲族聚居村寨一般都在离县城不远的大山里，畲民建房时一般选择避风向阳、有水源的地方建造房屋，村民称之为山哈土楼。山哈土楼是畲族人民与自然和谐共处的建筑样式，体现了畲民的生态智慧，具有非常高的生态和艺术价值。

一、山哈土楼的样式和布局

大张坑村保留着完整的山哈土楼(见图7-7)建筑群，整个村子共有37幢土楼(只有1栋现代化的钢筋水泥建筑），构成了独具特色的畲家村寨。大张坑村畲民沿山开辟出梯田，在山坡平整出小块的平地，建造木结构的泥墙瓦房，即为我们今天看到的山哈土楼了。由于景宁畲族自治县位于浙江省南部，气候温暖湿润，雨量充沛，日照时间少。景宁靠海，夏季受台风影响大，因此畲族的土楼一般只建两层，房屋的朝向一般坐北朝南，也有因为风水和特殊的局部地貌朝东南方向的。畲民会将屋前的小块平地设置为院落，种些花草，既是为了观赏，也是为了营造好的风水。

图7-7　大张坑村的山哈土楼

历史上的畲民大多并不富裕，所以建筑材料一般就地取材，并根据已有木材尺寸而确定建筑的规模大小。因此，畲族民居没有固定规模，大小开间也各不相同。但无论规模大小，畲族民居均追求以中堂为中轴呈左右对称格局分布，以木墙、土院、黑瓦围合，以木梁、木柱式为结构，多以泥土（现在多用砖石）夯筑两侧山墙。一般而言，由四架三间两进二层楼组成的单独院落供一户人家居住。伴随着儿子们逐渐长大成家、分家，就会紧挨原住宅进行扩建，将原有的三间横向扩至五间或七间，中堂、神龛、院落则由兄弟几家共用。在大张坑村中，五间两进两层楼的土楼是大张坑村最多的住宅样式。七间两进二层楼的住宅只有两家，是经过了数代人的分家扩建而成的。

房屋居中敞开的为中厅，一般称为中堂（见图 7-8），完全敞开不设门，是举行婚礼、葬礼、会客、宴请宾客，以及日常制作工具、放置杂物的主要场所。传统土楼中堂的地面为泥土夯实而成，如今则由水泥浇筑而成，更加干净平整。在一楼中堂会设一面木板墙，用来将中堂与后院分开，畲族人有的将这木板墙称为“香火壁”。我们在大张坑村看到，很多家庭的“香火壁”上贴了毛主席画像或举办婚礼的大红囍字。此外，有的人家还在中堂挂有日历、温度计和日常使用的生活工具，或者停放摩托车等交通工具。

图7-8　村民LYQ家贴着大红囍字的中堂

左右两侧设有厢房，一般将右边厢房作为餐厅或客厅使用，餐桌下设有火盆，以供冬天烤火取暖用，所以又称暖间。餐厅里侧会放置电视和茶几，当客人少且关系较亲近时，也可以在左边厢房会客。同时奉上自家炒制的绿茶和点心，点心一般是腌制的蕨根及炒好的花生、瓜子或杨梅。若客人多且不太熟悉时，则在中堂接待。左边厢房一般作为卧室使用，不会请客人入内，卧室里的床一般为朝东放置。两侧的厢房都向南开小窗，过去为窗格蒙以窗户纸，现在多为玻璃铝合金的小窗。山地多雾，湿气重，因此畲民一般会敞开窗户。卧室地板一般用木板架空抬高，既是为了隔潮也是为了防止昆虫侵害。富裕的人家会将两边厢房都用木板抬高，也有使用地板砖装饰的。

图 7-9 为暖间餐桌下的火炉。

图7-9 暖间餐桌下的火炉

中堂香火壁上开有两个门，都直接通往后院与厨房，当地称这两扇门为“上头门”，有的家庭只开一侧门。畲族的厨房非常有特色，采光通风性能良好、防火性能高、功能布局合理。厨房与房屋后面的石砌山体自然相连，使山体自然合围，将后院与厨房围成一个半封闭空间。靠山体的部分一般设置为蓄水池（见图 7-10），山上的溪水被引入凿好的石制或木制水槽后，溢出并进入养鱼池（见图 7-11）中，构成完整的“自来水”系统。靠近水沟的地方也是畲族人家洗漱的场所，污水直接顺着水沟排出，既可以养鱼，也有利于保持家居环境卫生。

图7-10 畲族的蓄水池

图7-11 畲族“自来水”系统中的养鱼池

灶台（见图 7-12）和水沟的方向一般为垂直，这源于风水中水火不相容的说法。灶台上设有灶神的祭台（一般是插着香的香炉），有一大一小两口锅，小的一般用于炒菜，大的一般用于煮饭或烧开水。在大锅底下，设有借助煮饭的火烧开水的器具，一次大概可以烧两壶。灶台上方铺有屋顶，但并未与山墙完全接上，以便排放做饭所产生的油烟。

此外，后院的东侧一般搭建饲养家禽的矮棚，西侧设置养猪的猪圈，猪圈旁设置厕所。2016 年，政府限制养猪后，大多数家庭将猪圈改为喂养兔子的棚屋。

图7-12　畲族的灶台

顺着厨房的楼梯上到二楼，中厅靠北墙壁设有祖宗神龛（见图 7-13），用于祭祀祖先，两侧房间既可居住，也可用于仓储。畲民生活简朴，住宅空间的功能分区不是很明显，家里孩子多的话，也可以在二楼居住。一般二楼两边的厢房用于储存粮食（一般以大米为主）和其他生活资料，厨房上面的隔板堆放生活工具和柴草等。有的畲民家庭，二楼后面开门即可通到屋后的高地或菜地。

图7-13　二楼设置的用于供奉祖先的神龛

畲族家里都设有前廊，前廊完全由廊柱支撑，与敞开的中堂紧密相连。大张坑村开始发展民俗风情旅游后，由政府出资在 37 户山哈土楼的廊檐下挂满了红灯笼，每晚 8 点至 10 点，由专人负责拉闸供电，点亮灯笼。由于大张坑村的土楼分布为顺山势而上，因此错落有致的灯笼使大张坑村的夜景格外美丽。2017 年 1 月 23 日，央视曾围绕“幸福过大年”主题，以大张坑村 LQX 一家四代同堂其乐融融团聚吃年夜饭为题材，记录了 LQX 一家过年的故事。重点拍摄了畲族一家人祭灶神、吃团年饭、唱畲族山歌、看篝火表演等传统年俗活动。如今，大张坑村的夜景有媲美“布达拉宫”夜景的说法。

与前廊相连的是前院，大张坑村的山哈土楼多为半封闭或开放式住宅，也有部分人家在前院砌筑高围墙，防止家禽外飞被野兽所伤。前院一般在两侧开门，以方便行走。

图 7-14 和图 7-15 分别为一楼平面图和二楼平面图。

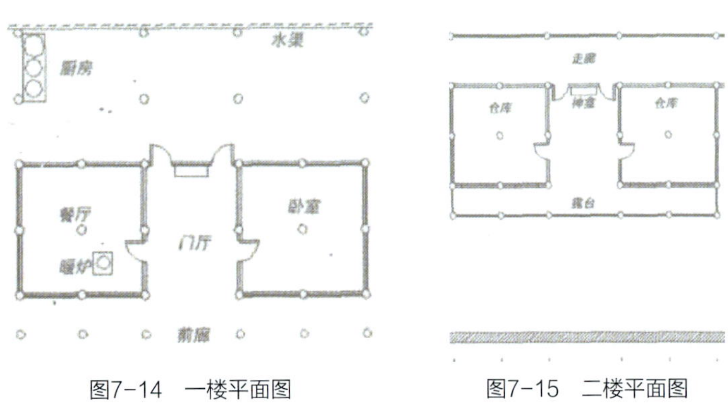

图7-14　一楼平面图　　图7-15　二楼平面图

二、山哈土楼的特点

山哈土楼是畲族在漫长的山居生活中发展起来的民居样式，既是对山地生活的适应，又充分彰显了畲族的传统文化。

（一）风水观念贯穿其中

畲族在漫长的山居生活中，积累了丰富而宝贵的山居经验，体现在日常生活中，则表现出较强的风水观念。人们认为房屋如果有好的风水，则可以保佑家宅安宁、财源广进。据村民 LYZ 说，大张坑村的风水就非常好，背靠敕木山主峰，两侧对称的山头形成左右扶手状，村民称其为双凤造型，村脚有溪水缓缓流过。村民在自建房屋时，非常重视房屋的选址、朝向，会请专门的风水先生来相看并测算最佳破土日期和上梁日期。此外，房屋建成之后，还会根据风水先生的建议在房前屋后栽种风水树。每年春季，敞开式的中堂梁柱上时有燕子衔泥筑窝，人与燕子和谐共居，人声与鸟鸣此起彼伏，充分表明山哈土楼与自然环境融为一体，形成了“天人合一”的居住环境。

（二）建筑结构精巧

山哈土楼建筑结构十分精巧，具体体现为每一栋土楼都巧妙地利用了山地地势和山泉流向，形成“自来水”系统和排水系统，这在没有自来水系统的传统社会里，显得非常重要。土楼一般背靠山体，并在背靠山体的部分建造厨房，这样便于接纳直接从山体中涌出的山泉，利用打通的毛竹，可以顺利地将山泉水引入后院厨房中。同时，借助山体的自然围合功能，可以减少建筑耗材的损耗。搭建厨房顶部时，建成半封闭状态，有助于排放厨房油烟。在水槽的下方建排水沟，有两个作用：一方面能保证日夜渗出的泉水及时地被排放出去，不致淹没厨房地面；另一方面能及时地排放生活污水。仅从厨房和后院的设计中，我们便能充分体会到山哈土楼建筑结构之精巧，这是畲民在长期的山居生活中积累而成的智慧结晶。

（三）木雕工艺精美

畲族民居常常就地取材，并充分加以利用。山居民族常常将木制工艺发展到较高工艺，大张坑村的山哈土楼以斗梁穿拱的方式搭起双层木制屋架，简洁而实用。每栋房屋都有雕工精美的木刻工艺（见图 7-16），其中，横梁等采用阴刻手法，牛腿和雀替则是双面透雕。图案包括山居民族热爱的大自然中的动植物、山水，也包括寓意吉祥的龙凤、狮子、蝙蝠、莲花等图案，充分表现了畲族人民对美好生活的追求和向往。

图7-16　村民家屋檐下的天官骑狮雕刻

（四）家族凝聚功能显著

大张坑村以五间两进二层木楼的住宅居多，且都是兄弟二人以中堂为界分居两侧的两间厢房，这种敞开式建筑俗称排屋（见图 7-17）。兄弟分家后，仍然共住在排屋中，共用中堂、二楼中厅的神龛、院落等。村民 LYZ 说：“畲家人兄弟分家后仍然住在一起，长房分居左边，末房分居右边，取左为大之意。分房时，请本家的叔伯辈主持分家，分家后中堂和二楼放置神龛的中厅是共用的，祭祖仍然一起祭祖，不分先后，院子一般也是公共的，一般不会拆了重建。如果儿子很多，可能会在旁边另外选地盖房。”可见排屋的居住形式，使得畲族兄弟即使分家了，仍然在日常生活中保持紧密联系，有助于增强家族内在的凝聚力。

图7-17 大张坑村里的排屋

三、“山哈土楼”的建造步骤

（一）选择建屋场所

在自己的宅基地或者和其他人换地，请风水先生（住在澄照乡）到屋场，用罗盘定好中轴线（罗盘不能接地，需要放在铺开的一斤左右的大米上）。风水先生根据周围的山势和水流，选择好屋场的中轴线（插两根钎选定），再以此为中轴，按预先设计的房屋面积，定好屋脚的四个点。村子里的房屋，都根据周围的山势，选择朝向。以屋场左右两边有青山拱卫环绕、背后靠山、屋场远处有山、屋侧流水环绕为风水上佳之地。畲族人民这种风水观念可能是对汉族风水文化的采借，也表现出自身对大自然的理解，注重与自然和谐相处。

（二）选日子

畲族人民在日常生产生活中非常重视风水，希望在大利的日子进行重要的活动，认为好的风水是事情成功的重要因素。体现在民居上，主要是选择屋场，破土动工，砍伐作为主梁（当地方言称栋梁）使用的杉树，上主梁。新屋入住的日子需翻看皇历，慎重选择大吉大利的时日。当地人认为，在大利的日子里完成建造房屋的重要程序或者仪式，可以使主家房屋财源广进、家人平安幸福。

（三）选材

建筑山哈土楼选用的木材主要是杉木和松木，主梁必须选用杉木。村民 LYZ 说：“房子的主梁一般用杉木，因为杉木密度大，防虫蛀。其他的梁木可以选择松树等。全部使用杉木，则表明主人家富裕。”“作为主梁使用的杉木，必须是一个树根上抽出新树干的杉木（见图 7-18）。畲家人伐木取材时，会挑一个好日子，由主家在头天准备好香、纸等祭品，第二天祭拜树木。木老司会只砍下成材的主树干，留下新生长出来的小树干，并在树木上缠上红色的布条。砍倒树木时，树的朝向也非常重要，必须让它往山上倒，不能朝山下倒。抬起树木后就不能再落地，直到运回家放在已经搭建好的木架子上。由木老司去皮取材，留下树梢的树枝，待盖好房子后悬挂在西边的主梁下。主梁需要两头一样大小，一般选用树梢那端直径超过 18 厘米的杉木。”

村民 LLC 说：“我家建房时，是在很久之前就定下了主梁，请泰顺那边的风水先生选定吉日，写好挂在房梁上的红纸。我们家砍伐主梁的日子和上梁的吉日相隔一个月。从择定吉日砍伐杉木的三四天前，就用红布将杉木包好，告诉别人是自家的主梁树。在砍伐的头天需要探好、清理好运回家的道路。树木砍倒后，朝向非常重要，必须向山上倒，寓意新居蒸蒸日上、靠山稳定。”

图 7-19 为砍伐后的杉木抽芽。

图7-18　敕木山上的抽枝杉木

图7-19　砍伐后的杉木抽芽

（四）破土动工

当所有的准备工作完成后，山哈土楼就可以开建了。

1. 破土仪式和平地基

畲家传统山哈建筑都是依山傍水而建，因此建房的第一步就是平整地基。大利之日，请两个村子里父母双全的壮年男子破土动工，在屋场的下部锄三下，上部锄四下，则完成破土仪式。破土仪式完成后，要给请来破土动工的男子各封一个红包。

完成破土仪式后，需要做地基。在没有通公路前，村子有建房的人家，全村的男性劳动力会来义务帮助平整地基，待下次其他人建房时，主人家也会去义务帮忙。通公路后，村民会请挖掘机过来平整屋基。平整屋基时，需要修挡土墙，挡土墙高者可达四米左右。

2. 做量高

量高是在没有卷尺时制造的长度测量工具。村民建房时，一般要制造两个量高，一长一短，长的量高用于确定主要梁柱的榫空，上面写“壹富、贰贵、叁财、肆慧、伍富、陆寿、柒子、捌孙、玖子、拾全”等字，这些字既是确定屋梁长度的特定词汇，也是吉祥祝福的话语。待房子搭好之后，长量高会放置在主梁下，不能再移动，保佑主家福寿满屋、瑞气盈堂。短的量高主要用于装修房间时的测量。量高是建房过程中非常重要的工具，当地人严禁女性从上面跨过。

（五）立梁柱

做好地基后，首先要在屋场上安装好每根柱子下面的垫脚石，然后立柱。前边用绳子将搭好的梁架拉起，后边用撑杆顶着梁架，慢慢地移动到预先设置好的垫脚石上。垫脚石需要由砸石头的老司打磨出平整的石头，若不平整则屋子不稳。整个起架的过程需要整个村子里的壮年男性（三四十人）一起帮忙，大家喊着号子，每个人各有分工，齐心协力地立好房屋的主要梁柱。现在，立梁柱的底座也有很多是用水泥砌成的。

（六）上主梁

畲族人对于做主梁非常重视，他们认为家里除了父母，主梁是最大的。主梁从伐回来后就要一直放置在木架上，不能落地。等到上梁的吉日，在两个小时内由木老司用斧子和刨子取出梯形的方块，两头要一般大小。其他的板材需要自己先准备好。主梁安好后，在东半段悬挂用檩条碎木条捆扎的内有七块瓦片的包裹（见图 7-20），西半段挂着用红绳捆扎的杉木树梢的树枝（见图 7-21），正中悬挂着红色布包裹的五米（大米、玉米、豌豆等）袋（见图 7-22）。

图7-20　挂在主梁东侧的七片瓦

图7-21　挂在主梁西侧的杉树枝

图7-22　挂在主梁中的五米袋

（七）盖瓦

畲族人的房屋盖瓦一般是用泥土烧制的灰布瓦，瓦片相互重叠放置，邻近两列之间相互叠压平行，一陇一壑，没有明显的图案。传统的布瓦较脆，在冬天会因低温冻得碎裂，在夏季台风季节容易被掀翻，常年需要整修，因此村民更愿意采用彩瓦盖顶。据村民 LXA 介绍，村里从 2010 年起，为了发展旅游业，严禁使用彩瓦，因为彩瓦在阳光下会反光，影响取景拍照的效果。

（八）筑墙

屋顶盖完后，畲民开始给土楼四周筑墙，墙体下半部采用石块垒积，上半部采用黄石夯筑。垒石与土墙交界处，往往会选用一些较大且平整的石块。然而，现在村子里新建的房子多直接用烧好的红砖垒砌。屋内用 4 ～ 5 厘米的木板作为内墙隔出不同的生活空间，天花板用厚度为 2 ～ 3 厘米的木板铺就。

（九）置物与设灶

在房屋主体结构完成后，畲民会对房屋内部进行装修，主要包括铺地板、购置家具、安置灶膛等。膛内设置利用烧饭柴火余热烧开水的金属水壶，方便且节省能源。迁进新家时，要从老家将火种引到新家的灶膛，并且烧第一遍火盆。二楼中厅设置神龛，请专门的法师，将老家的神龛香炉带到新家。

在房屋内部，畲民喜欢在柱梁上刷清漆，使柱梁看上去更加美观且易清洁、防虫、不易开裂。随着畲族人民生活水平的提高，村民对家居的装修要求更高，窗户以前为双开的木格窗户，以窗户纸隔开，现在是用玻璃隔开。

四、山哈土楼的建造者——木老司

木老司是当地人对具有木工手艺且能独立完成整栋山哈土楼的屋架和柱梁建造的民间手艺人的尊称。传统的木老司的学习极为严格，需要拜师学习，满三年方可学成。在学艺的三年时间内，师傅负责吃住，但学徒没有工资。现在大张坑村的木老司年龄多在四十岁以上。随着村民外流到城镇和县城买新房定居，村里建山哈土楼的人家越来越少，木老司们已经无法依靠传统手艺维生，他们不得不外出务工，从事其他职业。

据村子里的木老司 LZC 介绍：“大张坑村目前只有两三个中年男人做木老司了，学做木老司不仅需要聪明记性好，还要刻苦勤奋。现在的年轻人吃不了苦，嫌累，不愿意学。等现在的木老司老了以后，就没人做木老司了。”笔者以为，没有年轻人愿意学习木老司手艺，一方面固然是因为木老司学习的过程很艰辛困难，需要花三年时间打磨手艺才能出师，更重要的是该手艺已经英雄难有用武之地，无法用以维持生计了。

第八章　红色文化[①]与基层民主政治

第一节　红色文化

大张坑村位于景宁畲族自治县东南部，海拔 650 ～ 800 米。一百多年来，在这个云雾缭绕的山坳上，畲民们祖祖辈辈在此繁衍生息，形成了机智勇敢的民族性格。在中国共产党的领导下，当地村民同全国各族人民一道，积极投入到推翻“三座大山”的革命斗争洪流之中，并于新中国成立初期参加剿匪、镇压反革命和抗美援朝等一系列运动，在这些运动中，畲族人民踊跃参军参战，用殷红的热血谱写了可歌可泣的历史篇章。

一、开辟革命根据地

浙南共产党的活动从 1922 年就开始了。在国民党叛变之前，党的主要工作是帮助国民党改组，党的干部领导国民党基层组织发动群众。1927 年国民党叛变后，浙南共产党受到敌人的摧残，但仍坚持斗争。1931 年，浙南党组织被敌人摧毁。1932 年，党又在平阳的南部地区——布门、马站、矾山一代进行活动。1934—1935 年，党广泛发动与组织群众，不仅在汉族劳动群众中进行工作，也在畲族人民中进行宣传教育与发动工作。1936 年，刘英、粟裕同志到浙南，建立了浙闽边区。[②]

1934 年 3 月，中共福寿县委第一区委在泰顺县洲岭上庄村发展畲族党员，建立了党支部，同时建立了岭上湾乡苏维埃政权。1935 年 3 月，以粟裕为师长、刘英为政委的中国工农红军挺进师进入浙西南，开展游击战争，创建游击根据地。这一时期，革命烈火燃遍了畲族乡村，形势发展很快，各地畲、汉两族人民在党的领导下，相继建立了苏维埃政权，实行土地革命。[③]

---

① 本部分撰写时参阅了《畲乡景宁实录》（中国文史出版社 2011 年版）中的《峥嵘岁月之畲乡儿女》篇，访谈了大张坑村村民、原景宁县民宗局局长 LQX，调研了大张坑村相关村民及家属。其中部分文字内容引自《峥嵘岁月之畲乡儿女》，特此说明，并表示感谢。

② 《中国少数民族社会历史调查资料丛刊》修订编辑委员会．畲族社会历史调查 [M]. 北京：民族出版社，2009：72.

③ 《畲族简史》编写组，《畲族简史》修订本编写组．畲族简史 [M]. 北京：民族出版社，2008：95.

1935 年 8 月，中共闽东特委范式人、叶蕃在景（宁）庆（元）边境开辟新区，9 月成立中共寿（宁）景（宁）庆（元）县委，县委书记为范连辉。11 月，挺进师一纵队二大队在梅岐、大都、大顺、小顺、新四等地活动……1936 年 3 月，挺进师一纵队行动委员会书记刘达云在梅岐乡发展党员。①

1942 年 2 月，中共浙南特委机关迁至景宁县梅岐乡。②1942 年冬，中共浙南特委机关派地下党领导人朱德章、钟周堂，前往东坑片区，开展党的地下工作，先后建立了中共北山寮、桥下坑、金田、大张坑村等 17 个村支部。钟周堂同志熟悉畲语和畲族风俗，他选择了大张坑村作为根据地，以烧砖瓦师傅的身份作掩护，向畲民宣讲革命道理，很快就成了畲族群众的贴心人。朱德章同志以教师的身份为掩护也来到大张坑村，与钟周堂一起工作。他俩以办冬学的形式宣传革命道理，公开的冬学班和秘密会议经常举行。为了安全，秘密会议都在岙下雷宝成家举行，因为他家就住在山脚下，如遇意外，容易撤离。一年多后，发展了一批党员，建立了党支部，雷景三成为中共大张坑村党支部书记。因此，大张坑村是景宁县较早建立党支部的村之一，也是我党较早建立的革命根据地之一。相关资料见图 8-1 和图 8-2。

图8-1　雷景三故居

图8-2　党支部秘密开会地点雷宝成家遗址

雷景三，景宁北溪乡（今东坑镇）大张坑村人，畲族，1942 年加入中国共产党，自幼勤劳耕作，上山打猎。1942 年，中共青景丽中心县委在景宁县东坑区开展工作时，加入中国共产党。不久，党组织受破坏，雷景三坚持在畲乡开展斗争，发

① 《景宁畲族自治县概况》编写组．景宁畲族自治县概况 [M]．北京：民族出版社，2007：31.

② 《景宁畲族自治县概况》编写组．景宁畲族自治县概况 [M]．北京：民族出版社，2007：31.

展党组织。1946 年，组织武装民兵队，站岗放哨，侦察敌情，破坏敌人通信设施，切断敌人通信联络，配合游击队打击敌人。1949 年 3 月，配合游击队攻打景宁、文成两县交界的梅岐炮台，迫使敌军撤离据点。同年 5 月，带领民兵追击国民党溃退败兵，缴获机枪一挺、步枪 12 支。 1949 年 5 月 12 日，配合游击队解放景宁县城。1950 年，带领村民兵队，配合部队歼灭刘志昌股匪，丽水军分区奖给“剿匪模范民兵队”锦旗。新中国成立后曾任村党支部书记、乡总支书记、乡长等职，当选为县第一、二届各界人民代表会议常务委员、副主席。1951 年 8 月正准备去参加全国民兵模范代表大会和国庆观礼时，因病逝世。

图 8-3 为当年民兵连训练场。

图8-3　当年民兵连训练场

1947 年春，国民党在全面进攻失败后，集中兵力向我山东、陕北解放区作重点进攻。闽东、浙南的党组织根据中央的指示，在各地普遍建立游击队，广泛开展斗争，以牵制敌人，配合人民解放军作战……景宁县大张坑村的畲族也在同年 8 月组织了民兵队，不但全村男青壮年都参加了，而且建立了一支24人的妇女民兵队。民兵没有好的武器，就用红缨枪和鸟枪代替，或者把敌人的电话线切断，用电线杆上的铁钩打成刺刀，并自己制造火药。[①] 在党支部的领导下，大张坑村悄悄地建立了自己的民兵连。他们暗地里开展对敌斗争，白天下地做农活，上山狩猎，夜间上冬学班学习，站岗放哨。

1947 年深秋的一个夜晚，在雷景三带领下，民兵连连长雷马兰和其他民兵宗庆、春水、可芳、日连等 10 余人星夜来到岭脚路段捣毁 10 余里路的电话杆，切断了从景宁通往泰顺方向的电话线路，还扛回一捆捆电话线。此举有效打击了敌人的嚣张气焰，令国民党当局无法判断此事是游击队干的，还是大张坑村村民干的。随后，民兵连在雷景三的带领下，队伍越来越壮大，革命热情也越来越高涨。

① 《畲族简史》编写组，《畲族简史》修订本编写组．畲族简史 [M]. 北京：民族出版社，2008：103-104.

民兵连名单

连长：雷日连、雷马兰

男民兵：雷景三、可芳、雷可进、雷仁余、雷驮孙、雷明根、雷泮龙、雷文龙、雷三喜、雷振宝、雷宗庆、雷陈树、雷凤庚、雷仁富、雷世高、雷官和、雷凤申、雷宝成、雷根旺、雷胜方、雷春喜、雷春水、雷来水、雷仁生、雷二宝、雷振兴、雷富宝、雷明坤、雷培养、雷高儿

女民兵：钟其花、雷玉兰、雷东英、雷银花、雷金花

二、新中国成立前的反国民党斗争

国民党为破坏梅岐村的游击活动，在梅岐村的水井垄修了一座双层碉堡。常驻碉堡的兵力有一个小分队，戒备森严，逢人便查，见物就抢，对革命老区的革命活动构成了极大的威胁。1947 年冬，东坑区委武装领导人夏朝贵与大张坑村支部书记雷景三多次商议，想要铲除碉堡，拔掉钉子。

1949 年 1 月的一天，青景丽中心县委在景泰边境的炉西村召开会议，夏朝贵汇报了攻打梅岐碉堡的计划，经讨论分析后，最后决定采取智取和武攻并用的作战方案。会后，夏朝贵布置各村民兵连做好战前的战斗准备。

1949 年春，中国人民解放军百万雄师渡过长江，以秋风扫落叶之势向江南大举进军，国民党军队土崩瓦解。闽东、浙南等地的党组织进一步领导人民建立各种革命组织，继续打击敌人，做好迎接大军南下的工作。于是，青景丽中心县委下达发动各村民兵配合游击队伍攻打碉堡的命令。

接到命令后，大张坑村民兵召开出击前动员大会，全村民兵集聚于村外祠堂前，在明晃晃的松明灯火把下，夏朝贵做了战前动员，他对大伙说："毛主席领导的队伍，已经解放了长江以北大半个中国，眼下就要渡江南下，解放全中国。我们武装民兵一定要发扬英勇作战的革命精神，配合解放军消灭敌人，让景宁解放的日子早日到来。当前，我们的任务就是配合游击队攻下梅岐敌碉堡，拔掉敌人在青景丽游击区中的这颗钉子……"站在一旁的雷景三严肃地说："攻打梅岐碉堡，我们村的民兵要勇敢参战，做到一切行动听指挥，打个大胜仗回来再见我们的祖宗！"青年民兵雷马兰听了动员，情绪激昂地说："我们山哈人已经吃尽了国民党欺压的苦头，这回一定要攻下梅岐碉堡，把这个钉子拔掉！"动员会上群情激昂。你一言我一语，决心听从指挥，严守纪律，打好这一仗。

2 月 8 日下午，民兵连 40 余人肩抗土铳、头戴斗笠、身着蓑衣，冒着寒冬的蒙蒙细雨，朝梅岐进发。次日黎明，队伍来到与碉堡相对峙的一个山坡上，夏朝

贵命令全体民兵隐蔽，他自己仔细观察山坡四周情况。正当民兵按照夏朝贵命令做好隐蔽后，忽然，对面山坡上的梅岐区民兵抢先向敌碉堡开火，只见炮楼四周烟雾一片，瓦砾、碎石乱飞，打了好一阵子才停下来。尽管三区（东坑区、城区和梅岐区）民兵四面包围了碉堡，但李光仓凭着坚固的碉堡，不但死守不出来，而且派人化装成老百姓模样到景宁县城向戡乱团报了军情，要求派兵增援。各路民兵艰难地包围了两天，李光仓也顽固地坚守了两天，直到援兵赶来。

2 月 10 日傍晚，雨雪交加，气候寒冷，夏朝贵下令撤退，各路民兵解散撤回。当大张坑和吴山头村民兵路过石闩村时，正遇上景宁戡乱团的援兵。雷马兰为向随后民兵报告，突围时，腰部严重扭伤，雷日连一路护陪着他，在雨雪中艰难越过大仰湖，于次日回到家中。吴山头村民兵雷如坤冻死在大仰山上。雷传瑞从碉堡楼跳下时，因受伤过重，只走一百米左右就牺牲在路边。次日，其他民兵相继回到家中。这次征战，虽没有攻下碉堡，但锻炼了民兵，镇住了敌人的猖狂势头。各地武装民兵形成对碉堡的合围攻势，使守敌惶恐不安。一周后，李光仓弃堡逃往景宁县城，梅岐碉堡也就不攻自破了。

据《畲族简史》载：“浙江景宁县大张坑、吴山头等村的畲族群众和附近的汉族民兵共 1000 多人，围攻国民党军的梅岐炮台，英勇顽强地战斗了三昼夜。”

图8-4　反镇压之战中被国民党军打砸抢烧时损坏的木门

爱唱山歌的大张坑民兵还把攻打梅岐碉堡的事件编成了一首山歌：

朝贵带兵做得对，带落梅岐打炮台。

正月十一进去打，正月十三转回来。

攻击梅岐碉堡之后，敌人变本加厉，实行血腥镇压。1949 年 4 月 4 日，戡乱团 60 余人偷袭大张坑。而得到消息的雷景三和民兵连连长雷日连商定在五叶莲花岙打伏击。第二天下午 2 时左右，敌人进入民兵的埋伏圈，民兵连的土铳、土炮轰隆齐鸣，打得敌人晕头转向，不敢招架，便弃物向县城狼狈逃窜。敌人的洗劫让大张坑村人的财产蒙受了重大损失，但全村男女老少的生命安全没有受到损害。这次伏击，打出了民兵连的威风，灭了敌人的嚣张气焰。此后，戡乱团再也不敢进犯了。

图 8-4 为反镇压之战中被国民党军打砸抢烧时损坏的木门。

三、解放景宁县城之战

1949年4月，毛泽东、朱德签署“向全国进军”的命令，随后“百万雄师过大江”和“中国人民解放军占领国民党政府首都南京”的新闻相继传到景宁畲乡，人民盼望已久的解放之日就要到了，此时的革命热情已达到高潮，星星之火已成燎原之势。

1949年5月12日，大张坑民兵连接到上级关于组织武装民兵配合游击队攻打县城的命令。雷景三带领全村民兵，背着土铳，抬着土炮，路上和全县各路民兵会合，共有3000多人攻打县城。经过两次攻城战斗，国民党宪兵第七团溃不成军，以国民党县长章昌琛为首的一小撮顽固分子，仓皇弃城而逃。浩浩荡荡的民兵队伍没有放一枪一炮就攻陷了敌人的碉堡，随后游击队和畲汉民兵迅速占领了国民党政府驻所，景宁宣告解放。

次日，大张坑民兵连在返回途中，刚刚走到陡峭的梨树岙岙门准备休息一会时，忽然发现岭下有一群身着黄军装的国民党败兵，大约有二三十人，七倒八歪地往岭上爬来。民兵连在雷景三的指挥下，迅速占据有利地形，居高临下做好了埋伏。当敌人靠近的一刹那，迎头向敌人一连轰了几炮，接着齐喊：“缴枪不杀！”这一突然袭击，吓得敌人魂飞魄散、不知所措，当即弃枪丢物向东坑方向逃命。民兵雷来水和雷仁生在梨树岙岙门缴获了一挺机枪和一支步枪，扛回村放在LMG家的中堂里，全村男女老少都来看稀奇。第二天，这挺机枪上交给了当时的游击队。事后，上级为表彰大张坑村民兵连的英勇斗争精神，奖给5支步枪，这些步枪在后来的剿匪战斗中发挥了重要作用。

1949年5月21日，景宁县临时人民民主政府成立。7月1日，正式成立了景宁县人民政府。接着，城区、沙湾、渤海、东坑等区、乡、村也相继建立了民主政府和农会，推选了人民自己的乡长、村长、农会主任、民兵队长、妇女主任，从此，当地人民有了自己的政权。[①]

四、新中国成立之初的敕木山剿匪

“新中国成立之初，被中国人民打败了的反动势力，不甘心自己的灭亡，妄图垂死挣扎，武装土匪、特务和地主恶霸相勾结，频繁骚扰破坏人民政权和社会秩序。例如景宁畲族自治县的土匪和海盗会合在一起，公然叫嚣：‘要从共产党

① 《景宁畲族自治县概况》编写组．景宁畲族自治县概况［M］．北京：民族出版社，2007：33-34.

手里夺回景宁县。’”[①] 对新政权构成了严重威胁。

“在全县人民扭秧歌、打腰鼓，欢庆‘解放区的天是明朗的天，解放区的人民好喜欢’的大好日子里，一批反动军特人员、恶霸地主，就和散兵游勇、无业流氓，利用畲乡山高的自然环境，乘人民政府尚未巩固之机，组织武装土匪，破坏革命秩序，抢夺被民兵缴获的枪支弹药，到处抢、杀、掳、掠，围攻乡政府，杀害干部群众百余人。”[②]

反动政权被推翻了，建立起人民政府。但没有清除的反动势力及残余分子不甘心灭亡。他们上山为匪，妄图卷土重来，时不时地在暗处抢劫财物，杀害干部和群众，对新政权构成了威胁。刘志昌就是其中一股土匪势力。

在清缴土匪的战斗中，大张坑的民兵转战在敕木山山区。训练有素的大张坑民兵，因为手中有枪，作战勇敢，是其他村民兵所羡慕的一支队伍，土匪对他们也非常惧怕。于是，大张坑村的民兵连与刘志昌股匪的斗争就处在白热化的状态。为洗劫财物和抢去大张坑村民兵连的枪支，刘志昌股匪在相隔 20 里地的茗源村已盘踞好几天。为了打听虚实，民兵连就派本地较有名气的草药医师雷世高肩背药箱和备用的草药袋来到茗源村。土匪听说他是来探秘的，就把他关押了起来，扬言第二天半夜把他活埋之后就来大张坑抢枪。到了第二天深夜时分，沉着机智的雷世高趁守匪睡熟时，轻轻推开窗户，越窗逃出，不料在大门口脚踩木棍发出的响声被守匪听见。当土匪吹哨追捕时，雷世高已越过小溪逃到回村途中的山林里，并于次日（即 1950 年 5 月 17 日）拂晓前回到村里。他拖着疲惫不堪的身体，急速赶到民兵连连长雷日连的家，汇报匪情。雷日连和雷景三商议后，通知全村群众进山隐蔽，民兵连做了抗击股匪的埋伏准备。

上午 8 时左右，土匪真的向大张坑扑来了。匪徒分两路，水碓圩岗一路，村口过坑路一路，包抄入村。被民兵连派去邻村送信的雷妙才和雷振余两小孩在村口路被拦截。埋伏在山上的民兵看得一清二楚，他俩的安危让民兵的心比刀捅还要难受，全村群众万分着急。打砸抢杀是土匪惯使的手段。进村后，那些匪徒就像一群恶狼一样，张牙舞爪，翻箱倒柜，无所不为。

解救两个孩子成了民兵连至关重要的任务。雷景三与民兵连连长雷日连商议后，决定由雷日连带领雷马兰去救孩子。他们穿过丛林，匍匐前进，来到村外长垃降，伺机抓住那个正在用勺子吃牛肉的匪哨，不料被对面的哨匪发现，“砰”地打了一枪。长垃降那个哨匪丢掉还没有吃完的牛肉，飞快地向村里边跑边喊：“我们被包围了！”考虑到村里的安全，他们并没有向逃跑的匪哨开枪，倒是鸣枪的

① 《畲族简史》编写组，《畲族简史》修订本编写组．畲族简史 [M]．北京：民族出版社，2008:108.

② 《景宁畲族自治县概况》编写组．景宁畲族自治县概况 [M]．北京：民族出版社，2007：34.

那个匪哨把村里正在大吃大喝的匪徒们吓得惊慌失措，匪首吹哨集合准备撤逃。慌乱中，两个孩子趁机躲进黑洞洞的房间里，待土匪逃走之后，才悄悄地跑到山上，脱离了险境。

雷日连、雷马兰带人顺着密林潜伏在距离村口仅 100 米的山坡上，准备给逃离的匪徒打个伏击。当看到拎着枪和财物的逃匪来到门前岭时，他们就对匪徒进行了射击，顿时，30 多支土铳齐鸣。他们打一枪换一个地方，战斗相持了一个多小时，直到傍晚时分，土匪才抬着伤匪向茗源村狼狈逃窜。雷景三领导下的民兵队伍，在剿匪斗争中，又立下了一个大功。县人民政府奖给民兵连一面大锦旗，上面写着“大张村模范民兵连”。

五、抗美援朝、保家卫国之战

1950 年 6 月 25 日，朝鲜战争爆发。中央人民政府发出“抗美援朝，保卫家园”的号召。“畲族人民在共产党的领导下，普遍深入开展抗美援朝、保家卫国的宣传，进行爱国主义、国际主义教育。在抗美援朝参军热潮中，各地畲民青年踊跃报名参加志愿军。”[①]1951 年春的一天，大张坑、吴山头、北溪、汤坑、茗源、方泗坑等六个村的青年男女民兵在北溪村召开“抗美援朝，保卫家园”动员大会。简短的动员会后，一支 300 余人的男女青年队伍扛着大旗，敲锣打鼓地从北溪村出发直奔景宁。经过选拔，大张坑村的雷二宝、雷余庚、雷妙才、雷松庆应征入伍。同年冬，他们到达朝鲜战场，成为志愿军 93 团的战士。1952 年 11 月 15 日，雷二宝、雷余庚、雷妙才在残酷的上甘岭战役中壮烈牺牲（见表 8-1）。《畲族简史》中记载“在朝鲜战场中牺牲的畲族战士有 19 人”，而大张坑村就有 3 人。

据村民雷其菊所述：“村里抗美援朝去了 5 个，还有一个没上名字，所以就是去了 4 个，死了 3 个，没名字的那个是抱到村子里来的，（活着）回来后就回到自己家村子去了。”

表 8-1　大张坑村抗美援朝烈士

姓名	性别	出生年月	入党 / 入团年份	牺牲年月	牺牲地点	所在单位	职务	荣誉
雷二宝	男	1933.3	1951	1952.11	上甘岭	志愿军 12 军 31 师 93 团	战士	一等功一次
雷余庚	男	1927.3	1951	1952.11	上甘岭	志愿军 12 军 31 师 93 团	战士	—
雷妙才	男	1933.9	1951	1952.11	上甘岭	志愿军 12 军 31 师 93 团	战士	三等功一次

① 《畲族简史》编写组 .《畲族简史》修订本编写组 . 畲族简史 [M]. 北京：民族出版社，2008：109.

相关资料见图 8-5 至图 8-10。

图8-5　雷二宝同志及其抗美援朝纪念章

烈士证明书

雷二宝　同志

在抗美援朝战争中　牺牲，

被评定为烈士，特发此证，

以资褒扬。

图8-6　雷二宝同志的烈士证

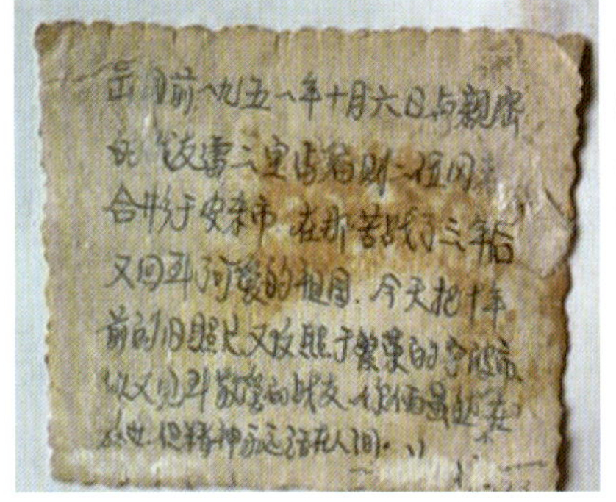

图8-7　雷松庆的回忆资料

图8-8　雷松庆、雷妙才、雷二宝三人的合影

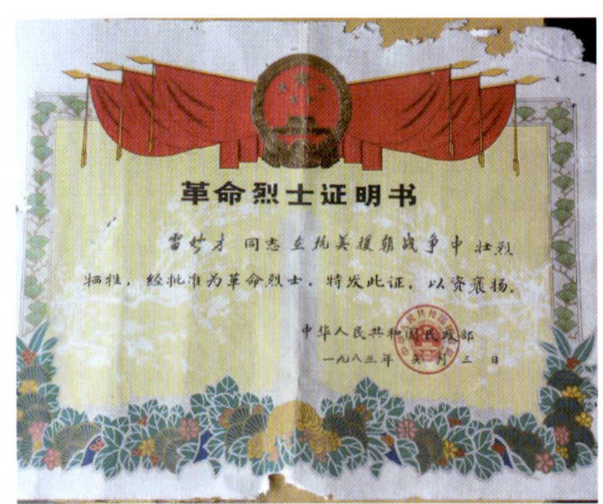

革命烈士证明书

雷妙才 同志在抗美援朝战争中壮烈牺牲，经批准为革命烈士，特发此证，以资褒扬。

中华人民共和国民政部

一九八三年　月　三　日

图8-9　雷妙才同志的烈士证

革命烈士证明书

雷余庚同志在抗美援朝战争中

图8-10　雷余庚同志的烈士证

六、红色精神永续传承

在大张坑村，红色文化深入人心，新中国成立后，村中青年仍然不忘参军报国，积极入伍，继续为保家卫国献出自己的青春年华，并涌现出一个又一个红色家庭、

光荣之家。

访谈一

访谈对象：雷其菊，2017 年 6 月 26 日上午，家中

人物关系：

爷爷：雷景三

父亲：雷宗庆（民兵连连长）

丈夫：雷玉荣（抗美援越战士）

儿子：雷伟华（当兵五年）

侄孙：雷建飞（现役海军战士）

访谈内容：

我爷爷雷景三，搞地下工作，在我四岁的时候就已经去世了。他没日没夜地干地下工作，那个时候这个地区很落后。我爸爸叫雷宗庆（相关资料见图 8-11 至图 8-13），我爸是老党员，去年 94 岁过世，当过民兵连连长。新中国成立初期有土匪，来村子，到我家抢了三次，抢了牛、猪、干活工具等，所以大家组建民兵打土匪。土匪随便找个东西就来打我们，（土匪）也有枪，我们很怕，都跑到山上去了，家里东西都被抢了。

图8-11　雷宗庆

图8-12　雷宗庆家的荣誉证书

图8-13　1949年9月，雷宗庆被选为全国政协委员，应邀参加全国第一届政治协商会议

我老公(雷玉荣，相关资料见图8-14、图8-15)也当兵，在福建当兵，当了8年，1960年当的兵，1968年退伍。退伍后被分配到药厂工作，后来药厂停了，就没有再去当兵，回来种地。(雷玉荣)抗美援越去了9个月，有一张越南发的奖状，但是现在找不到了。奖状、照片拿回来，不能公开拿出来看，国家当时有规定的。老公当了几年兵，回来后就是养老保险可以少交几年。老公(退伍费)300多元，老公去的时候每个月津贴6元，后来是30多元。老公(在战场上)看见去了那么多人都死了，(自己能够)活着回来就什么都不要了。老公当过师长的警卫员，我们景宁一起去的不知道几个人，回来的就3个人。村子里就只有我老公一个人去了越南。

我儿子雷伟华(相关资料见图8-16至图8-18)也当兵，当了5年兵，当士官两年，1995年去，2001年退伍。我侄儿雷建飞大学第四年去当兵，10年的任务，当6年就到期了。我儿子大学毕业就去当兵，海军士兵，一个县才一个，已经当两年多了，今年第三年，国家特种兵，一个月好几千元，危险性大。村中平均每栋房子有一个当兵的。

图8-14　雷玉荣(第一排左数第二个)1966年参加抗美援越合影

图8-15　雷玉荣

图8-16　雷伟华

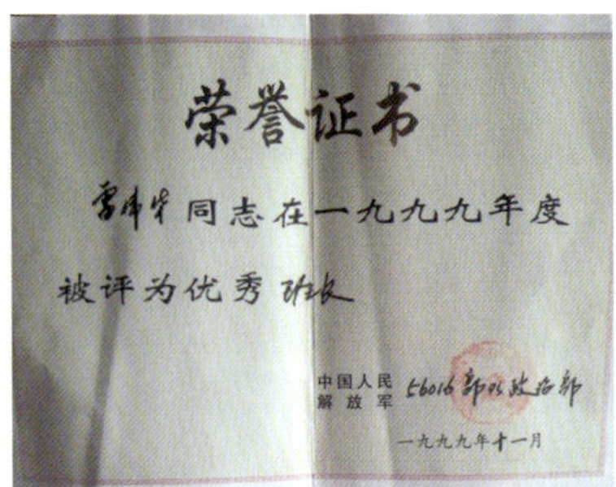

荣誉证书

雷伟华同志在一九九九年度

被评为优秀班长

中国人民解放军 56016部队政治部

一九九九年十一月

图8-17　雷伟华的荣誉证书

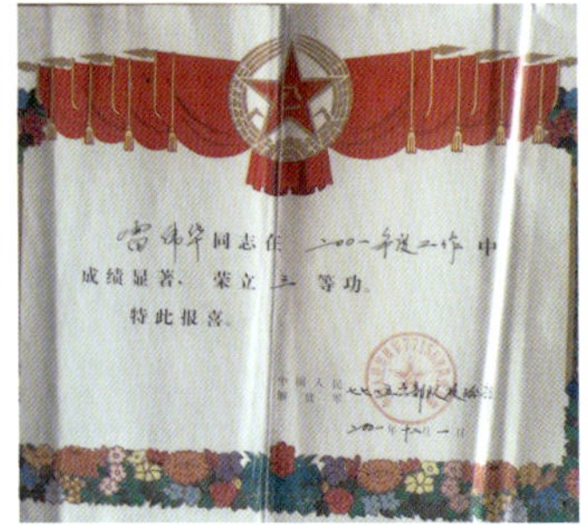

雷伟华同志在二〇〇一年度工作中

成绩显著，荣立三等功。

特此报喜。

图8-18　雷伟华的立功证书

访谈二

访谈对象：雷桂菊

人物关系：

儿子：雷建飞，1992年生，现役海军，毕业于丽水学院，副连级

访谈内容：

我们村算起来老的、年轻的有24个当兵的。我家儿子也当兵了，大学时候去的，读完大四，在丽水学院读的。2014年，全县就他一个人去。我们丽水市就只有5个（当海军）。我们景宁有四五个去面试，体重要么太轻，要么太重，所以就只有我儿子一个人去。这种兵好像就是有工作分配的样子，回来后工作是分配的。（儿子）一年可以回来一次，要去当12年。他刚去工资就有两三千，是士官、干部、副连级，已经去了四年了，还有六年，大学四年也算进去。我们是军属待遇。我儿子现在一个月四五千是有的。

那些当过兵的人都是辛苦的人啊。我们不能忘记呀，没有他们打下来，我们就没这么幸福。我和雷其菊家是同一个太公，我爷爷跟他的爷爷（雷景三）是亲兄弟。

访谈三

访谈对象：雷春花（雷潘振第三子雷庆祥的妻子，雷庆祥29岁去世后，招雷延庆上门）

人物关系：

雷潘振（相关资料见图8-19），景宁县北溪乡大张坑村人，中共党员，从小就比较机灵、聪明。从小读过几年私塾，学过一点《易经》知识，略懂天文地理。年轻时就接受中国共产党的教育，思想进步，新中国成立前就加入中国共产党。曾以算命先生为掩护和中共地下党员陈玉城一起在景宁东坑、城区、沙湾、文成、泰顺等地做党的地下工作，后参加游击队打游击，为祖国解放事业做出了贡献。新中国成立后曾任龙泉县的一名科长、庆元县小梅森工站书记等职，离退休后回大张坑居住，为人生活简朴，于1999年病逝，享年86岁。育有两子一女，大儿子雷庆高，二女儿雷桂花，三儿子雷庆祥。

访谈内容：

雷潘振以前是老革命，从事地下工作。最后书（雷潘振的书）不知

道放哪里，看报纸，剪下来，做起来，用针缝起来。他年轻的时候很会跑的，他自己说的，满天世界去跑的。有些时候有人到这里来（找雷潘振）问平反的事，有工资的也来问他。雷潘振于1986年去世。

图8-19　雷潘振同志的荣誉证书

访谈四

访谈对象：雷日荣

人物关系：

雷日荣是雷妙根（相关资料见图8-20）的大儿子，1957年生，1979年加入中国共产党，曾任大张坑村党支部副书记，年轻时于山东济南当兵4年。其父雷妙根曾经入伍；其大伯雷妙才曾参加抗美援朝，于18岁时牺牲。其子是雷国标（曾入伍）。

图8-20　雷妙根家的荣誉证书

访谈内容：

我大伯（雷妙才）去参加抗美援朝，牺牲在哪里，名字我也叫不出来，不知道是不是上甘岭。他们四个（雷二宝、雷余庚、雷妙才、雷松庆）一起去的，只回了一个。他（雷妙才）去的时候是18岁。我也是当兵的，我1976年去的，服役了四年回来，我儿子、侄子也是当兵的。

去县里拿那个慰问信（荣誉证书等），别人是一张，我们去拿就是一堆。我们家也有人参加民兵，我爷爷就曾参加民兵。

我爸爸和雷妙才是两兄弟，两个一起去当兵。然后我奶奶说，两个都去，家里就没人了，并且家里那个（雷妙根）年纪小，然后就不让去了，后来（雷妙根）就当邮递员在下面送信。当初是因为（雷妙根）年龄太小了，所以就不让出去，也就当了通讯员。后来我大伯牺牲了，然后我爸爸就是独子了，所以就回来照顾我爷爷。当初我们家有一些奖状，被县里拿去复印了，复印就没有拿回来，就找不到了。现在就只剩下"光荣之家"这个证书了，其他的就没有了。

总之，大张坑村畲族人民在中国革命进程中，充分展现了畲族人民勇于斗争和敢于牺牲的精神，在大张坑村的发展奋斗史上书写了浓墨重彩的一笔。首先，大张坑村是参加革命较早的畲族村落，其民兵连是成立较早的畲族民兵连之一，是被丽水市军区授旗的全县第一个"模范民兵连"；其次，在革命过程中大张坑村民兵连是最顽强、最无私、最无畏的革命队伍之一；最后，在当下的和平年代，大张坑村又是红色精神文化传承最为深远的畲族村落。

习近平总书记在所著的《摆脱贫困》一书中指出："很多革命老前辈，都是畲族群众用鲜血和生命保护下来的，我们福建的革命老前辈叶飞、曾志、范式人等同志过去打游击的时候，经常是在畲族山村、畲族的老乡家里度过的。畲族群众有坚定的革命性。有一位同志告诉我，在革命年代，闽东畲族的同志没有一个叛变，这是非常了不起的。"

1921 年中国共产党诞生以后，党先后派出许多干部深入畲族地区，向畲族人民宣传马列主义，培养畲族干部，发展党组织，领导畲族人民进行反帝反封建和反抗国民党反动统治的斗争。到 1949 年 10 月以前，畲族人民在中国共产党的领导下，同汉族和其他少数民族一道，进行了二十多年英勇不屈、轰轰烈烈的革命斗争，经历了第一次国内革命战争、第二次国内革命战争、抗日战争和第三次国内革命战争四个时期，在人民革命的历史上写下了光辉的一页。由于畲族散居在中国共产党发动革命较早的东南数省，因而很自然地成了较早参加中国共产党领导的革命斗争的少数民族之一。①

叶飞同志在闽东老区人民革命斗争历史报告中指出："在最艰苦、最困难的斗争中，少数民族（指畲族——编者注）的作用是很大的。他们具有两大特点：第一，最能保守秘密；第二，最团结。不管敌人怎么摧残，他们都忠实于党。"这正是

① 《畲族简史》编写组，《畲族简史》修订编写组．畲族简史 [M]．北京：民族出版社，2008：85.

对畲族人民光荣斗争传统的高度评价。①

中共中央顾问委员会委员范式人，在1985年12月28日写给景宁县党史办公室的一封信里，回忆闽东特委当年在景宁的战斗历史时说：“在景宁的三年游击战争中，景宁的革命同志和群众为党为革命出了力，是有一定贡献的。”在一次谈话中，他又提到：“景宁的畲族人民，他们受压迫最深，反抗最强烈，立场最坚定，他们常常为保护红军而献出自己宝贵的生命”②。

历史的记忆已让红色文化深深地根植在大张坑村畲族人民的心里，让红色精神得以代代相传，在革命战争年代，大张坑村畲民为巩固新生的红色政权做出了无私贡献。如今，在和平年代，他们依然把传承红色基因当作自己的光荣使命，积极入伍参军，继续为国家、为人民做贡献。

第二节　基层民主与政治

大张坑村是景宁县较早拥有党支部的村寨之一，该村在新中国成立前后，涌现出一批勇于斗争、不畏牺牲的英勇之士，因此该村在新中国成立后，也是较早发展起来的村寨。随着时代的发展，大张坑村却在发展的进程中逐渐落后，这一曲折的发展进程，与该村的基层民主与政治的发展息息相关。

一、大张坑村基层领导与发展分期

（一）引领景宁革命风潮期（1942—1954年）

1942年冬，中共浙南特委机关在东坑片区先后建立了中共北山寮、桥下、金田、大张坑等17个村支部。雷景三成为中共大张坑村第一任党支部书记。从此以后，大张坑村开始进入轰轰烈烈的革命斗争时期。1949年，雷景三带领民兵攻打国民党的梅岐碉堡，获得上级的奖励；1949年5月，大张坑村民兵连在解放景宁县城的斗争中立下战功；1950年，在剿匪斗争中，大张坑村民兵连表现出色，县政府授予“模范民兵连”的光荣称号；朝鲜战争爆发后，大张坑村有四位青年应征入伍，其中三位在上甘岭战役中壮烈牺牲。

在新中国成立前后这一阶段，大张坑村畲族人民勤劳勇敢，革命意识强，为反抗国民党政权、剿匪等做出了不可磨灭的贡献。大张坑村在革命斗争中，始终

① 《畲族简史》编写组，《畲族简史》修订编写组．畲族简史［M］．北京：民族出版社，2008：107.

② 《畲族简史》编写组，《畲族简史》修订编写组．畲族简史［M］．北京：民族出版社，2008：32.

立于景宁县进步的桥头，老一辈大张坑人流传下来的红色革命文化精神影响着一代又一代的大张坑村后人，也为大张坑村的社会发展打下了坚实的基础。

（二）新中国成立初的稳步发展期（1954—1982 年）

新中国成立后，大张坑村在 LRL 的带领下，社会经济得到了快速发展，走在了景宁其他村寨的前面。

LRL，男，畲族，共产党员，1942 年加入中国共产党，被任命为大张坑村第二任党支部书记，任职时间为 1954—1982 年，于 1997 年去世。1942 年参加党的地下工作，并任第二任民兵连连长，新中国成立后到温州当兵，后回到大张坑村任党支部书记。LRL 秉承了革命战争时期的光荣传统，具有无私奉献、责任心强的品质，工作起来雷厉风行、性格火暴。至今，在大张坑村还流传着许多关于 LRL 投身建设、舍身忘我的故事。例如，他在任期间，从不经手村内账目，也不接受镇里给他发的个人补贴。他说：“我自己有手有脚，能砍柴能种地，为什么要公家的钱？”又如，他退休之后，仍然时时为村里人着想，心系每一户人家。有一位村民胃穿孔，生命垂危，家人准备请道士来作法，他坚决阻止并自己出钱把患病村民送去了镇上的医院，使该村民成功获救。

此阶段，大张坑村村长由 LZQ 担任。LZQ，男，畲族，1947 年加入中国共产党，以民兵战士的身份参与了由地下党领导的革命战争，在战争中不畏艰险，英勇奋战，获得了全村人民的认可。新中国成立后，LZQ 担任大张坑村村长，与 LRL 一起带领村民们踏实做事，为村里的发展做出了重大的贡献。据《全县出席过全国性代表会议、参观团的少数民族人员表》记载，LZQ 作为代表于 1957 年参加“五一”节全国少数民族参观团。

图 8-21 为当年 LRL 老书记主持修建的大张坑村“人民大会堂”。

图8-21　当年LRL老书记主持修建的大张坑村“人民大会堂”

从 1954 年起，LRL、LZQ 就带领大张坑村的全体村民，先后在村里建造了加工厂、水电厂和学校，并致力于开发茶山。1958 年，大张坑村隶属北溪乡人民公社，分为 4 个生产队，生产队收获粮食后，完成国家缴公粮任务，留足种子，然后分给社员当口粮。分田到户之后也需缴公粮，每家每户都要定时定量缴纳。当时，该村并不属于国家给予少数民族优惠政策和给予补贴粮的地区，每个生产队需要缴大约几千斤的粮食。大张坑村可耕地面积少且均为高寒梯田，在这样的情况下，LRL 带领村民们一边辛苦耕作，一边努力从事其他建设，取得了显著的经济效益。大张坑村每年不但保质保量地完成了公粮缴纳任务，还成为当时远近闻名的“富村强村”。1963 年，大张坑村建好了通往林场的公路，在全村安装了电灯，并在村里安装了 3 部电话，分别设在水电厂、茶山、书记家里。1980 年，LRL 决定建造一个与公社相似的大会堂，他带领村民早出晚归、忘我工作，终于在年底建成了大张坑村“人民大会堂”，并亲自题字。如今，大张坑村“人民大会堂”仍然矗立在村口，成了大张坑村村民开展娱乐活动的场所。

在新中国成立后的三十多年间，在 LRL、LZQ 的带领下，大张坑村建设取得了有目共睹的成绩，为大张坑村的发展迎来了历史上第一个辉煌期。

（三）社会经济发展逐渐滞后于周边村寨（1982—2013 年）

自 LRL 书记之后，大张坑村的发展虽然总体向前，但是相对于周边村寨而言，其发展速度日渐放慢，逐渐从领先地位滑落到滞后于周边村寨的位置。

LYZ，大张坑村第三任党支部书记，作为 LRL 亲自培养的接班人，他工作能力很强。在他任书记的前期，延续了 LRL 时期的辉煌，修建了新的公路，打通了与外界的联系。在他担任大张坑村书记期间，曾经因为保护林区木头引发意外，致使自己和家庭受到很大的冲击。尽管村民都对他的做法表示支持和理解，认为 LYZ 的行为是“舍小家，为大家”的做法，但此事件影响了 LYZ 的工作积极性。

LMG，大张坑村第四任党支部书记，在他任职期间，村子的基础设施建设有了很大的改善，他带领村民修缮了村中一些主要建筑物，完善了各个家庭的生活设施，组织修建了从张山岙洞口到大张坑村的道路。

LLX，大张坑村第五任党支部书记，现为村务监督委员会主任。他在任期间，大张坑村的特色农林也有了较大发展，他成立了白玉仙茶合作社，种植白玉仙茶 100 亩；同时还发展了高效笋竹两用林示范园 200 亩。此外，他还开发建设了大张坑至竹岙的 10 公里林道路；主持建设从大张坑自然村北侧到旧碗窑地址的机耕路。尽管这一时期的各项目尚未产生明显的经济效益，但为大张坑村的后期发展奠定了基础。

相关资料见图 8-22 至图 8-25。

图8-22　中共景宁畲族自治县首次党代会东坑区代表团合影（第二排左四为LYZ）

图8-23　景宁县九一年度第一期村党支部书记培训班合影（第三排右四为LYZ）

图8-24　LYZ任职期间组织村民修路

图8-25　LMG任职期间组织村民修路

（四）民族旅游经济发展起步期（2013 年至今）

WQQ，大张坑村第六任党支部书记，在任期间正赶上景宁县政府大力发展乡村旅游经济，而大张坑村则以“畲族红寨”的定位被列入了“畲族风情旅游度假区环敕木山畲寨”的发展计划中。基于此，WQQ 带领本村人，一方面加强本村基础设施建设，另一方面积极挖掘本村的红色文化内涵，大力推动本村畲族红寨风情旅游经济的发展。

LXH，大张坑村第七任党支部书记，也是迄今为止该村唯一的女性书记，于 2017 年 5 月才开始走马上任，但她对大张坑村的发展并不陌生。在此之前，LXH 已经担任大张坑村村委会主任 10 余年。LXH 为人踏实负责，待村民热心公正，有扎实的群众基础。村民说前两年村子里修路导致土质较软，夏天梅雨季节下暴雨，水把村民的房子都淹了，LXH 大半夜跑来在村民家里抗灾，直到大水退去才离开。在 LXH 的带领下，大张坑村的旅游经济发展已经有声有色地开展起来。在 LXH 的带领下，大张坑村的基础设施建设有了较大推进：第一，当前在建的大张坑村通向张村的道路，建成以后可直接到达景宁，大大缩短了原来需要的时间；第二，疏通了环敕木山的道路，使大张坑村与周边“十寨”得以贯通，推动了大张坑村进入“环敕木山”特色村寨；第三，拟修建从大张坑村到汤北村汤夫人故居的绿道。除了基础设施建设外，LXH 带领村民进行大张坑村红色文化建设，对大张坑村红色文化进行挖掘整理和进一步打造：第一，拟以大张坑村的红色革命历史为背景，打造出一个陈列该村红色文化的展览馆，使一些重要历史事件和人物能全方位展出；第二，保护和修缮革命战争时期的练兵场、国民党和土匪用枪托击打村民大门留下的痕迹以及其他各种抗战遗迹和遗址；第三，从 2015 年起，陆续开办“畲酒香”等系列农家乐，准备打造红色畲寨品牌；第四，拟种植红梅，让红梅精神成为红寨革命精神的象征和凸显，同时间种茶树，给游客呈现出一派“红绿相间”的生态景象。

相关资料见图 8-26、图 8-27 以及表 8-2 和表 8-3。

图8-26　WQQ任职期间组织村民整修村委会办公地

图8-27　调研组与LXH书记交流

表 8-2　大张坑村历任村党支部书记一览表（2017 年 6 月从东坑镇驻村干部处获取）

姓名	民族	性别	任职时间	入党时间
LJS	畲族	男	1949—1951	1942
LRL	畲族	男	1954—1980	1942
LYZ	畲族	男	1980—1999	1974.7.12
LMG	畲族	男	1999—2005	1985
LLX	畲族	男	2005—2013	1996.5.27
WQQ	汉族	男	2013—2016	2011.7
LXH	汉族	女	2017 年至今	1986.1.20

表 8-3　大张坑村历任村委会主任表（2017 年 6 月从东坑镇驻村干部处获取）

姓名	民族	性别	任职时间	入党时间
LZQ	畲族	男	1950—1978	1947.3.29
LRR	畲族	男	1978—1987	1979.8.26
LMG	畲族	男	1987—1996	1985
LQS	畲族	男	1996—1999	1985
LAX	畲族	男	1999—2007	—
LXH	汉族	女	2007—2017	1986.1.20
LBB	畲族	男	2017 年至今	2016.11.22

二、大张坑村基层民主的特点

纵观大张坑村的发展历史，我们发现乡村基层领导对村子的发展具有举足轻重的作用。但凡村两委（村党支部委员会和村民自治委员会）能够团结一致且发挥模范带头作用的时期，大张坑村就能得到较大发展。大张坑村从新中国成立前后，最早引领景宁地区的革命风潮，至 20 世纪 80 年代雷日连书记在任时，社会与经济发展远远走在周边其他村寨之前。雷日连书记卸任后，大张坑村的经济虽然总体向前发展了，但相对于周边其他村寨已经渐趋落后。这一现象表明，大张坑村随后的村两委的领导力量未能充分发挥。当前大张坑村基层民主的主要特点如下。

第一，基层领导受教育程度偏低，发展视野受限，村两委带动力量发挥不够。

表 8-4　大张坑村党员名单

姓名	性别	民族	学历	入党时间	转正时间
LJS	男	畲族	—	1942	—
LRL	男	畲族	—	1942	—
LZQ	男	畲族	小学	1947.3.28	1948.3.28
LMK	男	畲族	小学	1955.12.21	1956.12.21
LMG	男	畲族	小学	1958.10.6	1959.10.6
LYF	男	畲族	小学	1959.12.26	1960.10.26
LYQ	男	畲族	小学	1970.1.20	1971.1.20
LYZ	男	畲族	小学	1973.7.12	1974.7.12
LYZ	男	畲族	小学	1974.11.21	1975.11.21
LZG	男	畲族	小学	1977.10.27	1987.10.27
LRR	男	畲族	初中	1979.8.26	1980.8.26
LMG	男	畲族	小学	1985.8.7	1986.8.7
LLW	男	畲族	初中	1985.8.7	1986.8.8
LQS	男	畲族	—	1985	—
LXH	女	汉族	高中	1986.1.20	1987.1.20
LJM	男	畲族	小学	1989.5.12	1990.2.12
LLX	男	畲族	初中	1996.5.27	1997.5.27
LWH	男	畲族	初中	1999.5.1	2000.5.1
WQQ	女	汉族	大学	2011.7.5	2012.7.5
LTL	男	畲族	高中	2012.8.20	2013.8.15
LXH	男	畲族	初中	2013.9.8	2014.3.4
LBB	男	畲族	初中	2016.11.22	—
LYJ	男	畲族	初中	2016.11.22	—

由表 8-4 可知，在大张坑村的党员中，具有大学文化水平的只有 WQQ，但 WQQ 并不是大张坑村人，只是从外地调到大张坑村担任党支部书记，三年后卸任离开大张坑村。除此以外，大张坑村党员中，没有一个拥有大学学历，而具有高中文化水平的只有两个，具有初中文化水平的只有七个。因此，村两委文化水平普遍较低的大张坑村，在思想上很难与时俱进，从而导致他们的思想观念较为落后，跟不上当下市场经济快速发展的社会大环境。

景宁畲族自治县是浙江省唯一的民族自治县，也是我国东部沿海地区唯一的民族自治县。浙江省经济总量长期排名我国前四位，近年来又十分重视对于少数民族地区的经济扶贫、文化保护和生态保护工作，因此出台了各级各类支持政策和帮扶政策。但这些支持政策的一个基本原则是，村两委必须对村子的发展有规划、有想法，才可能争取到更多的发展机会和发展资金。用村干部自己的话说，就是“钱是越用越有，越不用就越没有”。但是由于大张坑村村两委对于村子的发展没有更多的规划与想法，找不到村子未来发展的方向，致使好的发展项目和发展机会送到手边，还是白白流逝了。比如，景宁县民宗局原局长 LZY 退休回村后，曾经利用自己的影响力为村子拉到 50 万元的项目发展基金，准备建设大张坑村爱国教育基地。但由于村两委不知道如何运作和发展这一项目，竟然将已经到位的 50 万元项目资金退还，使大张坑村错失了一个绝好的发展机遇。长期以来，大张坑村未能充分利用上级给予的优惠政策，许多好的发展项目被搁置，上级政府对村子的发展重视力度逐渐减少，最终导致曾经远近闻名的“富村强村”现在沦为相对于周边较穷的村子。

第二，宗族力量强大，影响了基层民主制度优越性的发挥。

大张坑村隶属于景宁县东坑镇，东坑镇对基层民主选举制定了一系列卓有成效的政策，这些政策既包括一般性通用政策，也包括针对具体某一届选举的针对性办法，比如《东坑镇大张坑村第十一届村民委员会选举办法（草案）》、《村民委员会换届选举操作流程图》、《村民委员会“自荐直选”工作流程》、《大张坑村村委换届工序要求》、《村委干部竞选人竞职演说稿（参考文本）》、《东坑镇 ×× 村村务监督委员会选举办法》、《村务监督委员会换届选举流程图》、《村监委选举成员承诺书》等等。通读这些政策及文件，我们可以清晰地了解到大张坑村基层民主选举的流程：宣传发动；召开村民代表会议或村民会议，讨论通过村务监督委员会选举办法，并张榜公布；对工作人员进行业务知识培训；发布候选人推选或自荐的时间、地点公告；村党组织根据村民推荐或自荐情况，在广泛征求意见的基础上提出候选人初步人选；乡镇（街道）组织考察和县级有关部门对候选人进行资格条件审查，确定候选人预备人选；组织候选人签订“三项承诺”书；由村民会议选举的，在投票选举 5 日前发布正式候选人名单和选举时间、地点的公告；组织正式投票选举，经确认有效后，当场宣布得票情况，选举结果经审查确认后，于当日或次日向全体村民公告当选人名单，并报乡镇（街道）和县级主管部门备案；组织新老村务监督委员会办理工作交接；整理、建立选举工作档案。

应该说，大张坑村的基层民主选举是在“公平、公开、公正”原则下，有条不紊地展开的，应该能够确保最反映民意的候选人当选。但是在实际运作中，我们却发现，宗族势力与利益集团，能够利用政策漏洞操纵选举，妨碍基层民主的正常运行。例如曾任大张坑村支书的 X，为了控制和操纵选举，在他在任的十余年时间里，将发展党员的人员控制在与自己关系好的村民或家族亲戚中间，致使与其存在异议的村民无法成为党员。由于村支书和村委会主任的自荐和推荐需要老党员推荐、签字，还要经过村党委批准才能送到镇政府和县政府审查生效，所以 X 可以通过发展党员这项工作，将自己长期留在村支书的位置上，妨碍了村基层民主的正常发展。这一行为引起了村民的不满，村民对此意见很大。

第三，村民的文化水平较低，还不能很好地践行基层民主。

大张坑村村民的受教育程度整体不高，近年来虽有较大提升，但大部分受过教育的村民流出在外，或上学或打工，留在村子里的村民受教育程度整体较低，对于自己所应行使的民主选举权利没有充分的认知。同时，由于村子“空心化”严重，部分村民在选举时委托他人（或家人）代为行使民主选举权利，使得民主选举未能充分代表村民本意。这一切使得大张坑村在民主选举过程中，出现了选举失范、不透明的现象。在对村民的访谈中，我们发现村子存在拉选票的情况。

正是由于基层民主选举的不合理性，导致在候选人确定、投票、计票、结果监督等方面都存在一些问题，使得真正有能力和抱负的村民未能得以委任。有些村支书或村委会主任长期连任，使该村基层民主长期处在一种不透明的状态，使村民难以真正行使参政议政的权利。

与此同时，村民受教育程度低不仅体现在对民主权利的认知不足，同时也体现为发展观念的落后。调研发现，大张坑村村民思想观念整体比较保守，没有迫切致富的愿望。当村里修建公路时，有村干部曾经向项目组提出吸纳村民进入项目组工作，以增加村民收入时，项目负责人表示要考虑工作进度，而村里的村民工作太散漫，不能满足项目的要求；另一方面，村民也表示不愿意进入工程队工作，觉得工作太辛苦。

第四，人口流动频繁，村子“空心化”严重，致使基层民主很难贯彻践行。

社会经济的发展，使大张坑村人口流动频繁。调研显示，村中常住人口较少，村子出现了严重的“空心化”现象。已有研究表明，此类村子，一是村民会议难召开，因为村中大量人员外出打工或者人户分离，从而导致村民会议的召开缺少人员参与；二是村中越权式决策，由于村民文化程度不高，法治观念薄弱，对各项事务的认识不够深刻，在村级事务中不能准确地表达出自己的利益诉求，形成了一切由村委会或者村党支部说了算的习惯，使民主决策未能真正得到落实[①]。

党的十八大报告中明确指出：完善基层民主制度，在基层公共事务和公益事业中实行群众自我管理、自我服务、自我教育、自我监督，是人民依法行使民主权利的重要方式。要健全基层党组织领导的充满活力的基层群众自治机制，以扩大有序参与、推进信息公开、加强议事协商、强化权力监督为重点，拓宽范围和途径，丰富内容和形式，保障人民享有更多更切实的民主权利，发挥基层各类组织协同作用，实现政府管理和基层民主有机结合。因此，各级政府和学界需要加大调研力度，积极探讨此种情况下基层民主践行的有效途径。景宁县及东坑镇政府应加大调研力度，出台相应措施，着力解决大张坑村民主政治建设过程中所遇到的困难和阻碍，努力协调村两委关系，监督大张坑村基层民主的完善落实情况，为基层民主建设提出指导性建议，促进大张坑村基层民主建设更加公平、透明。

第五，返村畲族精英对基层建设有一定的推动作用。

大张坑村有着悠久的革命传统，不但为我国贡献了一批舍生忘死的革命义士，也为地方社会的发展培养了一批出色的人才。这些从大张坑村走出的畲族精英，在退休后返回大张坑村居住养老，继续发挥余热，为村子的发展做出了贡献。其中较为突出的主要有两位县民宗局原局长：LZY 和 LQX。

LZY，男，畲族，1934 年生。1959 年加入中国共产党，党龄 58 年。从少数民族师范学校毕业之后，23 岁时参加工作，任小学校长 15 年，又任中学（云和中学和景宁中学）校长 12 年，教书 27 年，共培养学生 5000 余人。1989 年 5 月，景宁畲族自治县民族事务委员会成立，LZY 被调至县民委担任主任。1992 年，县民族事务委员会改名为民族宗教事务局，LZY 成为景宁县民宗局第一任局长。此外，他还担任过浙江省第二届政协委员，景宁畲族自治县总工会首届副主席。LZY 的大哥叫雷二宝，在抗美援朝战争中英勇牺牲。

LZY 作为景宁县民宗局的第一任局长，其政治经验十分丰富，在村子里德高望重，因此村子里每当村两委换届时，村民都会主动征求他的意见。而他能够不囿于族别的门户之见，客观而公正地推荐最有能力的候选人，也能够及时指出村两委在政治建设完善过程中不妥当的地方。他在推荐工作中客观公正，无族别和亲疏偏见，对于推进大张坑村基层民主建设做出了重要贡献。

由于 LZY 有过较长的学校工作经历，可谓“桃李满天下”，他的很多学生在各级政府中担任职务或主持工作。每年会有学生从四面八方来看望和拜访他，他总是会竭尽所能地向外界宣传和介绍本村的情况，为村子的发展赢得资金支持或

① 张志豪．推进民族地区农村基层民主政治建设路径［D］．桂林：广西师范大学，2014：18.

政策支持。

图 8-28 为调研组访谈县民宗局原局长 LZY。

图8-28　调研组访谈原民宗局局长LZY

LQX，男，畲族，曾担任过景宁县民宗局局长，于 2003 年退休。LQX 先生 1962 年从少数民族师范学校毕业，毕业后被分配到大张坑村任教师，任职三年之后调至东坑镇教书（1965—1984 年）。1984 年，云和与景宁分县后，由于干部缺乏，LQX 先生被分配至北溪乡任代理乡长两个月，后经选举成为正式乡长（任职一年零七个月）。1986 年 1 月 26 日，离开北溪乡后到景宁城郊区任区委副书记、区长，在此工作三年。1989 年，经人事调动到景宁县宣传部任副部长后，调至县文化局任局长，后调至县民族宗教事务局任局长，2003 年退休。LQX 的养父原是大张坑村民兵连的负责人，其妻 LLW 也是党员。

LQX 在任民宗局局长期间，对该村进行了大力宣传，撰写了部分大张坑村的书籍和资料，为大张坑村的历史文化整理做出了贡献。LQX 在退休之后，也回到村子里，为村里的发展出谋划策。调研组在大张坑村调研期间，LQX 先生主动提出要与调研组开座谈会，将所了解的情况悉数告知调研组。

图 8-29 为调研组与 LQX 合影。

图8-29　调研组与LQX合影

附录 1　大张坑村拆除补助

序号	姓名	拆除面积 /m²	补助标准 /（元 /m²）	金额 / 元
1	LJM	71.18	15	1067.7
2	LYC	50.84	15	762.6
3	LFQ	29	15	435
4	LLZ	29.56	15	443.4
5	LQM	13.2	15	198
6	LYG	51.6	15	774
7	ZLB	176.8	15	2652
8	LYZ	21.98	15	329.7
9	LYJ	16.2	15	243
10	LQZ	23.5	15	352.5
11	LRQ	22.9	15	343.5
12	LRR	14.66	15	219.9
13	LJG	20.51	15	307.65
14	LQQ	16	15	240
15	LLY	143.5	15	2152.5
16	LYG	43.5	15	652.5
17	LLG	35.25	15	528.75
18	LXB	12.5	15	187.5
19	LLH	374	15	5610
20	LYZ	83.54	15	1253.1
21	LAZ	23.6	15	354
22	LQH	48.9	15	733.5
23	LGW	6.8	15	102
24	LLQ	18	15	270
25	LFL	6	15	90
26	LXZ	53.3	15	799.5
27	LMG	36.75	15	551.25
28	LWH	35.6	15	534
29	LGQ	6	15	90
30	LXX	14.28	15	214.2
31	LQY	34.82	15	522.3
合计	1534.27 m²			

附录 2　景宁县大张坑村美丽庭院评选登记花名册

（2017 年 6 月 12 日）

序号	姓名	获奖等级	银行账号	金额 / 元	签字
1	LYG	一等奖		800	
2	LJG	一等奖		800	
3	LJM	二等奖		500	
4	LYC	二等奖		500	
5	LWL	二等奖		500	
6	LFQ	三等奖		300	
7	LMG	三等奖		300	
8	LLS	三等奖		300	
9	LQC	三等奖		300	
10	LLZ	三等奖		300	
11	LYZ	三等奖		300	
12	LQX	三等奖		300	
13	LWL	三等奖		300	
14	LGJ	三等奖		300	
15	LSB	三等奖		300	
16	LGW	三等奖		300	
17	LGQ	三等奖		300	
18	LZL	三等奖		300	
19	LYG	三等奖		300	
20	LLP	三等奖		300	
21	LXZ	三等奖		300	

附录 3　土地征收补偿登记清册

（2016 年 12 月 22 日）

被征收土地单位：大张坑村

征收地建设用途：大张坑文化广场及景观配套工程

被征收土地原管理使用单位或姓名	地类名称	图斑	土地面积 / m²	土地补偿安置补助费标准 /(元 / m²)	补偿安置金额小计 / 元	名称	数量 / m²	补偿标准 /(元 / m²)	补偿金额小计 / 元	合计补偿安置金额 / 元	户主签字	备注
LQC	园地	1	55.94	60.00	3356.40	青苗	55.94	5.00	279.70	3636.10		
LSL	园地	2	62.22	60.00	3733.20	青苗	62.22	5.00	311.10	4044.30		
LLY	园地	3	64.00	60.00	3840.00	青苗	64.00	5.00	320.00	4160.00		
LFQ	园地	4	36.22	60.00	2173.20	青苗	36.22	5.00	181.10	2354.30		
LMG	园地	5	95.83	60.00	5749.80	青苗	95.83	5.00	479.15	6228.95		
LQL	园地	6	58.70	60.00	3522.00	青苗	58.70	5.00	293.50	3815.50		
LFQ	园地	7	19.54	60.00	1172.40	青苗	19.54	5.00	97.70	1270.10		
LJM	园地	8	46.70	60.00	2802.00	青苗	46.70	5.00	233.50	3035.50		
ZLB	园地	9	171.43	60.00	10285.80	青苗	171.43	5.00	857.15	11142.95		
LXZ	园地	10	22.40	60.00	1344.00	青苗	22.40	5.00	112.00	1456.00		
LFQ	园地	11	13.70	60.00	822.00	青苗	13.70	5.00	68.50	890.50		
LYC	园地	12	11.40	60.00	684.00	青苗	11.40	5.00	57.00	741.00		
LQL	园地	13	18.02	60.00	1081.20	青苗	18.02	5.00	90.10	1171.30		
LZL	园地	14	44.58	60.00	2674.80	青苗	44.58	5.00	222.90	2897.70		
LQL	园地	15	8.94	60.00	536.40	青苗	8.94	5.00	44.70	581.10		
LJG	园地	16	113.47	60.00	6808.20	青苗	113.47	5.00	567.35	7375.55		
LFQ	园地	17	36.52	60.00	2191.20	青苗	36.52	5.00	182.60	2373.80		
LQC	园地	18	196.90	60.00	11814.00	青苗	196.90	5.00	984.50	12798.50		（三组）
LFQ	园地	19	25.88	60.00	1552.80	青苗	25.88	5.00	129.40	1682.20		
LSB	园地	20	23.59	60.00	1415.40	青苗	23.59	5.00	117.95	1533.35		
LQZ	园地	21	124.09	60.00	7445.40	青苗	124.09	5.00	620.45	8065.85		
LLG	园地	22	8.14	60.00	488.40	青苗	8.14	5.00	40.70	529.10		

续表

被征收土地原管理使用单位或姓名	地类名称	图斑	土地面积/㎡	土地补偿安置补助费标准/(元/㎡)	补偿安置金额小计/元	名称	数量/㎡	补偿标准/(元/㎡)	补偿金额小计/元	合计补偿安置金额/元	户主签字	备注
LRS	园地	23	40.97	60.00	2458.20	青苗	40.97	5.00	204.85	2663.05		
LJM	园地	24	63.00	60.00	3780.00	青苗	63.00	5.00	315.00	4095.00		
LYG	园地	25	22.38	60.00	1342.80	青苗	22.38	5.00	111.90	1454.70		
LYG	园地	26	7.29	60.00	437.40	青苗	7.29	5.00	36.45	473.85		三人分
LYZ	园地	27	24.65	60.00	1479.00	青苗	24.65	5.00	123.25	1602.25		二人分
LYZ	园地	28	16.60	60.00	996.00	青苗	16.60	5.00	83.00	1079.00		
LSY	园地	29	20.99	60.00	1259.40	青苗	20.99	5.00	104.95	1364.35		
LQY	园地	30	65.95	60.00	3957.00	青苗	65.95	5.00	329.75	4286.75		
LYZ	园地	31	26.13	60.00	1567.80	青苗	26.13	5.00	130.65	1698.45		
LQY	园地	32	5.77	60.00	346.20	青苗	5.77	5.00	28.85	375.05		
LYG	园地	33	17.55	60.00	1053.00	青苗	17.55	5.00	87.75	1140.75		
LFL	园地	34	29.73	60.00	1783.80	青苗	29.73	5.00	148.65	1932.45		
LYF	园地	35	58.06	60.00	3483.60	青苗	58.06	5.00	290.30	3773.90		
LYC	园地	36	10.11	60.00	606.60	青苗	10.11	5.00	50.55	657.15		
LML	园地	37	3.89	60.00	233.40	青苗	3.89	5.00	19.45	252.85		
LXZ	园地	38	232.65	60.00	13959.00	青苗	193.39	5.00	966.95	14925.95		有棚
LCH	园地	39	83.70	60.00	5022.00	青苗	83.70	5.00	418.50	5440.50		
LSL	园地	40	208.88	60.00	12532.80	青苗	208.88	5.00	1044.40	13577.20		
LJM	园地	41	163.72	60.00	9823.20	青苗	163.72	5.00	818.60	10641.80		
LFL	园地	42	59.49	60.00	3569.40	青苗	59.49	5.00	297.45	3866.85		
LFL	园地	43	147.03	60.00	8821.80	青苗	125.65	5.00	628.25	9450.05		有棚
LMZ	园地	44	114.56	60.00	6873.60	青苗	114.56	5.00	572.80	7446.40		
LSB	园地	45	99.81	60.00	5988.60	青苗	80.15	5.00	400.75	6389.35		有棚
LLQ	园地	46	68.03	60.00	4081.80	青苗	53.72	5.00	268.60	4350.40		有棚
LCH	园地	47	109.46	60.00	6567.60	青苗	109.46	5.00	547.30	7114.90		

续表

被征收土地原管理使用单位或姓名	地类名称	图斑	土地面积/㎡	土地补偿安置补助费标准/(元/㎡)	补偿安置金额小计/元	名称	数量/㎡	补偿标准/(元/㎡)	补偿金额小计/元	合计补偿安置金额/元	户主签字	备注
LMZ	园地	48	75.65	60.00	4539.00	青苗	75.65	5.00	378.25	4917.25		
LFL	园地	49	85.64	60.00	5138.40	青苗	85.64	5.00	428.20	5566.60		
LFL	园地	50	11.30	60.00	678.00	青苗	11.30	5.00	56.50	734.50		
LJM	园地	51	150.16	60.00	9009.60	青苗	150.16	5.00	750.80	9760.40		
LFL	园地	52	38.98	60.00	2338.80	青苗	38.98	5.00	194.90	2533.70		
LCH	园地	53	28.35	60.00	1701.00	青苗	28.35	5.00	141.75	1842.75		
LXY	园地	54	51.53	60.00	3091.80	青苗	51.53	5.00	257.65	3349.45		
LYG	园地	55	19.75	60.00	1185.00	青苗	19.75	5.00	98.75	1283.75		
LFL	园地	56	94.95	60.00	5697.00	青苗	94.95	5.00	474.75	6171.75		
LLQ	园地		5.00	60.00	300.00	青苗	5.00	5.00	25.00	325.00		
LYG	园地	57	26.31	60.00	1578.60	青苗	26.31	5.00	131.55	1710.15		
LSB	园地	58	2.24	60.00	134.40	青苗	2.24	5.00	11.20	145.60		
LYG	园地	59	24.96	60.00	1497.60	青苗	24.96	5.00	124.80	1622.40		
LLQ	园地	60	42.14	60.00	2528.40	青苗	42.14	5.00	210.70	2739.10		
LLQ	园地	61	418.98	60.00	25138.80	青苗	418.98	5.00	2094.90	27233.70		
LJM	园地		20.00	60.00	1200.00	青苗	20.00	5.00	100.00	1300.00		
LLZ	园地		10.00	60.00	600.00	青苗	10.00	5.00	50.00	650.00		
LSL	园地	62	23.01	60.00	1380.60	青苗	23.01	5.00	115.05	1495.65		
LQX	园地	63	16.16	60.00	969.60	青苗	16.16	5.00	80.80	1050.40		
LQQ	园地	64	9.30	60.00	558.00	青苗	9.30	5.00	46.50	604.50		
LXZ	园地	65	9.45	60.00	567.00	青苗	9.45	5.00	47.25	614.25		
LXX	园地	66	7.79	60.00	467.40	青苗	7.79	5.00	38.95	506.35		
LJG	园地	67	15.74	60.00	944.40	青苗	15.74	5.00	78.70	1023.10		
合计			4146.00		248760.00		4051.39		20256.95	269016.95		

经手人：　　　　　　审核人：

附录 4　景宁县张山岙至张村联网公路工程土地征收地上青苗、附着物补偿发放花名册

（2017 年 6 月 12 日）

单位：元

序号	姓名	信用社账户	金额	地块 1	地块 2	地块 3	地块 4
1	LGQ		33847.700	33507.50	340.20		
2	LLY		12039.248	2850.3704	9188.8777		
3	LLZ		5025.755	5025.76			
4	LLQ		602.486	602.49			
5	LLW		7295.957	2935.2767	4360.68		
6	LMZ		8891.350	8891.35			
7	LML		39882.621	37443.6	2439.0207		
8	LQL		986.700	986.70			
9	LQY		3562.553	2413.4325	1149.12		
10	LQZ		22564.800	22564.8			
11	LSM		20103.120	13701.24	6401.88		
12	LWP		10336.910	5105.75	5231.16		
13	LXZ		4139.085	2673.1915	1465.8937		
14	LXM		5735.755	3454.7947	2280.96		
15	LXX		1865.880	1865.88			
16	LXD		7128.360	7128.36			
17	LXY		42423.120	36399.96	6023.16		
18	LYG		47561.509	41597.4	1035.159	3830.45	1098.5
19	LYZ		3069.421	3069.4209			
20	LZC		4806.750	4806.75			
21	LDQ		24920.350	24920.35			
22	集体		57543.480	57543.48			
合计		364332.90					

附录 5　关于印发《东坑镇计划生育工作责任资源捆绑制度》的通知

东政〔2015〕13 号

各行政村：

为进一步夯实我镇人口和计划生育基层基础，稳定低生育水平，提高出生人口素质，根据《中共中央国务院关于全面加强人口和计划生育工作统筹解决人口问题的决定》和《景宁畲族自治县关于进一步加强人口和计划生育工作的若干意见》等有关文件精神，现制定《东坑镇计划生育工作责任资源捆绑制度》，望认真参照执行。

附件：《东坑镇计划生育工作责任资源捆绑制度》

东坑镇人民政府

2015 年 3 月 2 日

抄送：县计生局

东坑镇人民政府办公室　　2015 年 3 月 2 日印发

附录6　东坑镇计划生育工作责任资源捆绑制度

为了认真贯彻落实计划生育“标创工程”指示精神，逐步提高村级组织对抓计划生育工作的思想重视程度和自我管理能力，构建“分工明确、责任到人、制度完善、齐抓共管”的计划生育工作运行机制，特制定东坑镇人口和计划生育责任资源捆绑制度。具体内容如下。

一、考核对象及职责

1. 全体驻村干部

驻村干部负责所驻村的计划生育协调、指导和上传下达工作，全面掌握本村计划生育情况，对所驻村计划生育工作负全责，负责协调、督促村干部落实联系职责。

2. 村党支部书记、村委会主任

村党支部书记、村委会主任是本村计划生育工作的第一责任人，对本村计划生育工作负总责，负责带领本村落实联系对象，提供外出对象居住地和联系方式，并督促其寄回“三查”等计划生育证明。

3. 村计划生育分管领导

村计划生育分管领导是本村计划生育工作的具体责任人，对本村的计划生育面上工作负责组织实施，指导、督促村级计划生育联系员按照镇计生办要求抓好各项工作落实，并及时向村主要领导反馈存在的问题、提出解决建议与意见。

4. 村级计划生育服务员

村级计划生育服务员是本村计划生育工作的直接责任人，是镇计生办下达给村各项工作任务落实的直接责任人，负责本村信息登记和随访服务。

5. 镇班子成员

镇班子成员负责协调处理计划外怀孕补救措施、征收社会抚养费重点难点问题。

二、奖惩措施

计生考核列入年终考核范围，并作为任用、奖惩干部重要参照依据

驻村干部：

驻村干部所联系村计划生育工作年终考核排位在全镇前三位的，奖驻村干部800元、600元、400元；在末三位的，驻村干部当年度不得参加评优评先，并实行通报，在镇内交流。

村级：

1. 建立“标创工程”工作奖励制度，年终评估考核，评为示范村的奖 2000 元；对年度考核被列入前三名的行政村奖励 1000 元；

2. 连续 5 年以上无违法生育的，奖励该村 1000 元，连续 10 年没有出现计划外生育的行政村一次性奖励 2000 元，连续 15 年没有出现计划外生育的行政村一次性奖励 2500 元，连续 20 年没有出现计划外生育的行政村一次性奖励 3000 元，连续 25 年没有出现计划外生育的行政村一次性奖励 4000 元，连续 30 年以上没有出现计划外生育的行政村一次性奖励 5000 元（以上均要上挂一年，次年计奖）。

3. “三查”率、“四项手术”落实率、社会抚养费征收工作一项及以上不达标的扣发村主任、书记百分之三十的年度基本报酬。由于主观原因造成本村计划生育工作严重被动后果的，按有关规定追究村书记、主任、分管领导、计生服务员的政治、经济责任。

4. 全年计划生育考核全镇排名末三位的行政村书记、主任、分管领导、计生服务员给予通报批评，对行政村书记实行诫勉谈话，村干部当年度不得参加评优评先。

5. 被列为整治村的，在转化前，暂停拨付除救灾等必需款项外的政府性补助资金；对村主要责任人和直接负责人暂停发放市、镇两级的工作和生活补助金。

6. 党员干部违反计划生育政策的，给予党纪政纪处理。

附录 7 关于印发《计划生育优惠政策实施办法》的通知

（东政〔2015〕13 号）

各行政村、乡属各单位：

经研究，对东政〔2014〕45 号文件《关于印发〈计划生育优惠政策实施办法〉的通知》进行了修改，现重新发文，内容如下：

一、镇财政优先安排落实年度计划生育专项经费，为计划生育工作开展提供经费保障；各村各单位也要安排专项经费保证计划生育工作顺利开展。

在扶贫工作中把贫困的独生子女和双女户作为重点对象。

二、对自觉实行计划生育的育龄夫妇，镇政府制定如下优惠政策：

（一）对农村居民持有《独生子女父母光荣证》、二女结扎户奖励扶助政策。

1. 农村部分计划生育家庭奖励扶助对象应同时符合以下条件：①本人为本省农业户口或界定为农村居民户口；② 1973 年开始未违反计划生育法规、规章或政策规定生育；③现存一个子女或死亡现无子女；④ 1953 年 1 月 1 日以后出生，年满 60 周岁。确认后可发放每月每人不少于 80 元奖励扶助金（一年每人 960 元，一次性发放），直至亡故为止。

2. 对自觉实行计划生育，并持有《独生子女父母光荣证》或农村家庭只有两个女儿且已施行绝育措施的（简称“农村二女结扎户”）凭证可以享有如下优惠政策：一是具有本县户籍并符合计划生育政策的农村独生子女户、双女结扎户在参加农医保时，个人缴费部分按 50% 予以补助；二是对高考（分文、理科）、中考成绩列全县前三名（以教育部门公示为准）的独生子女分别给予 3000 元、2000 元、1000 元的奖励；三是对符合建房政策审批宅基地、承包土地和山林、村集体经济收益分红等分配独生子女按两人计算（有其他政策规定的除外）；四是符合《浙江省计划生育条例》再生育条件的育龄夫妇，经夫妇双方自愿承诺放弃二孩指标，并领取《独生子女父母光荣证》的，除县计生局奖励 500 元外，镇政府还给予一次性奖励 100 元。

（二）计划生育独生子女家庭特别扶助政策：扶助对象应同时符合以下条件：① 1953 年 1 月 1 日以后出生；②女方年满 49 周岁；③只生育一个子女或合法收养一个子女；④现无存活子女或独生子女被依法鉴定为残疾（伤病残达到三级以上）。扶助标准：按有关政策文件执行。

（三）计划生育公益金政策。计划生育公益金主要用于独生子女发生意外伤残或死亡，夫妻不再生育等对象和对其他特殊情况进行扶持，可以发放300—500元生活困难补助。申请服务对象和要求：①根据县政府2号令、景政办发〔2004〕89号文件；②独生子女意外死亡、伤残，并不再生育、收养的家庭；③由计划生育节育手术引发的并发症和后遗症患者；④计划生育家庭父母意外伤残而导致丧失劳动能力或死亡，其子女未满18周岁的家庭；⑤因特殊情况而造成生产、生活困难的计划生育家庭。

（四）对领取《独生子女父母光荣证》和女儿户，免费优先安排参加农村实用技术培训，并优先安排农村扶贫救济项目。

（五）育龄妇女凭《计划生育三查证》到镇卫生院或县计划生育指导站每年享受两次免费“三查”服务（即查环、查孕、查病）；准备生育的育龄夫妇，享受免费优生检测卡，到县计划生育指导站参加免费优生检测；准备结婚的育龄人员可以到县妇保站参加免费婚前检查。

（六）镇政府按规定补助给期内自觉落实措施的育龄对象计划生育技术服务费：结扎200元、放环50元、取环50元、人工流产70元、引产230元、钳夹（大月份流产）165元、皮下埋植100元；有条件的村，对实行计划生育的夫妇，除镇技术服务费补助外，自觉落实结扎措施的，还给予补助营养费100元，放环的给予补助50元。

三、从事村计划生育工作的干部享受以下待遇：

1. 村计生服务员报酬，年终通过考核后一次性发给。

2. 村计生服务员享受村“两委”成员误工补贴待遇。

3. 村计生服务员享受一年两次免费生殖健康检查服务。

四、镇政府组织对各村、镇属部门以及单位负责人进行年度考核时，严格实行计划生育一票否决制，同时对计生工作有突出贡献的集体和个人给予奖励。

五、本办法由东坑镇计生办负责解释。

附件1：驻村干部计划生育考核办法

附件2：东坑镇村级计划生育工作考核细则

附件3：坑镇计划生育服务员岗位辞退办法

附件4：东坑镇计划生育服务员岗位目标管理考核办法

附件5：东坑镇村书记、主任计划生育工作考核细则

东坑镇人民政府

2014 年 7 月 15 号

抄　送：县计生局

东坑镇政府办公室　　　　　　　　　　2014 年 7 月 15 日印发

附录 8　大张坑新建卫生厕所农户补助清单

单位：元

序号	姓名	补助标准	补助金额	备注
1	LLY	1500	1500	
2	LJM	1500	1500	
3	LLZ	1500	1500	
4	LWF	1500	1500	
5	LLS	1500	1500	
6	LQC	1500	1500	
7	LYG	1500	1500	
8	LXH	1500	1500	
9	LRQ	1500	1500	
10	LMK	1500	1500	
11	LWB	1500	1500	
12	LQZ	1500	1500	
13	LAX	1500	1500	
14	LYJ	1500	1500	
15	LYC	1500	1500	
16	LLG	1500	1500	
17	LYG	1500	1500	
18	LMZ	1500	1500	
19	LJR	1500	1500	
20	LFQ	1500	1500	
21	LXQ	1500	1500	
22	LRX	1500	1500	
23	LXZ	1500	1500	
24	LML	1500	1500	
25	LQW	1500	1500	
26	LLQ	1500	1500	
27	LLW	1500	1500	
合计			40500	

附录 9　张山岙至张村联网公路工程（零星补征）土地征收补偿费发放清册

（2017 年 3 月 16 日）

单位：元

序号	姓名	金额	地块 1	地块 2	地块 3	地块 4	地块 5	地块 6	地块 7	地块 8
1	LQC	16434.600	3636.1	12798.5						
2	LSL	19117.150	4044.3	13577.2	1495.65					
3	LCH	14398.150	5440.5	7114.9	1842.75					
4	LFL	31324.900	1932.45	3866.85	9450.05	5566.6	734.5	2533.7	6171.75	1069
5	LFQ	8570.900	2354.3	1270.1	890.5	2373.8	1682.2			
6	LJG	8398.650	7375.55	1023.1						
7	LJM	24737.700	3035.5	10641.8	9760.4	1300				
8	LLY	4160.000								
9	LLZ	650.000								
10	LLQ	35363.700	4350.4	325	2739.1	27233.7	715.5			
11	LLW	1050.400								
12	LMZ	12363.650	7446.4	4917.25						
13	LMG	6228.950								
14	LML	252.850								
15	LQL	5567.900	3815.5	1171.3	581.1					
16	LQQ	604.500								
17	LQY	4661.800	4286.75	375.05						
18	LQZ	8065.850								
19	LRQ	2663.050								
20	LSY	1364.350								
21	LSB	9051.300	1533.35	6389.35	145.6	983				
22	LXZ	18959.200	1456	14925.95	614.25	1963				
23	LXX	506.350								
24	LXY	3349.450								
25	LYC	1398.150	741	657.15						
26	LYG	7685.600	1454.7	473.85	1140.75	1283.75	1710.15	1622.4		
27	LYZ	4379.700	1602.25	1079	1698.45					
28	LYZ	529.100								
29	LYF	3773.900								
30	LZL	2897.700								
31	ZLB	11142.950								
合计		269652.45								

敕木山中的畲族红寨——大张坑村社会调查

附录 10　2017 年大张坑村党建实施方案

为深入贯彻党的十八大精神，加强党的执政能力建设和党的先进性建设，充分发挥党组织的核心作用和党员的先锋模范作用，为构建和谐乡村提供坚强的组织保证和思想保证，开创我村庄党建工作新局面，结合我村实际特制定今年党建工作计划：

一、指导思想

以邓小平理论和“三个代表”重要思想为指导，全面落实科学发展观，按照构建社会主义和谐社会的要求，紧紧围绕发展稳定的大局，紧密结合村庄建设的实际，以服务居民群众为重点，健全机制，强化功能，不断提高村庄党组织的创造力、凝聚力和战斗力，为创建管理有序、服务完善、环境优美、文明祥和的和谐村庄。

二、目标任务

1. 及时开展大张坑村支部“党员固定活动日”，融入村实际情况，将党员带头剿灭劣三类水、温故村红色历史等。

2. 定期开展两学一做学习课，学党章党规，学系列讲话，组织学习《中国共产党章程》、《中国共产党廉洁自律准则》、《中国共产党纪律处分条例》、《之江新语》等。

3. 村支部党员带头督促村级项目实施，层层动员，广泛发动，全力推动美丽宜居、文化广场工程、地址灾害点修复、村口公路改线等项目实施，及时反馈项目进度，以“抓质量、提速度、零事故、增效益”为主线，上下联动、攻坚克难，全面推进项目进程。

4. 浓厚村庄文化氛围。党员带头带动村民，依托文化中心广场、体育设施等文体资源，搭建每个村民都能参与的活动舞台，定期组织举办文艺会演，完善合唱团、文艺队、健身操队、山歌队等文体队伍，做到周有广场文体自演、季有庭院文体自乐，年有村内广场文化活动。

5. 宣传大张坑红色故事。收集大张坑红色故事，挖掘“忠勇精神”，提升打造大张坑村红色文化展览馆，通过网络、报纸等多样方式宣传大张坑红色文化。

三、相关要求

（一）加强组织领导。

村党支部要立足实际，发挥特长，找准工作的切入点，制定各自的切实可行的党建工作方案，明确工作目标，精心组织、突出重点，有计划、有步骤地开展党建活动。

（二）广泛深入发动。

始终坚持以“服务居民，群众受益”为出发点和落脚点，不搞形式主义和政绩工程。充分利用各种舆论工具，广泛宣传开展党建各项活动的重要意义，努力营造“人人为我、我为人人”、“共驻大张坑，共建大张坑”的良好氛围，认真听取村民的意见建议，确保党建活动使居民受益，让群众满意。

（三）强化督促检查。

在创建工作中，村支部要及时对开展的每一项工作情况进行总结，对发现的问题采取有效措施予以解决，确保党建工作顺利开展。要树立党建活动的先进典型，通过新闻宣传、图板宣传、经验交流等多种形式，推广典型经验，发挥示范、带动作用和辐射作用，全面促进村支部党建工作。

附录 11　大张坑村党员名单

姓名	性别	民族	籍贯	学历	入党时间	转正时间
LJR	男	畲族	浙江景宁	—	1942	—
LRL	男	畲族	浙江景宁	—	1942	—
LZQ	男	畲族	浙江景宁	小学	1947.3.28	1948.3.28
LMK	男	畲族	浙江景宁	小学	1955.12.21	1956.12.21
LMG	男	畲族	浙江景宁	小学	1958.10.6	1959.10.6
LYF	男	畲族	浙江景宁	小学	1959.12.26	1960.10.26
LYQ	男	畲族	浙江景宁	小学	1970.1.20	1971.1.20
LYZ	男	畲族	浙江景宁	小学	1973.7.12	1974.7.12
LYZ	男	畲族	浙江景宁	小学	1974.11.21	1975.11.21
LZG	男	畲族	浙江景宁	小学	1977.10.27	1987.10.27
LRR	男	畲族	浙江景宁	初中	1979.8.26	1980.8.26
LMG	男	畲族	浙江景宁	小学	1985.8.7	1986.8.7
LLW	男	畲族	浙江景宁	初中	1985.8.7	1986.8.8
LQS	男	畲族	浙江景宁	—	1985	—
LXH	女	汉族	浙江景宁	高中	1986.1.20	1987.1.20
LJM	男	畲族	浙江景宁	小学	1989.5.12	1990.2.12
LLX	男	畲族	浙江景宁	初中	1996.5.27	1997.5.27
LLH	男	畲族	浙江景宁	初中	1999.5.1	2000.5.1
WQQ	女	汉族	浙江景宁	大学	2011.7.5	2012.7.5
LTL	男	畲族	浙江景宁	高中	2012.8.20	2013.8.15
LXH	男	畲族	浙江景宁	初中	2013.9.8	2014.3.4
LBB	男	畲族	浙江景宁	初中	2016.11.22	—
LYJ	男	畲族	浙江景宁	初中	2016.11.22	—

附录 12　村民委员会“自荐直选”工作流程

1. 召开村务联席会议

参加对象：村两委成员、指导换届的镇干部等。

开展内容：制定①《村民委员会选举办法》（草案）；②《村民代表推选办法》（草案）；③《村民选举委员会推选办法》（草案）；④自治章程（草案）。

2. 召开现任村民代表会议

参加对象：村民代表会议组成人员，开展内容：①通过《村民选举委员会推选办法》；②推选产生村民选举委员会成员并公告；③通过《村民代表推选办法》和《村民委员会选举办法》。

3. 张贴公告和选民登记

开展内容：①张贴《村民委员会选举办法》、《村民代表推选办法》（1 号公告）；②张贴确认选民资格公告和村民自治章程（草案）（2 号公告）；③选举日 20 日前张贴选民名单（3 号公告）

4. 异议确认及张贴公告开展内容：①对有异议的选民名单进行审核确认；②张贴委托票、自荐报名等须知；③选举日 15 日前张贴增减后的选民名单。（可以与 5 同时进行）

5. 推选新一届村民代表开展内容：①一般选民公布 5 日后，张贴村民代表推选安排公告（4 号公告）；②推选村民代表和村民小组长并进行公告（5 号公告）；③签订村民自治章程授权书。

6. 办理委托投票

开展内容：开始办理委托登记。（可结合村民代表推选）（委托关系仅限配偶、父母子女、兄弟姐妹、祖父母、外祖父母、孙子女、外孙子女）

7. 组织自荐报名

开展内容：①选举日 10 日前，自荐人提交报名表、身份证复印件、三项承诺书、演讲稿；②选举委员会、镇和县有关部门对自荐人进行资格审查；③张贴自荐人报名公告（6 号公告）。

8. 选举日 5 日前事项

开展内容：①以姓氏笔画为序，对自荐人名单进行公告（7 号公告）；②确定选举投票时间、地点、方式、选举工作中的唱票人、监票人、计票人和其他选举工作人员并进行公告（8 号公告）。

9. 竞职演讲、纪律培训

开展内容：①组织竞职演说和谈话；②对经审核确定的自荐人进行纪律培训。

10. 选举日 3 日前事项

开展内容：①对委托人和受托人进行确认并公告（9 号公告）；②投票选举的其他准备工作。

11. 选举日 1 日前事项

开展工作：①对委托人和受委托人有异议的，在选举日 2 日前提出，选委会在选举日 1 日前对重审有异议委托投票进行公告；②发放《选民证》和《委托票证》；③印刷选票。

12. 正式选举

开展内容：①投票选举；②宣布得票结果；③当日或次日公告选举结果（10 号公告）。

13. 另行选举

开展内容：①确定正式候选人；②张贴另行选举公告。

14. 选举后续工作

开展内容：①选举后 10 日内，完成新老班子交接分工；②颁发当选证书；③总结建档。

附录 13 东坑镇大张坑村第十一届村民委员会选举办法（草案）

（自荐直选）

（2017 年 × 月 × 日村民代表会议通过）

为规范本村村民委员会的换届选举工作，保障村民依法行使民主权利，确保换届选举工作的依法进行，根据《中华人民共和国村民委员会组织法》和《浙江省村民委员会选举办法》及省、市、县、乡（镇）有关规定，结合本村实际，制定本办法。

一、本届村委会换届选举在东坑镇村组织换届选举工作领导小组指导和村党支部的领导下，由村民选举委员会主持。村民选举委员会由村民代表会议推选产生。村党组织负责人应通过民主推选，担任村民选举委员会主任，主持村民选举委员会工作。

村民选举委员会成员自荐竞选村民委员会职务或者在另行选举时被确定为村民委员会成员候选人的，其村民选举委员会的职务自行终止。

村民委员会成员候选人或者自荐人的配偶、父母子女、兄弟姐妹担任村民选举委员会成员的，应当退出村民选举委员会。

村民选举委员会行使职责至村民委员会完成工作移交时止。

二、本村第十一届村民委员会设主任名，副主任名，委员名（其中妇女委员1名，实行专职专选）。村民委员会成员之间不得有夫妻、父母子女、兄弟姐妹关系。本次选举采取自荐直选的选举方式。本村选举日为 2017 年 5 月 1 日。

村民委员会主任、副主任、委员、妇女委员由本村有选举权的选民以无记名投票的方式直接选举产生。

三、选民登记及资格审查。

1. 年满十八周岁（即 1999 年 4 月 30 日 24 时前出生）的本村村民，不分民族、种族、性别、职业、家庭出身、宗教信仰、教育程度、财产状况、居住期限，都有选举权和被选举权；但是，依照法律被剥夺政治权利的人除外。

2. 选民的年龄计算时间，以本村选举日为准。选民出生日期以居民身份证为准；无居民身份证的，以户籍登记为准。

3. 村民委员会选举前，应对下列人员进行登记，列入选民名单：

（一）户籍在本村并且在本村居住的村民；

（二）户籍在本村，不在本村居住，本人表示参加选举的村民；

（三）户籍不在本村，在本村居住一年以上或者在本村从事村务工作一年以上，本人申请参加选举，并经村民代表会议同意参加选举的公民。

已在户籍所在村或者居住村、工作所在村登记为选民的，不得再参加其他地方村民委员会的选举。

……

4. 选民登记工作要认真细致，做到不错登、不漏登、不重登。选民名单应当在选举日的 20 日前，由村民选举委员会张榜公布。

选民名单公布后，遇死亡或被剥夺政治权利的，其选举权利自行终止；新迁入户籍的村民，不新增为选民。当年退役的士兵，凭退伍证可以参加原户籍地的选举。

5. 对公布的选民名单有异议的，应当自名单公布之日起 5 日内向村民选举委员会提出申诉。村民选举委员会应当自收到申诉之日起 3 日内做出处理决定，并公布处理结果。

四、村民委员会成员任职条件（即自荐人报名竞选应具备条件）：

1. 认真贯彻执行党的路线、方针、政策和国家法律、法规，能带领全村完成工作任务；

2. 遵纪守法，清正廉洁，处事公正，作风民主，品行良好，联系群众，热心为村民服务，接受村民监督；

3. 遵守并组织实施村民自治章程、村级民主管理公约，执行村民代表会议决议。工作认真负责，热心公益，有办事能力，能独立完成任务；

4. 身体健康，能胜任本职工作需要，具有一定科学文化知识和组织领导能力；

5. 懂经济、会管理，有开拓进取精神，能带领村民发展经济和建设社会主义新农村；

6. 坚持“四过硬”：政治素质过硬、治理能力过硬、服务本领过硬、品行作风过硬。

五、经联合审查，有下列行为或情形之一的人员，不能列入自荐人名单，不安排竞职演说，不列为另行选举时的候选人：①被判处刑罚或者刑满释放（或缓刑期满）未满 5 年的；②涉黑涉恶受处理未满 5 年以及加入邪教组织的；③受到党纪处分尚未超过所受纪律处分有关任职限制期限以及涉嫌严重违法违纪正在接受纪检、监察、公安、司法机关立案调查处理的；④有拉票贿选或其他不正当竞争行为被查处未满5年的；⑤丧失行为能力的等五种情况人员。

有下列情形之一的，不宜推选为村民委员会成员自荐人（候选人），不列入自荐人（候选人）名单：①有严重违法用地、违章建房行为尚未整改，以及近5年内有严重损害生态环境、违反计划生育政策多生育行为被查处的；②近5年内有煽动群众闹事、扰乱公共秩序的；③有恶意失信行为被法院纳入失信被执行人名单且至今未撤销的；④有长期外出不履职、干部考核不称职等辞职承诺情形的；⑤近3年内先锋指数考评中曾被评为不合格党员的；⑥道德品行低劣、在群众中影响较坏的。

六、选举期间，有以下9种情形的，视为贿选：①向选举人赠送现金、存单、银行卡、会员卡、有价证券、支付凭证或实物等进行拉票的；②为选举人提供吃请、旅游、休闲、健身、娱乐等消费活动进行拉票的；③以慰问、帮扶名义向选举人变相赠送财物进行拉票的；④以交保证金形式，许诺当选后将保证金分发给选举人进行拉票的；⑤以许诺当选后赞助村级组织或群众团体活动经费、免除村民债务、给予选举人其他利益或好处等进行拉票的；⑥以违反规定分发村集体资产、用集体资金为选举人交纳各种费用进行拉票的；⑦向其他竞选人送钱送物或给予某种利益，让其退出选举的；⑧以贿赂等手段诱使或收买选举工作人员在选举中进行舞弊活动的；⑨利用其他手段进行贿选的。

因当选人在选举过程中以暴力、威胁、欺骗、贿赂、伪造选票、虚报选票数等不正当手段当选的，或出现不符合村选举办法规定的自荐人资格条件当选的，或选举操作失误，使当选人非正常当选的，当选无效。

七、本次选举实行“自荐直选”，具备村民委员会成员任职条件的选民，都可以自荐竞选村民委员会成员。

1. 自荐的选民应自选民名单公布5日后至2017年4月20日前（选举日10日前）亲自到村民选举委员会报名登记竞选其中一个职位，并提交书面材料和本人身份证复印件。不得委托他人代为自荐报名。对超过规定时间或非本人亲自报名要求自荐的，一律不予受理。

2. 自荐人名单经村民选举委员会和东坑镇党委按任职条件进行审查，县纪检监察、组织、政法、信访、法院、检察院、公安、民政、司法行政、国土、环保、住建、农业 、卫生计生等部门和单位审查通过后，村民选举委员会在2017年4月25日前（选举日5日前）按姓名笔画为序公布自荐人名单、竞选职位。

3. 自荐人须参加东坑镇选举办组织的自荐人培训，并签订竞职、履职、辞职承诺书。对自荐报名人不签订承诺书的，视作自动退出自荐竞选。承诺书必须由村民选举委员会统一在村务公开栏上张贴，并存档，报东坑镇选举办备案。

4. 自荐人要求公开发表竞职演说的，应当在选举日的5日前提出，由村民选举委员会在选举日前统一组织，禁止自荐人擅自开展竞职活动。竞职演说稿须经过村民选举委员会审查同意，防止和纠正违法违规承诺。竞职演说书由村选举委员会统一在村公示栏上张贴，并报镇党委选举办备案。

选举投票日当天，停止一切竞职活动。

八、村民选举委员会在2017年4月25日前（选举日的5日前）确定并公布投票选举的起止时间、地点、方式和唱票人、监票人、计票人。村民委员会成员自荐人、另行选举时的候选人及其配偶、父母子女、兄弟姐妹不得担任唱票人、监票人、计票人。

九、投票选举设立中心投票会场和若干投票站集中投票。选举场所设立秘密写票处，选民必须在秘密写票处写票。未经允许不得使用摄像机、照相机、手机等任何器材对选票和填写过程进行拍摄。实行自荐人投票后集体回避投票现场制度。

对居住分散、交通不便等特殊情况难以进行集中投票，确需设立流动票箱的，应当由村民选举委员会提出，报东坑镇选举领导小组批准同意，并公告使用流动票箱投票的选民名单和监票人名单。每个流动票箱应当有三名以上监票人负责。

十、选票由参加投票选民本人填写。因文盲或病残等不能填写选票的，可以由村民选举委员会确定的代写员代写，代写时必须选民本人在场。代写人不得违背选民本人意愿，也不得向他人泄露选民的意愿。

十一、选民在选举期间外出不能参加投票的，可以书面委托配偶、父母子女、兄弟姐妹、祖父母、外祖父母、孙子女、外孙子女代为投票，且受委托人应当是除自荐人以外的本村选民。每一位受委托人接受委托投票不得超过3人。受委托人不得再委托其他选民代为投票。委托投票应当在 2017年×月×日×时前以书面形式向村民选举委员会提出。选举委托书上须注明联系方式，并由村选举委员会联系确认，确认时须有两名以上工作人员同时在场。村民选举委员会应当在选举日的3日前对委托投票情况进行审核并公告，未经审核公告的委托无效。

十二、选民根据本人的意愿，按照本办法第二条规定的职数，分别选举主任、副主任、委员、妇女委员。在秘密写票处张贴自荐人姓名、照片和自荐职位。选民可以选举自荐人，也可以另选其他选民。每张选票所选人数，等于或少于应选人数的有效，多于应选人数或者选举同一人为两项以上职务的该选项无效，其他的职务选项有效。在规定时间内投票有效，超过规定时间不得投票。被选人不同选票所得不同职位的票数分别计票，不得相加。

女委员实行专职专选，该项填写男性选民的无效，在一张选票选同一个人为“委员”和“专职女委员”的算作一票。

十三、参加投票的选民超过全体选民半数的，选举有效。每次选举收回的票数等于或者少于投票人数的有效，多于投票人数的无效。自荐主任、副主任、委员、妇女委员的选民或其他选民获得参加投票的选民的过半数选票，始得当选。获得过半数选票的人数多于应选名额时，以得票多的当选。如遇票数相等不能确定当选人时，应当就得票数相等的人进行再次投票，以得票多的当选。

村民委员会成员之间实行任职回避制度。当选的村民委员会成员之间有夫妻、父母子女、兄弟姐妹关系的，留任职务最高的人员；职务相同的，留任得票数最多的人员；职务相同、票数相同的，应当继续组织投票，留任得票数最多的人员。

第一次投票后，因任职回避导致当选人数不足应选名额的，按获得过半数选票多少的顺序依次递补。另行选举后，因任职回避导致当选人数不足应选名额的，按获得选票多少的顺序依次递补，但所得票数不得少于已投选票总数的三分之一。

不是候选人或自荐人当选的，必须经任职资格联审通过后才能宣布当选。

十四、本村采用将经过审查公告后的自荐人姓名印刷在选票空格内，选票上的自荐人姓名按姓氏笔画为序排列，选民可投赞成票、反对票或弃权票。赞成的在其姓名上方的符号栏内画“○”或“√”，反对的在其姓名上方的符号栏内画“×”或不写姓名，弃权的不画任何符号。填写除自荐人之外选民的，可在自荐人后面的空格内，写上另选人的姓名，并在其名字上方的符号栏上画“○”或“√”。填写选票使用统一提供的钢笔或圆珠笔，字迹要清楚，指向要明确。有相同姓名的，须注明组别、年龄、住址等区别于他人的说明。无法辨认、不按规定填写、标有明显记号的选票无效。考虑到选民的文化因素，出现笔画不清或音同字不同而产生异字等情况，只要选票上的意愿表达明确，不会造成异议的，应予以认定。

对无法确认是否有效的选票，由监票人在公开计票前提交村民选举委员会研究决定。

十五、投票结束后，由监票人、计票人将票箱集中当众开启，清点选票张数，由村民选举委员会宣布选举是否有效。

唱票、计票公开进行，接受选民监督。计票结束后，由监票人报告计票结果，经村民选举委员会确认有效后，当场宣布所有自荐人和其他被选人所得票数，并当众封存选票。由监计票工作人员进行记录、签字，并报东坑镇人民政府和县民政局备案。

十六、当选人数不足应选名额的，就不足的名额进行另行选举。另行选举实行有候选人的差额选举，候选人按未当选人员得票从高到低确定正式候选人，候选人分别比应选名额多一人。另行选举参加投票的选民超过全体选民半数的选举有效。以得票多的当选，但得票数不得少于参加投票选民的三分之一。

已选出的村民委员会成员中没有妇女成员的，另行选举时继续实行妇女委员专职专选。

未经资格审查的，在确定候选人前立即进行资格审查。经审查符合资格条件的，签订承诺书后列入候选人名单。

另行选举在选举投票日当日或者在选举投票日后的30日内举行。

十七、另行选举的程序与第一次选举时的程序相同。按原定选举日登记确认的选民资格继续有效，不必进行重新登记。原委托关系继续有效，但被委托人成为候选人的委托自然终止。

十八、另行选举时，本人不愿成为候选人的，应当以书面的形式向村民选举委员会提出。村民选举委员会应当尊重本人意愿及时确认并公告，并按未当选人得票多少顺序依次补足。

十九、另行选举时，选民可以对候选人投赞成票或者反对票，可以另选他人，也可以弃权。同意的在候选人姓名上面空格内画一个"○"或"√"，不同意的画一个"×"，弃权的不画任何符号；另选他人的，应在候选人后面空格内写上另选人的姓名，并在其姓名上面的空格内画一个"○"或"√"，只写姓名不画符号的无效。

二十、经另行选举，应选职位仍未选足，但村民委员会成员已选足三人，不足职位可以空缺。主任未选出的，由副主任主持工作。主任、副主任都未选出的，由村民代表会议在当选的委员中推选一人主持工作。

二十一、村民选举委员会在投票选举当日或次日发布公告，公布新一届村委会主任、副主任、委员名单。村民选举委员会发布的公告，须加盖村民选举委员会印章，在村务公开栏张贴。对未参加自荐或通过另选他人而选出的人员，暂先公布得票数，待资格条件审查后再宣布是否当选。

遇特殊情况需要延迟公布的，需经东坑镇换届选举工作指导机构批准。村民选举委员会无正当理由不公布选举结果的，东坑镇选举工作指导机构可以予以公布。

二十二、选举中如遇本选举办法以外的情况，由村民选举委员会讨论决定。省、市、县有新的法规政策规定，则按新的规定执行。

选民对选举工作有不同意见的，应当通过正当渠道和程序向村民选举委员会提出，或者向上级有关部门反映，不得以任何理由扰乱选举，阻止唱票计票。对于破坏选举以及妨害选民依法行使选举权和被选举权的行为，按照有关规定处理；违反法律、法规的，由司法机关依法惩处。

二十三、本选举办法经村民代表会议讨论通过后即日起生效。

东坑镇大张坑村村民选举委员会

2017 年 × 月 × 日

附录 14　大张坑村村委换届工序要求

村委会换届选举选民登记阶段有关工作程序要求和主要资料

（为方便表述，本手册一般都用村委会等名称表达，居委会请修改使用）

一、工作程序要求

1. 乡镇召开选举工作人员会议，业务培训，布置选民登记阶段工作。

2. 各村召开村务联席会议，拟定《村民（社员股东）选举委员会推选办法》（草案）、《村民委员会选举办法》（草案），提出选举委员会建议名单。拟定《村股份经济合作社选举办法》（草案）、《村民（社员股东）代表推选办法》（草案）、《村民自治章程》（草案），《村三年工作目标》等，整理选民名单初稿。

3. 召开村民代表会议（三分之二以上的组成人员（村民委员会成员和村民代表）参加方可召开，所作决定应当经到会人员的过半数同意）：①通过村民选举委员会推选办法，推选产生村民选举委员会 5 ～ 9 人，村党组织负责人应经推选担任为村民选举委员会主任。②讨论通过《村民委员会选举办法》。③讨论通过新一届村民代表推选办法（含名额分配）。做好推选、表决汇总结果原始书面记录并签字。④讨论《村民自治章程》（草案），布置以村民小组为单位推荐新一届村民代表、《村民自治章程》（草案）表决等工作。

4. 村民委员会发布公告，公布村民（社员股东）选举委员会组成人员名单；村民选举委员会发布第 1 号公告，公布《村民委员会选举办法》、《村股份经济合作社选举办法》，张贴《村民（社员股东）推选办法》。

5. 登记、审核选民名单，做到不重登、不漏登、不错登，姓名与居民身份证上姓名一致，如有曾用名或小名的，用括号注明。村民选举委员会发布第 2 号公告（张贴确认选民资格的公告），选民名单在乡镇（街道）选举日的 20 日前以村民选举委员会第 3 号公告公布。对公布的选民名单有异议的，应当自名单公布之日起 5 日内向村民选举委员会申诉，村民选举委员会应当自收到申诉之日起 3 日内做出处理决定，并公布结果。

6. 了解、分析选情，掌握本村选举动态。

7. 整理好村民选举委员会组成人员报告单、村《选举办法》等材料上交到乡镇（街道）选举办。

8. 做到四个同步。村民选举委员会与村股份经济合作社社员股东选举委员会（简称村社员股东选举委员会）同步产生公布；选民同步登记同步进行；村民代表和社员股东代表同步推选；村民会议向村民代表大会授权行使职权和社员股东大会向股东代表大会授权行使职权同步进行。

9. 乡镇召开选举工作人员会议，汇报选民登记阶段工作情况，包括选举委员会人数、选民数及公布时间，《选举办法》表决通过情况及公布时间，村选情动态等，布置下阶段换届选举工作。

二、主要资料

1. 《村民（社员股东）选举委员会推选办法》（草案）、《村民委员会选举办法》（草案）、《村民（社员股东）代表推选办法》（草案）、《村民自治章程》（草案）、《村股份经济合作社选举办法》（草案）。

2. 村民（社员股东）选举委员会组成人员公告。

3. 村民代表会议记录和村民代表决议记录。

4. 村民（社员股东）选举委员会组成人员报告单。

5. 村民选举委员会第1号公告，公布《村民委员会选举办法》、《村民代表推选办法》。

6. 要求列入选民登记申请书。

7. 选民参选介绍信。

8. 村民选举委员会第2号公告（开展选民登记的公告）和第3号公告（公布选民（社员股东）名单）。

9. 选民（社员股东）登记名册。

10. 不列入选民（社员股东）名单登记名册。

11. 村民选举委员会关于增加（取消）选民名单的公告。

附录 15　村委干部竞选人竞职演说

村民委员会主任（副主任、委员）自荐人竞职演说稿（参考文本）

各位选民：

按照上级党委、政府的要求和村选举办法的规定，现在我以村委会主任（副主任、委员）自荐人的身份参加竞职，竞选期间，我将严格做到以下几点：

一、严格遵守村选举办法的各项规定。

二、自愿接受村民选举委员会的资格审查，若不符合村选举办法参选规定的，主动退出竞选；若当选，接受当选无效的决定。

三、竞选期间做到不侮辱、诽谤和攻击他人，不威胁、恫吓其他选民，不作违规和不切实际的承诺。

四、本人及本人亲友都不参与分发钱物、请客送礼等任何形式的拉票贿选行为。

五、不以其他非法或不正当手段妨碍选民行使选举权、被选举权，若发现配偶及其他亲属朋友等有干扰选民意愿的行为，本人及时予以制止。

如果能够赢得广大选民的信任，使我顺利当选村委会主任（副主任、委员），我将严格遵守以下几点承诺：

（一）模范遵守和执行宪法、法律、法规和国家的政策，严格遵守《村民自治章程》和村级有关制度。

（二）坚决服从上级党委的领导，认真协助东坑镇开展工作，以村党支部为领导核心，不折不扣地完成上级党委、政府分配的各项工作任务。

（三）带领（团结）村委会成员切实保障村民依法自治，维护全体村民合法权益。工作认真负责，办事公道，廉洁奉公，热心为村民服务。切实支持村务监督委员会工作，严格按照规定进行村务公开，按规定及时公开财务收支明细情况。

（四）全力协助村两委完成制定的《×× 村三年发展规划方案》和村两委年度工作目标。

（五）如果本人丧失行为能力、被判处刑罚或干部考核不称职的，我将自行终止职务。

如果有以下情形之一的，我将自动提出辞职，并将今天的竞职演说书作为本人的辞职请求书，希望全体选民严格监督：

1. 不执行党的路线、方针政策和国家的法律法规，拒不完成上级党委、政府交给任务的；

2. 工作不负责任或盲目决策，给村集体造成较大损失的；

3. 严重违反组织纪律和民主集中制原则，致使班子不团结，工作不能正常开展的；

4. 长期外出不履职的；

5. 违反财务管理制度，奢侈浪费，损公肥私，群众反响强烈的；

6. 涉黑涉恶或违反计划生育政策多生育行为的；

7. 受党内严重警告以上处分或受治安拘留 10 日以上处罚以及受刑事处罚的。

六、各自附加演说词

____

____

____

____

如果广大选民充分信任我，请投我一票。如果大家需要继续考验我，我也绝不气馁，将以这次竞职为契机，努力提高自身素质，并努力配合好新一届村两委班子的工作，在工作中不断完善自己，以争取今后能再次得到大家的支持。

我的演说完毕，谢谢大家！

演说人（表态人）签字：

2017 年 × 月 × 日

附录 16　东坑镇大张坑村村民委员会主任选票

符　号		
主任（候选人姓名）		

说明 :1. 本选票上应选村民委员会主任 1 人，多于应选人数的无效；

2. 同意选票上候选人的，在其姓名上方符号格内画“○”或“√”；不同意选票上候选人，在其姓名上方符号格内画“×”；弃权不画任何符号；若要另选他人，在候选人姓名栏外面空格内写上你要选人的姓名，并在其姓名上方的符号格内画“○”或“√”，只写姓名，不画“○”或“√”的无效。

附录 17　东坑镇大张坑村村民委员会委员选票

符　号				
委员 候选人 姓　名				

说明：1. 本选票上候选人按姓氏笔画为序排列；

2. 应选委员 2 人，多于应选人数的无效；

3. 同意选票上候选人，在其姓名上方符号格内画“○”或“√”；不同意选票上候选人，在其姓名上方符号格内画“×”；弃权不画任何符号；若要另选他人，在候选人姓名栏外面空格内写上你要选人的姓名，并在其姓名上方的符号格内画“○”或“√”，只写姓名，不画“○”或“√”的无效。

附录 18　东坑镇大张坑村村民委员会（监事会）

选举结果报告单

东坑镇大张坑村共有村民（社员股东）代表 _____ 人，于 2017 年 5 月 15 日召开村民（社员股东）代表会议进行选举，实际参加投票的村民（社员股东）代表 _____ 人。共发出选票张，收回选票张，其中有效票 _____ 张，废票 _____ 张，弃权票 _____ 张。候选人得票情况如下：

职务	姓　名	得票数	另选得票	是否当选	村内职务	备注

经选举，________ 同志当选为本村村民委员会主任（监事会监事长），__________ 同志当选为本村村民委员会（监事会）委员。

唱票人：______________（签字）

监票人：______________（签字）

计票人：______________（签字）

大张坑村选举委员会（盖章）

2017 年 5 月 15 日

附录 19　东坑镇××村村务监督委员会选举办法（草案）

（2017 年 × 月 × 日 ×× 村村民代表会议通过）

根据《中华人民共和国村民委员会组织法》、《浙江省实施〈中华人民共和国村民委员会组织法〉办法》、《浙江省村务监督委员会工作规程（试行）》等有关规定，结合本村实际，制定本次村务监督委员会选举办法。

一、本次村务监督委员会选举工作在村党支部的领导下，由村民选举委员会主持。

二、本村村务监督委员会设主任 1 名，委员 × 名，经村民代表会议选举产生。主任应由村党支部副书记或分管纪检工作的委员担任。对因执行回避制度或负责纪检工作的委员不居住在本村等客观原因而无法兼任的，村务监督委员会主任一般从党员中推选产生。

三、村务监督委员会成员任职条件：①依法拥有选举权和被选举权的本村村民；②思想政治素质好，坚持原则、公道正派、遵纪守法，在群众中有较高威望；③热心本村公共事业，具有一定的政策水平，掌握国家相关法律法规；④能正常履职，身体健康，具有一定的相关专业能力，村监会成员中应有熟悉财务的人员。

四、“五种情况人员”不能确定为村务监督委员会成员候选人：①被判处刑罚或者刑满释放（或缓刑期满）未满 5 年的；②涉黑涉恶受处理未满 5 年以及加入邪教组织的；③受到党纪处分尚未超过所受纪律处分有关任职限制期限以及涉嫌严重违法违纪正在接受纪检、监察、公安、司法机关立案调查处理的；④有拉票贿选或其他不正当竞争行为被查处未满 5 年的；⑤丧失行为能力的等五种情况人员。出现不符合候选人（自荐人）资格条件人员当选的，当选无效。

有下列情况之一的，原则上不宜确定为村务监督委员会成员候选人：①有严重违法用地、违章建房行为尚未整改，以及近 5 年内有严重损害生态环境、违反计划生育政策多生育行为被查处的；②近 5 年内有煽动群众闹事、扰乱公共秩序的；③有恶意失信行为被法院纳入失信被执行人名单且至今未撤销的；④有长期外出不履职、干部考核不称职等辞职承诺情形的；⑤近 3 年内先锋指数考评中曾被评为不合格党员的；⑥道德品行低劣、在群众中影响较坏的。

五、以下 9 种情形视为贿选：①向选举人赠送现金、存单、银行卡、会员卡、有价证券、支付凭证或实物等进行拉票的；②为选举人提供吃请、旅游、休闲、健身、娱乐等消费活动进行拉票的；③以慰问、帮扶名义向选举人变相赠送财物进行拉票的；④以交保证金形式，许诺当选后将保证金分发给选举人进行拉票的；⑤以许诺当选后赞助村级组织或群众团体活动经费、免除村民债务、给予选举人其他利益或好处等进行拉票的；⑥以违反规定分发村集体资产、用集体资金为选举人交纳各种费用进行拉票的；⑦向其他竞选人送钱送物或给予某种利益，让其退出选举的；⑧以贿赂等手段诱使或收买选举工作人员在选举中进行舞弊活动的；⑨利用其他手段进行贿选的。

六、村务监督委员会成员实行回避制度，除兼任村务监督委员会主任的村党组织成员本人外，村党组织、村民委员会成员及其近亲属不得担任村务监督委员会成员。村文书、村报账员不得兼任村务监督委员会成员及其下设机构的人员。

七、村务监督委员会成员候选人初步人选由党支部在广泛征求意见的基础上，从村民代表、党员中提出候选人初步人选，经镇党委对候选人初步人选任职条件审核后，作为候选人预备人选提交村民代表会议进行选举。候选人预备人选名单按姓氏笔画为序排列，公示不少于 3 天。

八、选举以无记名投票方式，采用等额选举的办法，选举产生村务监督委员会主任 1 名，采用差额选举的办法，选举产生村务监督委员会委员 × 名。选举时，村民代表人数超过应到会村民代表人数的三分之二时方可进行；收回的选票等于或少于发出的选票，选举有效；多于发出的选票，选举无效，应重新进行选举。候选人得到的赞成票超过实到会的村民代表人数的半数方可当选；如遇赞成票超过实到会的村民代表人数的半数的候选人多于应选名额时，以得票多少为序取足应选名额；如遇票数相等不能确定当选时，应就票数相等的候选人重新选举，以得票多的当选。

当选人数少于应选名额时，不足名额须另行选举。另行选举的，第一次投票未当选人员中得票多的为候选人，候选人以得票多的当选，但是所得票数不得少于已投选票总数的三分之一。

投票选举时，采取村务监督委员会主任、委员一张选票，一次投票，分别计票的方式进行。

九、填写选票必须用钢笔或圆珠笔，笔迹要清楚，符号要准确。村民代表不能填写选票的，可由本人委托非候选人按选举人的意愿代写。因故未出席会议的村民代表不能委托他人代为投票。对选票上所列的候选人，可以投赞成票、不赞成票或弃权票，也可另选他人。赞成的，在其姓名上方的空格内画“○”或“√”；不赞成的，在其姓名上方的空格内画“×”；弃权的，不画任何符号；另选他人的，可在候选人后面的空格内写上另选他人的姓名，并在其姓名上方的空格内画“○”或“√”，只写姓名不画“○”或“√”的无效。每张选票所选人数等于或少于应选名额的为有效票，多于应选名额的为无效票。

十、选举时设监票人 × 名、计票人 × 名。监、计票人由村选举委员会从不是候选人及其直系亲属的村民代表中提名，监、计票人名单要经大会举手表决通过。监票人对选举的全过程进行监督。

十一、会场设投票箱一只。先由监票人投票，然后，由其他村民代表进行投票。

十二、投票完毕，由监票人当众开启票箱，清点选票张数。

十三、计票结束后，由监票人向大会报告计票结果，后由村选举委员会宣布当选人名单，并报镇党委及县级主管部门备案。新一届村务监督委员会主任、委员，由村民选举委员会进行张榜公布。

十四、因当选人在选举过程中以暴力、欺骗、贿赂、伪造选票、虚报选票数等不正当手段当选的，不符合村选举办法规定的候选人资格条件当选的，或选举操作失误，使当选人非正常当选的，当选无效，并由上级有关部门调查处理。

十五、选举过程中，如遇到本办法以外的特殊情况，由村选举委员会研究，在村民代表会议上决定。

十六、本选举办法，经村民代表会议通过后生效。

附录 20　村务监督委员会换届选举操作流程图

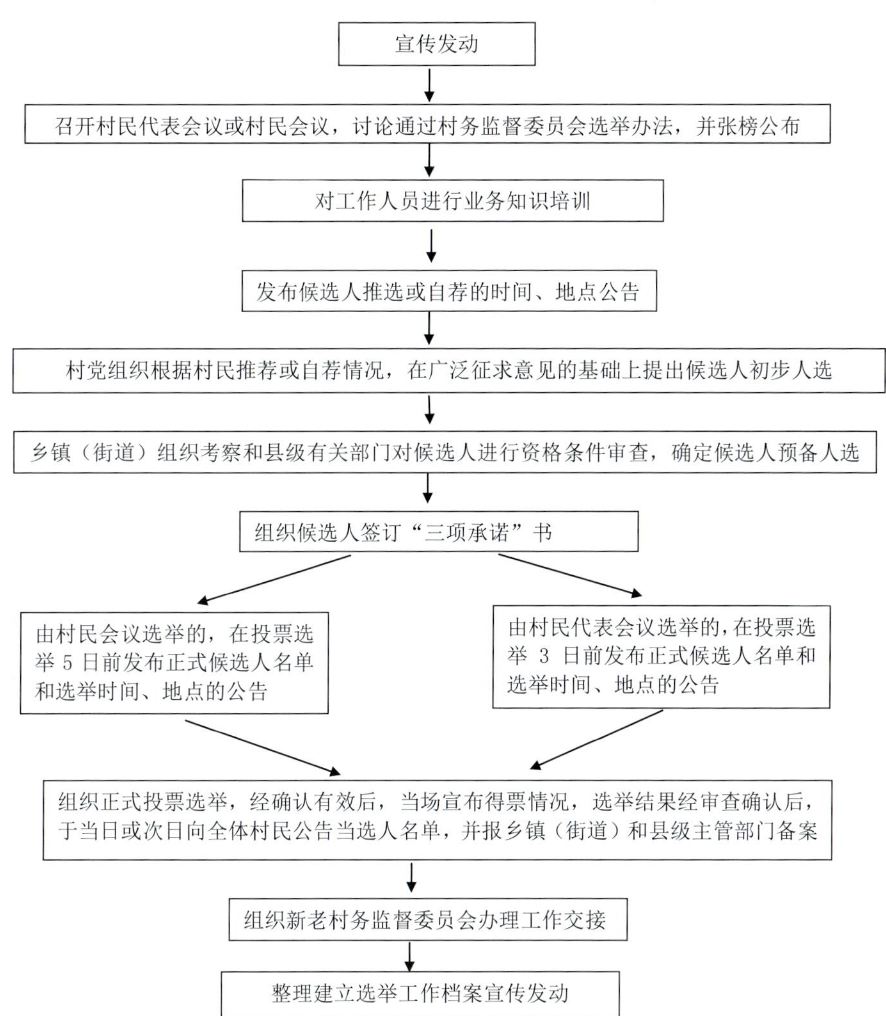

附录 21　大张坑村生产小组推选票

大张坑村生产小组	姓名	年龄	政治面貌
一组			
二组			
三组			
四组			

村民小组长	

注：1. 本小组设村民小组长 1 名；

2. 推选村民小组长，由本小组户代表（选民过半数）超过三分之二以上参加推选有效。按票数从高到低产生村民小组长。

附录 22　东坑镇 ×× 村村民小组长推选票

××××年×月×日

村民小组长	

注：1. 本小组设村民小组长 1 名；

2. 推选村民小组长，由本小组户代表（选民过半数）超过三分之二以上参加推选有效。按票数从高到低产生村民小组长。

附录 23　村监委选举成员承诺书（三项承诺书）

本人 ×××，男（女），×××× 年 × 月 × 日出生，×× 文化程度，籍贯 ××，×× 镇 ××× 村村民。经审查和组织考察，同意本人参加党支部委员会（村民委员会、村监会）竞职，竞选职位：本村党支部委员会（村民委员会、村监会）。

在党支部委员会（村民委员会、村监会）成员竞职或当选为党支部委员会（村民委员会、村监会）成员期间，我承诺：

一、竞职承诺

1. 严格遵守村选举办法的各项规定。

2. 自愿接受相关部门的资格审查。若不符合参选规定，主动退出竞选；若当选，接受当选无效的决定。

3. 竞选期间，严格遵守“九个严禁、九个一律”，做到不侮辱、诽谤和攻击他人，不威胁、恫吓其他选民，不作违规和不切实际的承诺。

4. 坚决不以任何形式做“十个不准”中的任一拉票贿选行为。

5. 不以其他非法或不正当手段妨碍选民行使选举权、被选举权，若发现配偶及其他亲属朋友等有干扰选民意愿的行为，本人及时予以制止。

二、履职承诺

1. 积极协助 ×× 乡镇（街道）党委政府开展工作；执行村里各项决定、决议；

2. 坚持在村党组织的领导下，采取集体协商、少数服从多数的原则；

3. 严格遵守有关财务制度，不以集体资产为其他单位或个人提供担保，不挪用集体资金；

4. 遵守国家法律法规和党的政策，不涉黄赌毒，不做违法和违背村民自治章程和村规民约的行为；

5. 假如本人当选，本人承诺做好以下几件实事：

（结合本村的三年规划）

三、辞职承诺

在任期内如有下列情形之一的，辞去现任职务，本承诺书即为书面辞职报告：

1. 不贯彻执行党的路线、方针、政策和不支持党委、政府决策部署，或不能依照法律、法规的规定履行工作职责和法定义务的；

2. 不遵守和实施村民自治章程、村规民约，或不执行党组织的决定或村民会议、村民代表会议的合法决定、决议，造成不良影响或后果的；

3. 无正当理由，不能按时完成村级履职承诺任务，或在民主评议中，连续两次被评议不称职的；

4. 做出的决定侵害村民合法权益，或违反民主决策、民主管理和严重失误、失职造成重大损失的；

5. 因违法乱纪被纪检、公安、检察机关查处的；

6. 违反计划生育政策，或违反《土地管理法》、《城乡规划法》等法律、法规、规章的规定建造房屋，造成恶劣影响的；

7. 不遵守财务制度，或挪用集体资金，或侵占村集体资产，或以集体资产为其他单位或个人提供担保的；

8. 由长期外出不履职、干部考核不称职等情况的；

9. 受到其他辞职的。

以上承诺，本人愿意以个人名义向全体村民做出承诺，若有违反，愿承担相应的民事和法律责任。

本人将严格执行自我承诺，自觉接受党员、村民代表和全体村民的监督，尽职尽责，为本村的经济发展和社会稳定做出自己应有的贡献。

承诺人签名：

2017年×月×日

本承诺书一式三份，承诺人、村存档、镇党委各备案一份。

附录 24　东坑镇大张坑村村民自治章程（仅供参考）

（2017 年 × 月 × 日经村民会议讨论通过）

第一章　总　则

第一条　为了保障本村村民依法自治，加强村民委员会建设，保证村务各项工作的正常运转，促进本村四个文明建设，根据《中华人民共和国村民委员会组织法》等国家法律、法规及政策的有关规定，结合本村实际制定本章程。

第二条　村民会议或者村民代表会议讨论决定的事项不得与党的方针政策和国家现行的法律法规相抵触。本章程在广泛征得本村村民意见基础上由村民会议讨论通过。本章程既是村民委员会实施村务管理工作规程，也是全体村民的行为规范，无论干部群众都必须严格遵守。

第三条　本章程由村党支部和村民委员会组织实施，村民和村民代表监督执行。

第二章　村委会及村民代表会议规则

第四条　村民委员会实施村务管理必须在村党支部的领导下，在国家法律、法规和政策范围内进行，必须体现民主决策、民主管理和民主监督的原则，实行自我管理、自我教育、自我服务，积极协助镇政府做好各项工作，完成镇政府根据法律、法规和政策布置的各项任务。

第五条　为了保障村务各项工作的依法、规范、有序运行，村民委员会下设治保、调解、公共卫生与计划生育等委员会，接受村民委员会领导，对村民委员会负责。同时，建立村民代表会议制度、村务公开制度、民主管理制度、村规民约制度，以确保村民自治各项规章的贯彻落实。

根据《村民委员会组织法》第十一条　“村民委员会任期三年，届满应当及时举行换届选举”的规定精神，村委会不能按县、乡镇统一部署进行换届选举的或经选民投票选举后产生不出新一届村民委员会时，原村民委员会成员职务自然终止，可由新一届党组织暂负责村委会日常工作。

第六条　村民会议授权村民代表会议：审议村民委员会的年度工作报告，评议村民委员会成员的工作，撤销或者变更村民委员会不适当的决定；本村享受误工补贴的人员及补贴标准；本村集体经济所得收益的使用；本村公益事业的兴办和筹资筹劳方案及建设承包方案；土地承包经营方案；村集体经济项目的立项、承包方案；宅基地的使用方案；征地补偿费的使用、分配方案；以借贷、租赁或者其他方式处分村集体财产；《村级民主管理公约》、《村规民约》等的制定；村民会议认为应当由村民会议讨论决定的其他涉及村民利益的事项。

第七条　经村民会议授权，村民代表会议形成的决议、决定，由村民委员会组织实施。

第八条　村民代表会议主要由村民委员会成员和村民代表组成，村民代表由村民小组推选产生。补选村民代表，由原村民小组推选产生。村民代表任期与村民委员会成员任期相同，可连选连任。村民代表在任期内亡故或者被依法剥夺政治权利，其村民代表资格自行终止。

第九条　村民代表的条件：拥护党的路线、方针、政策，遵纪守法；依法具有选举权和被选举权；关心集体，办事公道，在群众中有较高威信；具有履行代表职责的能力、时间、精力。

第十条　村民代表的权利和义务：可以单独或与其他村民代表联名提出议案；有权讨论决定村民会议授权的事项；有权在村民代表会议上评议村民委员会及其成员的工作，提出批评、建议或质询；有权向上级政府和村民委员会反映村民的意见和要求；在村民代表会议上表决决定、决议时，有自主表示同意、不同意和弃权的权利。

密切联系群众，积极反映村民的合理化建议和要求；按时参加村民代表会议，模范遵守国家法律、法规和各项政策及村规民约，维护村民的合法权益；贯彻执行村民代表会议的各项决定、决议，协助村民小组、村民委员会开展工作。

第十一条　村民代表在任期内，有下列情形之一的，其代表资格终止：（一）触犯刑律正在服刑等不能履行职责的；（二）无故连续三次不参加村民代表会议的；在选举过程中参与或指使他人以暴力、威胁、欺骗、贿赂、非法串联拉票、伪造选票等非法和不正当手段操纵、破坏、干扰选举被查实的；（四）推选单位过半数户代表联名要求撤换的；（五）主动要求辞去职务的；（六）严重违反自治章程、村规民约的。

村民代表资格的终止，由所在推选单位提出，由村党支部、村民委员会联席会议决定；因村民代表资格终止而出缺的，由村党支部、村民委员会联席会议视情况决定是否进行补选。

第十二条　村民代表会议每季度召开一次，有五分之一以上村民代表提议，应当及时召集村民代表会议。村民代表会议每次参加人数必须达到村民代表会议组成人员的三分之二以上参加方可召开；所作决定应当经到会人员的过半数同意始得生效，且不得与村民会议所作的决议、决定相抵触。

第十三条　村民代表会议决定重大事项，必须符合党的方针政策和国家的法律、法规和政策，有利于贯彻执行政府意图，符合大多数村民利益和民主权利。决定一旦形成，不得擅自更改。村民代表会议开始时，指定专人做好会议记录并存档。

第三章　村务管理

第十四条　本村村务实行民主决策、民主管理、民主监督，建立村务监督委员会。负责村民民主理财、监督村务公开等制度的落实，村务监督委员会成员经村民代表会议在村民中推选产生，其中应有具备财会、管理知识的人员。村民委员会成员及其近亲属不得担任村务监督机构成员。村务监督机构成员向村民会议和村民代表会议负责，可以列席村民委员会会议。负责对本村集体经济收益及使用；公益事业、基础设施项目和村集体经济项目的立项、资金使用、招投标或承包方案及合同的签订、变更、解除；全程参与项目招投标以及项目资金使用、工程质量、时间进度、项目变更；村集体资产的出租、出让、拍卖、发包、处置，村集体投资项目；土地征用补偿，土地流转；救灾救济款的发放和困难户补助对象、标准等活动进行监督检查，参与制定本村集体的各项财务和工程管理制度，有权检查、审核相关的事项，有权否决不合理事项。并及时向村民会议或村民代表会议报告；村民委员会和村务监督机构应当建立村务档案。村务档案包括：选举文件和选票，会议记录，土地发包方案和承包合同，经济合同，集体财务账目，集体资产登记文件，公益设施基本资料，基本建设资料，宅基地使用方案，征地补偿费用使用及分配方案等。村务档案应当真实、准确、完整、规范。

第十五条　为了增加村务管理工作的透明度，广泛听取村民意见和建议，设立村务公开栏和村民意见簿。村务公开栏公开的内容应包括本章程贯彻执行中的有关问题，村民会议或村民代表会议的决议、决定，村务监督委员会公布的财务清查、审计结果，以及村民关心的其他事项。

第十六条　村民反映问题可以署名，也可以不署名。村民意见箱由村民代表会议指定专人管理，定期或不定期开箱，收集到的村民意见应在村民代表会议上宣读。村党支部村委，会要重视村民意见建议，认真研究处理。处理情况应及时在村民代表会议上通报，必要时在村务公开栏上公开。

第十七条　村民委员会承担的各项行政性事务工作，可以采取签订责任状形式下达给各个村民小组或有关组织，也可以和村民订立完成任务合同，具体形式由村党支部和村委会根据情况决定。

第十八条　村民委员会在管理本村自治事务的同时，应当积极协助镇政府开展工作，保证国家法律、法规和政策在本村的贯彻落实。本村村民以及村内各经济组织、社会团体依法承担的各项国家任务，村民委员会、村经济合作社负责督促完成。

第四章　村干部管理

第十九条　全体村干部都必须对村民负责，接受村党支部的领导和镇政府的指导，服从村民委员会的管理，恪尽职守，努力做好分工的各项工作。要牢固树立全心全意为村民服务的思想，带头履行党员义务和村民义务，不准做特殊村民，不准侵占村民利益，不准倚仗职权为自己和亲属谋取私利，不准贪图享受，不准违法乱纪。

第二十条　建立村民委员会向村民会议或村民代表会议报告工作制度，每年向村民代表会议报告一次工作，每月至少组织召开一次村民委员会全体会议，传达贯彻上级文件和研究部署本村工作，交流情况，落实任务。

第二十一条　实行村干部分工负责制。根据本村现有干部和村务管理的要求，实行按岗位分工和按任务定员相结合的办法，将全部村务工作分解落实到每一位村干部。

第二十二条　建立村干部任期目标考核制度。根据本村经济、社会发展现状，制定本届村民委员会任期目标，研究落实实现任期目标的办法和措施，确定分年度工作目标。并将任期考核和年终考评相结合，年终根据各人工作目标完成情况，采取自评、互评和村民评议相结合的办法，对每个村干部工作业绩进行考评，考评结果与村干部的补贴直接挂钩。

第二十三条　村内误工享受人员及标准由村民会议或村民代表（社员代表）会议年初讨论决定，最高限额不得超过县纪委规定标准，报镇政府备案；村主要干部补贴由县、镇政府支付的，则每年根据县、镇政府制定的责任制完成情况确定。其他村干部补贴根据财务状况和岗位工作量和工作目标完成情况，由村民委员会提出意见后报村民会议或村民代表（社员股东代表）会议讨论通过。补贴一年一定，年终结算。

第二十四条　建立健全村民民主评议村干部制度。村务监督机构主持村民会议或村民代表会议，每年对村民委员会成员以及由村民或者村集体承担误工补贴的聘用人员履行职责情况的民主评议至少一次。结合个人创业承诺和年终工作总结，对照个人年度目标，对每一位村干部评出优秀、称职、不称职的评定结论。对评出的优秀村干部，要进行宣传、表彰；对不称职的村干部，要限期改正，不适合继续担任村干部工作的，按产生程序进行罢免、劝辞。村民委员会成员连续两次被评议不称职的，其职务自行终止。

第二十五条　健全村干部履职十不准制度。

（一）不准违反民主集中制原则，搞暗箱操作和“一言堂”；

（二）不准在集体资产出租、征地安置、资产评估、工程建设、宅基地审批等过程中谋取私利；

（三）不准利用家庭操办红白喜事借机敛财；

（四）不准违反规定收受和赠送礼金礼券礼卡；

（五）不准用公款参加娱乐活动和相互吃请；

（六）不准报销应由个人支付的费用；

（七）不准借用挪用公款办私事；

（八）不准参与任何涉黑涉黄毒活动；

（九）不准参与承包、分包、转包本村集体工程项目；

（十）不准参与宗族派性、封建迷信、赌博等违法违纪活动。

第二十六条　建立不称职村干部退出机制。

（一）对贯彻上级党委、政府决策部署不力，闹不团结或不完成村两委工作任务的；

（二）群众评议差，年度民主评议基本称职或不称职票超过三分之二的；

（三）无正当理由不能按时完成村级创业承诺任务的；

（四）严重违规决策、管理或工作出现严重失误、失职行为的；

（五）煽动、组织或参与集体上访的；

（六）出现违犯计划外生育等违法乱纪行为造成恶劣影响的；

（七）长期外出或因身体状况等原因不能胜任本职工作的；

（八）其他不能正确履行岗位职责等情形的。

村委会成员，首先实行诫勉谈话、责令其限期整改；整改不到位的，督促其履行辞职承诺，并启动辞职程序。

第二十七条　村干部有下列行为之一者，严肃追究责任：

（一）以权谋私，侵犯集体和群众利益的；

（二）贻误重点工作或中心工作，后果严重的；

（三）工作造成重大失误、群众反响强烈；

（四）组织村民越级上访的。

……

第五章　附　　则

第四十七条　本章程执行情况由村民委员会按年度做出总结，向村民代表会议报告。重要情况应随时报告。

第四十八条　村民委员会可以根据本章程有关规定，制定单项的工作细则；但不得与本章程的规定相抵触。

第四十九条　本章程有与国家法律、法规、政策相抵触的，按国家规定执行。

第五十条　本章程自 2017 年 × 月 × 日起实施。如有修改变动，须经村民会议讨论通过。

附录 25　2017 年大张坑村党建实施方案

为深入贯彻党的十八大精神，加强党的执政能力建设和党的先进性建设，充分发挥党组织的核心作用和党员的先锋模范作用，为构建和谐乡村提供坚强的组织保证和思想保证，开创我村庄党建工作新局面，结合我村实际特制定今年党建工作计划：

一、指导思想

以邓小平理论和“三个代表”重要思想为指导，全面落实科学发展观，按照构建社会主义和谐社会的要求，紧紧围绕发展稳定的大局，紧密结合村庄建设的实际，以服务居民群众为重点，健全机制，强化功能，不断提高村庄党组织的创造力、凝聚力和战斗力，为创建管理有序、服务完善、环境优美、文明祥和的和谐村庄。

二、目标任务

1. 及时开展大张坑村支部“党员固定活动日”，融入村实际情况，将党员带头剿灭劣三类水、温故村红色历史等。

2. 定期开展两学一做学习课，学党章党规，学系列讲话，组织学习《中国共产党章程》、《中国共产党廉洁自律准则》、《中国共产党纪律处分条例》、《之江新语》等。

3. 村支部党员带头督促村级项目实施，层层动员，广泛发动，全力推动美丽宜居、文化广场工程、地质灾害点修复、村口公路改线等项目实施，及时反馈项目进度，以“抓质量、提速度、零事故、增效益”为主线，上下联动、攻坚克难，全面推进项目进程。

4. 浓厚村庄文化氛围。党员带头带动村民，依托文化中心广场、体育设施等文体资源，搭建每个村民都能参与的活动舞台，定期组织举办文艺会演，完善合唱团、文艺队、健身操队、山歌队等文体队伍，做到周有广场文体自演、季有庭院文体自乐，年有村内广场文化活动。

5. 宣传大张坑红色故事。收集大张坑红色故事，挖掘“忠勇精神”，提升打造大张坑村红色文化展览馆，通过网络、报纸等多样方式宣传大张坑红色文化。

三、相关要求

（一）加强组织领导。

村党支部要立足实际，发挥特长，找准工作的切入点，制定各自的切实可行的党建工作方案，明确工作目标，精心组织、突出重点，有计划、有步骤地开展党建活动。

（二）广泛深入发动。

始终坚持以“服务居民，群众受益”为出发点和落脚点，不搞形式主义和政绩工程。充分利用各种舆论工具，广泛宣传开展党建各项活动的重要意义，努力营造“人人为我，我为人人”、“共驻大张坑，共建大张坑”的良好氛围，认真听取村民的意见建议，确保党建活动使居民受益，让群众满意。

（三）强化督促检查。

在创建工作中，村支部要及时对开展的每一项工作情况进行总结，对发现的问题采取有效措施予以解决，确保党建工作顺利开展。要树立党建活动的先进典型，通过新闻宣传、图板宣传、经验交流等多种形式，推广典型经验，发挥示范、带动作用和辐射作用，全面促进村支部党建工作。

附录 26　大张坑村村民文化程度统计表

姓名	性别	年龄	文化程度
蓝胜利	男	61	文盲
雷雪芬	女	23	职业初中
雷娟芬	女	33	小学
雷水丹	女	56	小学没毕业
雷献珠	女	47	小学
雷晓道	女	12	在读小学（红星）
雷晓婷	女	21	职业高中
雷爱青	男	47	小学
雷海娟	女	26	高中
雷海强	男	21	在读大学
雷美聪	女	48	小学
雷爱兄	男	49	小学
雷炳龙	男	45	小学
雷勇强	男	21	职业高中
雷卫平	男	45	小学
雷建伟	男	42	小学
雷彩春	男	74	小学
雷星梅	女	67	没读过书
雷福龙	男	71	小学
雷利明	男	32	初中
雷乐怡	女	13	在读初一
雷文进	男	72	小学没毕业
雷福延	男	47	小学
雷日花	女	67	小学
雷光伟	男	41	小学
雷骏涛	男	7	在读小学三年级
雷馨怡	女	14	在读初二
雷晨	女	12	在读小学

续表

姓名	性别	年龄	文化程度
雷作根	男	85	高中（浙江少数民族师范毕业）
雷海忠	男	39	高中
雷建光	男	39	初中
雷宁	女	13	在读小学（杭州）
雷孟晨	男	5	幼儿园
雷伟峰	男	35	高中
雷建明	男	54	初中
雷华梅	女	52	高中
雷宗花	女	69	小学
雷丽梅	女	43	初中
雷新	男	18	在读高三，考大学
蓝庆成	男	44	初中
雷利深	男	52	高中
雷香美	女	47	小学没毕业
雷娟	女	24	职业初中
雷华亿	男	9	在读小学三年级
雷利勇	男	41	初中
雷国华	男	16	在读初三
雷林华	女	78	夜校、私塾
雷洋洋	男	23	大学
雷洋锋	男	17	在读职业高中
雷丽聪	女	48	小学毕业
雷利忠	男	51	小学没毕业
钟其花	女	97	没读过书
雷刘文	女	69	小学
雷福庆	男	69	小学
雷鸿	男	17	在读高中
雷建荣	男	45	高中
雷伟美	女	43	高中

续表

姓名	性别	年龄	文化程度
毛会慧	女	43	高中
雷妙坤	男	80	识字，读过书
雷钱庆	男	48	小学
雷民根	男	91	不识字
雷士根	女	90	没读书
雷小华	男	43	初中
雷静怡	女	12	在读小学六年级
雷静媛	女	6	幼儿园
雷木高	男	69	小学
陈小兰	女	40	初中
雷永美	女	64	小学
雷伟林	男	40	初中
雷其龙	男	70	高中
雷鑫豪	男	12	在读小学
雷依晨	女	11	在读小学
雷木亮	男	35	初中
雷依涵	女	5	在读幼儿园
雷其明	男	60	小学
蓝其仁	女	54	小学没毕业
雷严聪	女	41	小学
雷严俊	男	37	初中
蓝桂兰	女	63	没读过书
雷钱龙	男	63	小学
雷严芬	女	35	大学毕业
雷建标	男	32	初中
蓝香爱	女	52	小学
雷钱伟	男	54	小学
雷钱兄	男	51	小学
蓝景菊	女	48	小学

续表

姓名	性别	年龄	文化程度
董世台	男	80	识字
雷钱岳	男	52	小学
雷汤美	女	37	小学
雷岳法	男	52	小学
雷国忠	男	27	初中
雷钱宗	男	66	小学
雷玉银	女	96	没读过书
雷严珠	女	38	初中
雷舒然	女	7	在读幼儿园
蓝延兰	女	56	小学
雷国标	男	35	初中
雷炜标	男	37	初中
雷日荣	男	60	小学
雷荣亲	男	47	小学
雷晨曦	女	13	在读小学六年级
雷荣兴	男	44	小学
雷山元	男	45	小学
雷世仁	女	78	没读过书
雷宗元	男	51	小学
雷国庆	男	58	小学或初中
雷石连	男	83	小学
雷景智	男	8	小学
徐利平	女	57	初中
雷海峰	男	32	初中
梅敏敏	女	31	高中
雷聪华	男	44	初中
雷文英	女	68	小学
雷世宝	男	75	小学
雷银豪	男	14	在读初中

续表

姓名	性别	年龄	文化程度
雷美仙	女	45	初中
雷景娟	女	29	大学
雷世根	男	48	初中没毕业
雷伟华	男	41	初中没毕业
雷舒乐	女	15	在读初中
雷畅翔	男	9	在读小学
雷昕柔	女	9	在读小学
雷伟勋	男	44	初中没毕业
钟英绿	女	44	初中
雷建飞	男	25	大学
雷建强	男	30	初中毕业
雷桂菊	女	53	小学
雷小勋	男	53	初中没毕业
雷晓岳	男	54	高中
雷林建	男	31	高中
蓝寿珠	女	53	识字
雷旭玲	女	36	高中
雷邵覃	女	8	小学
雷延仓	男	62	小学或初中
雷汤珠	女	37	中专
雷英玉	女	59	小学
雷汤红	女	39	高专
雷柯荧	女	5	在读幼儿园
雷延贵	男	57	初中
雷守杨	男	34	高中
雷林珠	女	56	小学
雷景松	男	19	高中，毕业后当兵
雷炳炳	男	47	初中
叶慧红	女	44	识字

续表

姓名	性别	年龄	文化程度
雷永花	女	66	小学
雷延宗	男	69	小学
雷余贵	男	53	初中
雷树花	女	80	没读过书
雷岩妹	男	81	没读过书
雷美菊	女	52	小学
雷伟勇	男	26	高中
雷岩庆	男	69	小学
雷春花	女	60	没读过书
雷林梅	女	45	初中
雷吴捷	男	10	小学
雷利青	男	39	初中
雷岩真	男	73	小学没毕业
雷继仁	女	70	没读过书
雷利光	男	38	初中
雷子豪	男	12	在读小学
雷刘庆	男	60	没读过书
雷玉福	男	80	没读过书
雷丽勋	男	46	初中
雷其菊	女	69	小学
雷仟芊	女	10	在读小学
雷玉荣	男	78	小学没毕业
雷宁辉	男	9	在读小学
雷云菊	女	64	小学
雷时珍	男	40	初中
雷献珍	男	44	初中
雷孙菊	女	44	小学
雷桂仁	女	48	小学
雷舒燕	女	17	在读高中

续表

姓名	性别	年龄	文化程度
雷正根	男	54	高中
雷晶	女	25	大学
蓝秀花	女	70	小学
雷爱忠	男	39	初中
雷小雅	女	7	小学
雷正会	男	79	没读过书
雷鹏涛	男	8	在读小学
雷志春	男	60	初中
雷石仁	女	54	小学
雷伟荣	男	33	初中
雷舒婷	女	9	小学
雷轩斌	男	43	初中
蓝延银	女	70	没读过书
雷志礼	男	73	初中
雷宗岳	男	49	小学
雷建英	女	19	高三毕业，考大学
雷宗宝	男	57	小学
张丽炳	男	48	小学
雷郑剑	男	25	高中
郑昌财	男	83	文盲
钟秀英	女	81	文盲
雷宋菊	女	48	小学
雷景锋	男	12	小学
雷小明	男	50	小学
柳小红	女	52	高中
雷晶	女	28	高中
雷菊花	女	88	文盲
雷震	男	18	高中
雷仙菊	女	52	初中

续表

姓名	性别	年龄	文化程度
吴道清	男	55	初中
吴日华	男	39	小学
吴晓梅	女	38	小学
吴慧平	男	34	初中
吴日炳	男	41	小学
陈季容	女	66	小学
吴端昌	男	73	小学
吴端龙	男	83	文盲
吴建江	男	33	高中
张银金	女	62	小学
吴进龙	男	66	小学
吴小兰	女	28	大专之类?
王天端	女	30	高中
吴芬	女	33	初中
汤海英	女	55	小学
吴进清	男	63	小学
吴进伟	男	50	小学
雷松美	女	49	小学
黄还珠	女	84	文盲
海忠妻	女	40 左右	小学
利勇妻	女	40 多	初中
伟林妻	女	约 40	初中
其明儿媳	女	35 左右	初中
钟金生	男	96	文盲
钱龙子	男	44	大学
钱龙孙	男	约 15	初中在读
钱龙儿媳	女	44 左右	高中以上

附录 27　大张坑村在读学生统计表

姓名	性别	年龄	文化程度（在读）
雷晓逍	女	12	在读小学（红星）
雷海强	男	21	在读大学
雷乐怡	女	13	在读初中
雷骏涛	男	7	在读小学
雷馨怡	女	14	在读初中
雷晨	女	12	在读小学
雷宁	女	13	在读小学
雷新	男	18	在读高中
雷华亿	男	9	在读小学
雷国华	男	16	在读初中
雷洋锋	男	17	在读高中
雷鸿	男	17	在读高中
雷静怡	女	12	在读小学
雷静媛	女	6	在读幼儿园
雷鑫豪	男	12	在读小学
雷依晨	女	11	在读小学
雷依涵	女	5	在读幼儿园
雷舒然	女	7	在读幼儿园
雷晨曦	女	13	在读小学
雷银豪	男	14	在读初中
雷舒乐	女	15	在读初中
雷畅翔	男	9	在读小学
雷昕柔	女	9	在读小学
雷柯荧	女	5	在读幼儿园
雷子豪	男	12	在读小学
雷仟芊	女	10	在读小学
雷宁辉	男	9	在读小学
雷舒燕	女	17	在读高中
雷鹏涛	男	8	在读小学
雷建英	女	19	在读高中
雷钱龙孙	男	15	在读初中

后　记

《敕木山中的畲族红寨——大张坑村社会调查》是一本村志，是笔者带领中南民族大学民族学与社会学学院15名本科生和研究生进行集中调研后撰写而成的。自2017年6月18日至7月2日，陈思超、陈前、李权华、赵阳、方韦波、叶露、萨茹拉、田从芝、高江平、张鑫、阿热依、蔡梦瑶、索朗曲珍、达片、江安拉姆等同学分成七个小组，在大张坑村进行了为期15天的田野调查，共拍摄照片近1000张，录制音频文件700多分钟、视频文件220分钟。七个小组在调研基础上撰写了调研报告初稿，此后笔者三易其稿，并于2017年7月、8月、10月先后三次返回大张坑村做补充调查，最终定稿。本书中所选用的数据资料，除特别标注外，均为调研组调研所得；本书中所选用的图片和表格资料，除特别标注外，均为调研组拍摄和制作。

本书能够顺利完成并出版，得益于中南民族大学民族学与社会学学院田敏院长和中国人类学民族学学会散杂居民族研究专业委员会主任许宪隆教授的推动、鼓励和支持！本专著的顺利出版还要感谢景宁县民族宗教事务局雷魏芬局长和雷依林科长的全面支持与大力协助！在此一并表示深深的感谢！

最后要感谢大张坑村全体村民对调研组的接纳和友善，感谢所有关心和支持本次调研的各界人士！

由于水平、时间、精力有限，本书难免存在错误和缺漏之处，敬请专家与读者批评指正！

方清云

2017年11月12日